花开讲坛

杨天成 著

南京大学出版社

图书在版编目(CIP)数据

花开讲坛 / 杨天成著. —— 南京:南京大学出版社,
2016.12

ISBN 978 - 7 - 305 - 18182 - 5

Ⅰ. ①花… Ⅱ. ①杨… Ⅲ. ①中学语文课—教学研究
Ⅳ. ①G633.302

中国版本图书馆 CIP 数据核字(2016)第 323674 号

出版发行　南京大学出版社
社　　址　南京市汉口路 22 号　　　　邮编　210093
出 版 人　金鑫荣

书　　名　花开讲坛
著　　者　杨天成
责任编辑　黄隽翀　　　　　　　　编辑热线 025 - 83685720

照　　排　南京理工大学资产经营有限公司
印　　刷　江苏凤凰数码印务有限公司
开　　本　787×960　1/16　印张 20.75　字数 326 千
版　　次　2016 年 12 月第 1 版　　2016 年 12 月第 1 次印刷
ISBN 978 - 7 - 305 - 18182 - 5
定　　价　58.00 元

网　　址:http://www.njupco.com
官方微博:http://weibo.com/njupco
官方微信号:njupress
销售咨询热线:(025)83594756

鹽城市田家炳中學
楊天成老師雅存：

陶鑄群英　任重道遠
春風化雨　教澤流長

田家炳
二零一六年

田家炳先生(左)
作者楊天成(右)

　　愿此書能成为領尊的
赢手、教師的助手、学生的帮
手、家長的撑手以及大家的拿
手。尤其是从事教育教学的
管理者、语文教学的同仁和
正在读书的学子，希望你们能
从中获得更多啟發。

　　　　　　　　　　楊天成

花开讲坛

——写在前面的话（代序言）

亲爱的读者：

你好。笔者自十六岁就步入教育战线，一直不懈努力，且尽情奉献。身为教师，努力和奉献四十余载，理当有所历练后的积累。值此，笔者特将立于讲坛所作的数篇讲稿汇辑成集，出版本书，并作自序。

杨天成，江苏盐城人，从教四十余年，中学高级教师，市中学语文学科带头人，市田家炳中学首席教师，现任教务处副主任。此前，曾先后于盐城市射阳县黄尖镇洪义学校、涵洞初中、镇教育办公室、射阳县洋马中学、滨海县大套中学分别担任主任和校长、主任、校长助理等职务。曾荣获省"优秀教育工作者""优秀德育教师"、市县"先进工作者""优秀园丁""三等功"等多种荣誉称号和省市"课改先进个人"、"优秀辅导员"等诸多业务奖项。在《人民教育》等国家和省级刊物上发表论文多篇，参编出版著作五部，主持和参与国家省市课题研究五项，擅长教育教学讲座，辅导学生发表和获奖作文若干篇，开创学生写作连载之先河。

教育是金钥匙，但不是万能的金钥匙，教育是多能的金钥匙。无个性即无人才，教师最大的难处在于挖掘学生个性化的潜能，教师最大的本领在于培养学生的个性向健康方向发展并充分地得以张扬。

此书汇集笔者四十余年从教而立命于讲坛的历练成果，其中大多以讲座形式呈现了教育教学之正能量认知和实践性作为，从不同层面不同视角，向不同类别不同方阵，传送了价值与分享的个人职业精神财富。出于笔者为语文教师职业身份，故而语文教学和学生教育自然为主要表达范畴，学校家长教师学生乃至大众也自然是倾诉对象，讲坛便成为不唯一而最佳的传播载体。书中充分体现了笔者作为语文教师传道授业解惑的"苦并快乐着"的个中滋味，更突出注重了理论与实践相结合、教育与教学相结合和阅读与写作教学相结合的研究及显著的研究成果。笔者深感：每次置身讲坛，无论面对的对象是谁，每次讲课讲座，自己都犹如花开四溢，沁人心扉，眼前听众也犹如鲜花绽放，美丽无比，好像大家共同诠释着生命的意义、生存的价值和生活的方式。

　　教了四十多年的书，育了四十多年的人，说不苦是假的，不过笔者能尝到"苦并快乐着"的个中滋味，这就是：上完一堂课，批改一次作业，进行一次家访，转变一个学生；作一次演讲，做一场讲座，评一堂好课，读一篇文章，写一些东西等等，都有又苦又乐、苦中有乐、苦尽乐来的感觉。如此说来，也不是什么境界，只能讲我活着我做着我诠释着生命的意义、生存的价值、生活的方式。

　　把苦写成快乐，这苦不是痛苦，而是努力。尤为突出的是，面向师生家长等诸多对象所做的无数讲座，笔者是乐此不疲。这里，笔者没有引经据典加以佐证，只是把自己的一路实践、一路经历、一路感悟变成一行行文字。这些文字，无论是总结解剖，还是心得体会；无论是观点见解，还是情愫倾诉；无论是少有赘述，还是只言片语，都要再检验，再修正，再提升。为此，笔者很想得到阅读这"杂烩"的贵宾读者提出宝贵的意见，则不胜感激之至。

　　敬祝
一切安好！

杨天成
2015 年 6 月于江苏盐城

目 录

· 语文教学 ·

· 教学研究 ·

· 课题报告 ·

· 同仁共勉 ·

· 学习指导 ·

· 读写导航 ·

· 习作天地 ·

·荐贤赏文·

·师生信函·

·心声告白·

·学生评价·

·自我语录·

·杂感花絮·

论坛交流

1. 如此话教改与发展

——在 2009 年 6 月省政府调研团为国家教育中长期规划
发展问题来我市组织召开座谈会上的发言内容整理

各位领导、各位专家：

你们好。我来自教育第一线，身份特殊：一是在乡镇农村初中工作 26 年，调至市直完全中学任教 8 年，其中有一年被选派带队支教；二是 34 年工作中学校所有管理工作都任过职，计有 26 年；三是主教语文学科，兼教过初中若干科目，印象中唯有化学没有任教过；四是妻子在职高工作，深知职教情况；五是孩子正在高中读书，我还是一名学生家长；六是我生在教育大省强省的江苏，身临加强的教育环境。因此，我更有直面教育现状和问题而负责任地谈教育的话语权，而且很荣幸地有这个难得的机会表达出来。

我认为学校教育教学体制机制亟待改革，教育才能有长足发展，而且要改革的东西很多。这里，就其重点简明地讲十点。

一学制。将小学六年制改为五年制，将初高中六年制改为五年制。这样孩子十八岁举行完成人礼便步入大学或社会，接受高等教育或社会锻炼；这样孩子的青春年华不至于耗费在局限着的学校里，使心智和能力在最重要的阶段得不到最佳的结合性操练，最终孩子的习惯和能力得不到尽快的提高。我认为，这不是不合科学的异想天开，不是不切实际的的天方夜谭，这是要思想大解放、科学大接纳、胆量大突破，才能进行并完成的重大改革。

二课程。将每一个年级的每一门课程难度降下来，好让学生既能学得全面、学得轻松，又能学有余力、学有专长，否则学生总是感到负重爬山而苦累失趣，也尝不到苦并快乐着的个中滋味。其实，课程难度加深，期初不是上层决策的问题，但后来却成了决策层的问题，因为所谓的专家把中考高考的试卷以及有人把商业化了的所谓资料故弄玄虚地加大了难度，而有关管理部门不予管理或监管不力，结果难度反而越降越大了，弄得学校和教师也跟着做了，而且越做越复杂越盲从。我认为首先应该把数学和英语这两门学科的难度降下来。

三教学。教学改革一直在路上行走，但是改革来改革去，折腾出来的好方法又不能落实下来坚持下去，大多数的改革交流，过后变成了束之高阁的档案材料，还有的成了嘴上说说的招牌用语，有的成了追名逐利的投机工具，有的成了购买论文的附属庸品。其实，改来改去，改头换面，巧立名目，名目繁多，财才耗费，却也没跑出孔子及其弟子的《论语》有多远。其实，教育是规律的，它得按规律行事。可是如何运用规律而创新发展，却没有整出多少名堂。其实，我们有很多成功范例可以传承共享和发扬光大。但是课堂教学是不能过于运用所谓的模式或范式进行限制的。一课打天下的公开课示范课风气，也应该杀一杀了。因为真正的教学，只能借鉴，而不可复制。课堂教学应具有互动性和个性化，应根据教程情况、学生状况以及问题生成等实际情态而灵活变化的。这里有必要特别提出的是，现在绝大多数教室的多媒体已经足够教学使用的了，真的不能也用不着再乱投资瞎折腾了。一代又一代的媒体产品不断地更换，导致教室成了戏台子，成了KTV，成了录音棚，弄得教师不在教学艺术和教学效研上下功夫，而在所谓的多媒体设备操作技术上去费心思，并领着学生过电影，引得学生一时"快活"，结果能留下深刻印象的却寥寥数也，其教学效果多半不如教师的硬功夫嘴巴加上黑板和粉笔。应该说，多媒体在教学中的使用，只能起辅助作用，绝不能喧宾夺主，取而代之了主体教学。我认为这种赶时髦却费功夫少时效的错误的倾向性行为，得不偿失，应该尽快正确导引，走出误区。

四英语。中国的英语和英语教学，到了非改不可的地步，再不改就不得了了。这绝不是危言耸听。试想，小学二、三年级就开始拼命地教英语学英语，而且教学的力度挺大而教学方法却挺笨，忽视了最起码的语感养成，压力山大地逼着孩子死记硬背英语单词，结果孩子在小学阶段就开始厌学英语，这欠下的债一直带到初中高中，怎么还也还不清。更为严重的是，因为厌学而影响了语文及其他诸多科目的学习，成了终生遗憾。说来也好笑，英语的课时安排与语文并重，学生学习语文所花费的工夫和功夫却没有英语大，这也正中外国人下怀而贻笑大方了。还有可笑的是,听说中国的高考英语试卷,英美英语专业人士却考不起来。一旦临近高考,凡是设立高考考点的学校总要提心吊胆地为英语听力考试而忙上一个多月的听力系统设备准备工作。英语考试的当天,所有考生要放半天假,让考务人员再度反复检查有关设备;那 20 分钟听力考试的时候,全中国所有考务人员无不如临大敌而胆战心惊。这更让人们感到好笑。试问,中国人教英语是怎么教的?考英语又为什么这样考?国语的教学和考试,怎么就没有这么紧张呢? 其实,小学就进行英语常用语 100 句的过关就行了,初中和高中分别进行 500 个和 1 000 个规范语句的考级过关就得了。考级过关后的初中和高中分别根据情况进行分流,分流的原则是学生的兴趣爱好和升学意愿。我们应该知道,外国语仅仅是我们的辅助用语,真正到考读硕士研究生才能派上些用场,因此分流后有兴趣爱好和升学意愿的初高中学生足够选拔的了,根本就不应该把所有学生孩子捆绑在一起"整"。我建议英语考试的试卷分值要减至 100 分。我要喊话:错误的英语课程要求和教学考试导向所耗费的代价太大了!

五语文。汉语是祖国之母语,语文教学使命天大而任重道远。但是数年来的语文教学和语文学习却令人不寒而栗。首先是由上而下不够重视,或任务完成了事,或形式主义做做,结果还自鸣得意,自我陶醉。其次是由下而上应付怠慢,或为考而教,或为试而学,最终也自圆其说,自欺欺人。然而真正意义上的生活与做人之大语文没有真正建立起来,真正意义上的阅读与写作之相结合没有真正落实到位。更不要说祖宗的《四书》《五经》、古典的四大名著、当今的文学精华等诸多文化元素能得以自然学习而武装人生了。其实,掌握几千个汉字,根本就用不着太过于分散繁琐地教了学,完全可以进行集中识字训练,把节省下来的时间用于说话训练、阅读训练和写作训练。其实,语文考试要加大试卷分值,考试形式要笔试与口试相结合,语文教师要能大胆地进行教材处理,教学过程要充分体现阅读与写作的互生共赢。其实,语文学习和语文教学完全可以做到自由自然自在自主自娱自趣。建议语文考试的试卷分值要增加到 200 分,即笔试 160 分和口试 40 分。得语文者得中高考之天下。然而语文学习质量的提高需要长期积累,从小不抓,中高考就会后悔,到时候想抓也来不及。因为积累、阅读和写作,不是一时半会的突击就能完成的,它必须成为学生学习第一重要的习惯,并将一直持续下去才行。尤其是阅读要有一定的时间和一定的数量,才能形成一定的阅读能力和语文素养。我认为怎么强调语文学习,都不为过,而且我们要像宣传和打造中国制造那样去宣传和推广中国语文。

六网络。科技发展突飞猛进,网络形势出乎预料。可以说,网电的脚步到了超乎寻常而失去常态和平衡的地步。现在学校的中学生90%左右的持有手机,玩手机成风成疯,打游戏成瘾成患,更有甚者昼夜泡在网吧游戏厅而废寝忘食"乐不思蜀"的比比皆是,学习根本得不到保证。我曾经为此惊动过派出所、市政府和报社记者,发表过《还学校一片"净土"》的文章呼吁过,可有什么用呢。一点儿不夸张地说,游戏厅和网吧已经毁了二十年来半数之多的孩子,那些从逆反到叛逆、从走极端到胡乱为的孩子,大多是因为着迷于暴露的厮杀的游戏和虚幻的销魂的的网吧而走不出来的孩子,他们因此而厌学,懈怠,不阳光,不积极,心理有阴影,心灵呈阴暗,对生活缺乏热爱。我真的弄不懂,国家为什么还允许完全起着极端负面作用的游戏厅和网吧存在着呢?为什么不能严令禁止学生出没游戏厅和带着手机上学校呢?难道仅仅是因为国家的开放和税收吗?我喊话:那些负面的动漫、游戏和网玩,非但不能开发智力,而且会使年轻幼稚的缺乏"抗体"能力的学生荒废学业,其正量丧失殆尽,请尽快取缔网吧和游戏厅。

七评价。教育教学各有评估,也各有标准,但是真正的评估落不到实处。是学分认定,还是综合评估,都要有专门部分专人组织专项工作的开展,并且要评估到人,考核到位,科学见效。无论是教师评估,还是学生考核,都要坚持做人和尽责的原则。但是要切忌发生不做过程考评而只将结果数字"亮媒体"的现象。我认为"老三届"的现象应该成为我国素质教育的精华现象,我们不妨好好回顾其现象的本来面目,并效仿而改进再提高之。例如,学生除了要通过科学文化知识的考核外,一定要参加一定时间的社会实践和劳动锻炼,一定要学会一门专业专长或培养一种兴趣爱好特长,一定要养成吃苦耐劳和助人为乐的精神,等等。学生的这些品质都要通过评估来促成达成。

八职称。教师必须要有过硬的专业能力和综合素养,这无可厚非。但是因为评定职称，出现了诸如唯职龄论、花钱买杂志社论文和平时不参加教研活动却能设法弄得获奖证书等诸多怪现象，令人无比伤心。试想，教师哪来的那么多论文发表？杂志社有利可图为何不迎合职评标准和教师需求？知道吗？一般期刊的一篇2 500字左右的论文要价1 000到3 000元，一篇核心期刊的论文潜规则开价2万至2.5万元不等，而且都可以另外加价代写，都要排队等候大半年。这只是一个问题，类似如此的问题有很多。这些很多问题，究其原因是职称评定标准要求的制定不切实际和评定单位曲解执行导致的。不知制定政策的机构和职称评审的部门知道不知道，如果知道，那为何还不纠正呢？为何还认可并且还定下如此"法规"呢？

九领导。幼儿园以上的学校校长一定要经过规定部门半年以上专门的培训并持有合格证书，在当地被称之为教育专家或行家里手，并且一定要在任职的同时做到品学兼优又兼课，其目的是要求法人管理者既要有精通科学管理的能力，又能坚守第一线而不脱离实践的岗位，使自己真正拥有管理水平和话语权，能真正领好一班人，又能导出名堂来。教育局以上的干部一定要是教育专家，最好也要上课。教育改革家魏书生就是典型代表，他做校长做局长，从来就没有脱离过课堂。

十公平。一直以来，城市和农村的教育发展在各个方面皆不平衡，农村不但办学条件差，而且师生参加活动的机会也少之又少，评比时分配的名额相差较大。教师各种报酬和地区差别也不匹配。这严重影响农村师生工作和学习的积极性，应该引起各界决策层的高度重视。

另外，着眼于"素质"和"基础"，笼统地再讲十小点：1. 学校规模应该从"扩"到"缩"走向从"量"到"质"的良性发展轨道。初中校生数不能超过2 500名，高中校生数要缩减在3 500名左右。2. 普高与职高必须合理分流，从实际出发，对半分流比较合理。3. 切忌教育商业化，农村民办初中要收归公有，否则义务教育不义务，加重农民经济负担和学生课业负担。4. 加强中小学课程的衔接工作，解决其脱节严重的问题。5. 同一地区坚决不设重点学校，同一学校坚决不设重点班级，保证师生源均衡分配，学校公平发展。6. 加强学籍管理，坚决实行初高中不合格学生肄业制。7. 社会上各种辅导中心和培训机构层出不穷，比较混乱，必须加强监管。8. 高考师范院校生的录取要提高门槛,首先保证师资质量。9. 江苏应率先实施高中义务教育。10. 江苏的高考完全应该与全国一盘棋,没必要也不应该另起"锅灶"开火而总要弄得江苏人无所适从。

各位领导、各位专家,感觉你们对我讲的这些很有兴趣,我也觉得很有收获,但愿能对国家和我省教育改革与发展带来帮助。谢谢。

（此文根据本人在 2009 年 6 月省政府调研团为国家教育中长期规划发展问题来我市组织召开座谈会上的发言内容整理而成,其时本人作为全市唯一的教师代表出席了会议。）

2. 关于提高学校教育教学质量的思考

——以一所学校和一个班级为例展开的交流

如何提高学校教育教学质量，是永恒的重要主题和说不完的重要话题。对此，作为一线教师的我总是要进行不断的思考，只是苦于时间有限而难以作系统的书面总结；现在即放寒假，我才有空闲作进一步的思考，身为曾担任过学校各处室负责人的我也应该多尽责任多作些总结。值此，我从五个方面作如下思考：

一、关于素质教育问题的思考

素质教育是个大概念，它包括学生的思想、心理、行为、学习、工作、生活等诸多方面的素养的指导和培养，包括教师综合能力的使用和加强，还包括学校等教育机构的组建和运作。

面对当今社会，我认为，教师的最大责任在于把学生培养成为思想健康、积极进取、行为规范的好孩子，而不应该把学生教育成为除了读书还是读书、除了学习还是学习的书呆子，更不能让学生放任自流地发展成为不守规矩、不懂文明、胡作非为的坏小子。这里，我想首先要强化学生实际的思想教育工作，要有目的有计划地作细致入微的工作，要舍得花时间，不能急于求成；要看长远效应，不能图眼前利益；要加强全方位的研究，不能怕反复，不能怕阻力，最终要走出校门后的学生和学生走出校门后的家长能尝到曾经在某教师手里受的教育对孩子的成长和工作起的积极而极大的作用的甜头。否则即使学生在校都说某教师的好却说不出好在哪里，更不知道自己进步在哪里，也只能证明某教师充其量是个和事老的教书工，或仅仅是跟着学校的安排而亦步亦趋的办事员。这样的教师是经不起时间检验的，他（她）的教育是不全面的不深入的，是称不上素质教育的。其实全方面的素质教育是一两个月难见成效的，是费时费事费力的，有可能在短时间内会出现负效应。可以说，做教师的你愿意煞费苦心，开展有关诸多工作,你就必定会有所收获。例如,一学生病了,你会去看望,让他觉得有人关爱他吗?你会发动学生去看望,让他觉得他是幸福的吗?也让学生懂得人是要人关心的吗?这就是学生相互关爱素质的培养。例如,两个学生谈恋爱,你会深入调查,不怕反对,不怕反复,甚至不怕失败,而进行深入细致的工作吗?因为这事关系到孩子的终身啊,提前过早地恋爱就是有可能提前毁灭啊。再例如,学生的学习习惯的养成,你顾问过多少?学生的学习方法的获得,你指导过多少?学生的思维能力的培养,你想过多少办法?学生的动手能力的培养,你采取了哪些措施?学生的身体健康和运动,你关心过多少?学生的合作精神和处理问题的能力,你培养过吗?学生知识积累了多少,你统计过吗?……

如此说来,素质教育的开展和质量的提高,要转变教育者的教育观念,并提高教育者的教育素质,要改变教育机构的教育机制和评价机制,否则谁能干谁愿意干人们不知道的事和得不到肯定的工作呢?我建议:学校要制定全面素质教育的标准,并明确学生分级努力达成的目标,要建立完整的素质教育的学生档案、教师档案和学校档案。这样,素质教育才有导向,有了着落,有了保证,才能纳入健康的运作之中。

二、关于提高课堂教学效益的思考

素质教育是大概念,课堂教学是重头戏;唱好课堂教学的重头戏,素质教育就奠定了坚实的基础。因此,提高课堂教学效益的文章要大家大做特做。

以我之见,一要制定提高课堂教学效益的硬性规定,二要明确硬性规定的具体标准,三要拿出执行标准的重要措施,四要建立保证措施得以落实的组织机构,五要组织机构行之有效地开展系列化流程化很强的工作,六要建立课题研究、个人特色等相关档案,七要树立典型,发挥典型引路的作用,要典型有成果作介绍,带动一帮人共同研究,大面积丰收。这些条目是前后承接环环紧扣的,具有一定的序列性和系统性,在课堂教学效益的提高中起着重要保证作用的。

我认为,目前学校教学要求一次又一次的出台,仅成了条条款款、纸上谈兵的制度,而未能行之有效地执行,或者说不好行之有效地执行。我建议,学校有必要明确十名左右经验丰富的有一定研究能力的同志组成一支精干的课堂教学研究机构,给他们减轻课务,保证他们有较多的时间正常开展研究工作。这些人员不但自己要研究,而且要组织大家研究,要研究教材,研究学生,研究教学,研究学习,研究出具体的路数来,研究出特色来,要上档次,上层面,上水平。

同时,学校有必要成立专门的教学督导机构。这一机构的人员,不要为了检查才临时抽用,也不要以干部为中心,要有一定资质,要精干、强有力,既要能让大家信服,又要能动真碰硬,更要能帮助指导。当然,学校要授予这一机构一定的权力。另外,研究机构要与督导机构相互沟通,做到研究什么,督导什么;执行什么,督导什么,紧密配合,相互保证。这样,就能强有力地保证大家真正投入到提高课堂教学效益的研究中来,最终保证提高课堂教学效益。

三、关于学生管理的思考

学校的一切工作都是为了学生发展。学生管理不好,你教师的课上得再好,也出不了效益;学生管理不好,你的素质教育无论怎么再强调,都无济于事。应该说,课堂教学效益的提高,素质教育的全面实施,首先要取决于学生的管理。管理出效益,这一道理谁都不可以否认。可就是没有多少人肯在管理上花大气力,下大功夫,总认为只要把学生抓住,不出问题就算到了位,有问题处理问题,没问题就心安理得,班上不开展活动,没有一点特色和气色,也从来不进行家访,很少与学生和家长进行对话,更谈不上在管理学生上开展多少主题性教育和系统性工作了。即便是做了些活动性工作,也不外乎流于形式走下"上层"路线,按"章"办事,原则性地亦步亦趋而已,没有真格的积极意义。这样,学生即使快乐,也不充实;即使学习,也不踏实;即使喊好,也不无盲目;即使走向未来,生活的质量也不见得有多高,很悲哀的。

那么怎样管理呢?我想,一要规范、科学、得益,要尽情地发挥教师的主观能动性,善于把教育学和心理学紧密地结合起来,对班级进行整体化的建设,对学生进行个性化的管理。二要建立学生管理档案,档案里要记载每个学生的个人情况、家庭情况和发展情况(政教处负责)。除常规项目外,其中个人情况还要包括血型、性格、爱好、病史、优劣史等,家庭情况还要包括家庭成员的组合、文化层次、工作性质等,发展情况还要包括理想、目标、取向、努力的成绩等。三要教师做好学生管理的日记。四要开展学生心理健康咨询和周三师生对话日活动。五要定期进行常规训导(以年级为单位,一月一次,有重点地进行)和开好主题班会课(以班级为单位,一周一次,要有序地进行)。六要组织有特色的运动项目的活动(目前活动课是空白)。七要学习魏书生,引进先进经验,树立正面典型,以典型带动全盘,提升学校品牌。八要定期和不定期地进行研究,研究学生现状,研究家庭教育,研究社会现象,研究各年级学生管理工作的衔接。九要我们教师,尤其是年级主任和班主任要有奉献精神,多家访,多与学生对话,多调查了解,多动脑筋多用方法和措施。最终达到学生自己管理自己。

可以说,现在的初三(5)班的学生的自行车不要专人管理而管理得很好,教室内看不到饮料瓶,闻不到小吃的怪味,饮用水人人取,报纸个个问,板报大家出,质量高,学生无一人留长发,长跑天天坚持,工作检查组不停查,值日班长不断记载,攻关小组总是在帮助学生排忧解难,调查员努力处理问题,成绩好的要表现更好,表现好的还要成绩好,常规积分和活动实绩总是最好,尽管几个问题大的学生有一定市场,但无法影响大多数同学的集体荣誉感。

四、关于各处室工作的思考

各处室既有分工更有合作。分工的,要尽其职;合作的,要通其力。先谈谈分工的:

——办公室,要上传下达,安排工作,组织有关活动;要外接内应,观颜察色,努力为教职工服务;要人人能说,个个会写,参与调节,处理常规问题。尤其是要能在学校的近期和远期的规划中挖掘出主要板块,结合当前实际,有系列地推出常规"产品"和创新"产品",好让其他处室及教职员工按部就班地执行和运作。要克服事务主义和盲动主义。

——政教处,工作重点在科学地强化思政一支队伍,以《中学生守则》和《中学生日常行为规范》为准绳,管理好一校所有学生。这应该是实实在在的工作,容不得"虚假繁荣",搞形而上学,搞形式主义。要一月一主题,一周一话题地展开系列教育活动,要结合校情、师情和生情的实际,切实地安排每三年、每学年、每学期的思政工作和管理工作。不能满足学初、期末召开两次班主任会,不能满足平时组织两次"人面上"的形式主义较强的活动,不能满足一年搞一次校园文化艺术节。要深入师生当中搞调查,帮助班主任解决若干实际问题,不要只是查卫生、发记录本和点名簿、收计划和总结。要认真地组织督查,查班主任的工作笔记或学生管理日记,查点名簿和会议记录的使用情况,查家访情况,查工作的开展情况,查制度的执行和活动情况,查出班级管理的特色,要查出优劣,量化考核,树立典型,推广经验,不能只看表面,图个完成资料档案而完事。应该说,年级开家长会,政教处每次都要到位;思政工作,政教处每学期都要组织交流;学生管理,政教处要建立每个学生的档案;开展工作,政教处要保证每月一主题,有重点地进行;组织活动,政教处要保证正常开展,有序列地进行,达成预期目标;薄弱班级,政教处要设法帮助,努力改观;对住校生,政教处要管到年级管到班级管到每个人。请问:有一个班就一个住校生,还是借读生,可该生所出的若干问题,政教处知道吗? 全校学生有多少留长发、戴首饰、看黄书、上网吧、谈恋爱、打架斗殴、吃烟喝酒,政教处知道么? 如果知道,那知道了又怎么办的?

　　——教务处,事实上事务性很强,但不能为事务所困,好像忙得很,让人看了感到很累。教务处要做好教师教学的宏观导向和微观调控,要保证学校开足开齐开好课程计划规定的所有课程,还要组织选修课程和自主课的课程设计,创特色课程,要组织学初教学计划的制定和期末总结的撰写工作,要组织做好建立健全教师的业务档案和学生的学习成长档案以及师生的发展跟踪工作,更要组织好教学的过程管理和督导工作。事实上,这些要求,还是远远不够的。如果我没有说错的话,目前教务处的工作主要是忙招生、排课表、学籍管理、组织考试和学期测评。其实组织校内考试和布置外来考试考场的工作,倒用不着每次花那么多时间开会,进行轮番的教导,关键是抓执行,抓问题,抓处理。至于目前初一、初二大学科教师占用自主课,打时间战,形成了不公平竞争的态势,小学科教师让课,随意调课,对教师的考核考评不合理和教学中好多实际问题得不到解决的若干问题,教务处是不能凭一纸测评定论的。因为学生对教师的一次测评不能十分公正地评价教师一学期的教学。试想某教师的教学实绩较差而学生测评较好,或某教师的教学实绩较好而学生测评较差,教务处能凭学生测评处理吗? 再说,我们教务处公开发表学生对教师的测评结果,既违背游戏规则又挫伤教师的积极性,负效应会被放大。

——教科处,这一处室的工作是学校向科研要质量的核心工作,其中心工作应放在组织科研一条线的人员扎扎实实地搞好课题研究,搞好课堂教学研究,搞好教育管理的研究,搞好实际工作的研究。这就要求教科处的工作更具有操作的规范性和科学性,不能有随意性和盲动性。看得出,目前教科处的工作主要是组织集体备课和论文发布,而集体备课的效果如何,获奖的论文是否抄袭,则没能很好地顾及。其实,我倒觉得中小学的教科处不要单设,最好与教务处合并,作内部分工,免得二者工作不好分工又合作不好而导致相互扯皮,相互推诿,结果工作得不到有效开展。

——团委会,主要是组织开展师生共进和充满正能量的活动,促使学生身心健康发展。(略)

——工 会,主要是增进教职工的主人翁意识,保证其参政议政的民主权利和义务的有效实施。(略)

——总务处,主要是做好服务工作和学校财物的管理。(略)

——治保室,主要是负责学校育人环境安全和师生员工的人身安全保卫工作。(略)

——年级组,太重要了。一个好的年级主任就好似一个学校的好校长。一个年级的工作安排,全面调控,处理师生各级各类问题,事无巨细,都要经过。因此,一个好的年级主任应具有公正无私的品德、积极进取的精神、顾全大局的观念,宏观导向和微观协调的能力,要深入调查,注重研究,把准脉搏,掌握契机,善于团结一班人,因势利导地开展各项工作,做到:对上面的精神要吃准、贯彻,对下面的问题要及时解决。头脑简单,事务主义严重,没有领导才能和科研水平的人是干不好年级主任这项工作的。我认为,目前初三年级的分层教学研究要加强,教与学的结合性工作要加强,双差生的学生教育要加强,教师的业务管理要加强。

谈了分工,再说合作。各处室的合作如下图所示,这里就不详尽赘述了。

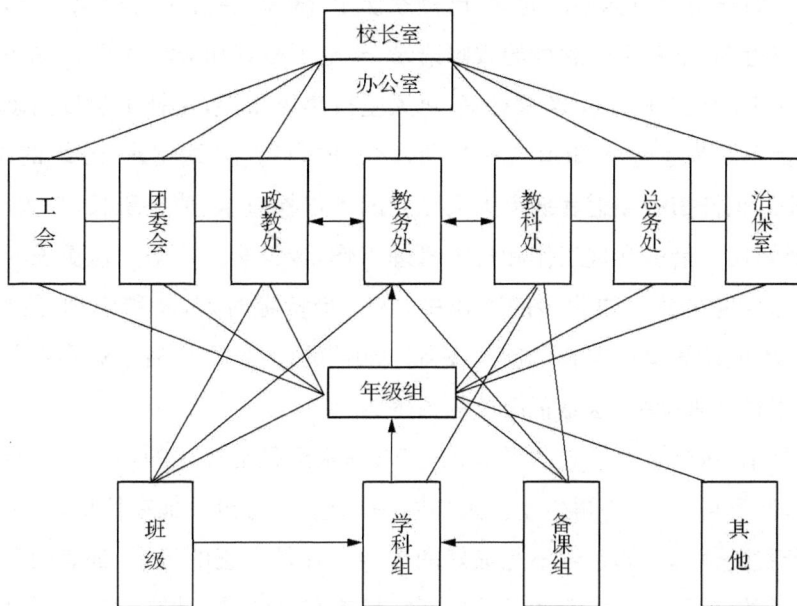

五、关于一次失误评估的思考

看教育的效果主要是看学生全面素质的培养。我说,少做工作有可能赢得好的评价,多做工作容易出现问题,有可能在某时间段里得不到好的评价。这就是评估者的评估问题了。目前初三(5)班与上届的初三(10)班相比,不同的情况较多,相同的情况也有:1. 人为地授之以一定的管理模式;2. 人为地要改变部分学生一如既往的坏习惯;3. 少数学生的事非判断能力较差。因此目前初三(5)班出现了与上届初三(10)班同期出现的极少数同学的所谓"叛逆"现象,结果一个电话的错误反映,一个学生的胡乱挑斗,就招来某处室的私下调查和某处室的工作否定,这真让人啼笑皆非,十分心寒。殊不知,这是管理过程中的正常现象。班长武某从初一到现在因为成绩好而常常不做作业,女生李某学习十分刻苦但自私到了极顶,张某某谈恋爱误入歧途,孙某玩心太重,作业常常不完成还嫌规矩太多受不了,陆某吸烟、打扑克、出走,全年级问题最大的何某什么事都干等等。这些若都不管，则能行么？然而为扎实管理好一个班级，我一学期利用周日下午和平时学生晚自修后的时间，已经家访了33家，召开了三次家长会，向学生灌输了将近30条教育理念性的教师语录，规范了教育和被教育行为，阅读了100多份说明书和近200份交换意见书，每天坚持集体长跑，填补了学校活动课的空白。这都不是为了让人知道。一学期，学生的自行车、饮用水，班级的报纸、板报，全校最难打扫的楼道和班上天天见到的工作检查组、值日班长、攻关小组、调解员、课间操等诸多常规工作和科学管理工作，皆为全校之最。这更没有多少人知道。如果说在做了如此多的工作中，在一个特定时期，特殊管理遇到一点曲折，那是不能就简单地宣布"流产"或者"失败"的。"风雨之后才见彩虹"，科学的东西要用科学来检验，这是很简单的道理。

还是请看《尊重毛坯式的崇高》吧："崇高永远是毛坯式的，一经刻意雕琢、反复打磨，便不再真实，不再生动。正如同：一个整日将孩子抱在怀里，千遍万遍重复"孩子我爱你"的母亲，绝不是最好的母亲。凡是真正的母亲，都有呵斥、命令、惩罚孩子的时候；一对真正相爱的夫妻，都曾有过争执、吵骂，相互生气的时候；一个真正爱学生的老师，也注定有过向学生发怒、吼叫的时候。待到上述人讲的每一句话都很合乎规范，很讲礼貌的时候，那一定是他从来没有爱过对方或是那种爱已渐渐冷却。"（摘自《读者》）

对事不对人，就事论理。一次失误的评估又引起了我的思考：教育中的爱学生有多种方式，其中"严慈"是最好的，一味的温情，会使学生轻浮，不闻不问更是要不得的。只要没有问题，就什么也不用做，多省事啊；一有问题，赶快浇水灭火，少费心噢。因为工作而有了差错，辩证地看，本不是问题，但若是被人知道就认为不妥，那还有谁愿意多做工作呢？试想，谁愿意出差错，只是有些差错是出在规律的发展过程中的，用不着大呼小叫，惊慌失措，应帮助其研究，得之解决才是；应鼓励其继续努力，尽快解决才是。不过，要看出什么性质的问题，如教师体罚、学生犯法，那就不能不严肃查究了。其实，这就涉及到一个如何评估教师的大问题要解决呢。

最后，我还有悄悄话呢：1. 学校要成立研究会，2. 学校要成立督导组，3. 学校要成立议事会（其成员七至九名，由最基层的各类教师代表组成，这个组织不同于领导班子和中层干部,唯有校长才能定期或者不定期地召集他们对话,听取来自一线的真实情况的报告,反馈各处室各组织的工作情况和最基层的实际运作情况),4. 学校要成立执(值)检队,5. 学校要树各种典型的旗帜,6. 学校要健全学生档案,7. 学校要成立写作班子,8. 各处室要定期向校长回报工作。

　　一思考,一提笔,就"刹不了车",写出来的东西,也是东扯西拉,未经推敲。上述文字肯定有重复啰嗦、欠妥不当之处。这里谨请各位阅者谅解,给出指正。总之,这是我的一篇教育随笔,我是诚心的心理反馈,是我近三十年工作的部分积累。我衷心地希望大家参与提高教育教学质量的大讨论,为提高教育教学质量而作出应有的贡献。

二〇〇三年二月九日

3. 我看"质量立教、质量立校、质量立身"

——在学校"我看质量"专题研讨会上的讲话（提纲）

"质量立教、质量立校、质量立身"，这是我从教 28 个春秋始终铭记心间又不断充实论证的信条。我认为，教育教学必须以质量为标准，学校必须以教育教学质量为根本，教师必须以学校的教育教学质量为价值。

首先是质量立教。教育犹如自然界的阳关雨露，是人类文明之母。自进入阶级以来，教育总是为一定的阶级利益和社会发展服务的。时至今日，更不例外。因而，教育对于提高人的素质，推动科学技术和社会生产力的进步都起着巨大的作用。其意义之大，无需多论，但教育的存在是否起了理论上的实际作用，这就要依赖于施教质量的高低了。大千世界，无论那个国家，它的发展都首先靠的是教育，教育的质量决定着一个国家的公民素质；换言之，一个民族的素质高低取决于这个民族的教育质量。正如别林斯基所说："教育是伟大的事业，人的命运决定于教育，青年是当代的贵宾，是未来的主人公。"从这个意义上，洛克说得好："教育上的错误比别的错误更不可轻犯。教育上的错误正如错配了药一样，第一次弄错了，决不能借第二次第三次去补救，它们的影响是终身洗刷不掉的。"因此，我要说，我们的教育包括教学的教育，不可以是误人子弟的教育，误人子弟的教育是无法立足的；教育的高品味高质量才是成功的教育，成功的教育才有生命力。质量应该成为检验教育成败的标准。

其次是质量立校。有教育才有学校，有教育质量也才有学校的生命力。做教师的谁都懂得这个简单不过的道理。目前，多种体制的教育应运而生，多种形式的学校也在并存发展。在发展过程中，谁是"不倒翁"，谁才是有生命力的强者。可见教育质量的价值是在激烈的办学竞争中愈来愈得到体现，因此，我们每个教育工作者都必须以校为家，以教育的质量为学校的生命，树立"质量立校，匹夫有责"的质量意识和集体意识，树立"争一流的质量，创一流的学校"的思想，努力为学校永远焕发她青春的活力，不断地增强她亮丽的魅力而不懈奋斗。记住：在发展中求生存，为生存求质量，提高质量就是延长学校的生命，学校的根本在提高质量。

再则是质量立身。狭义地讲，无教育便无学校，无学校便无教师。毫无疑问，质量意识应根植于我们每个教育工作者心中，并要我们每个教育工作者为提高教育教学质量而奋力拼搏。那么，如何才能全面提高教育教学质量，实现自我存在的价值呢？

一是要热爱祖国，热爱党，热爱人民，热爱社会主义，并把这种最深层的爱具体化为热爱自己所从事的教育事业，爱学校，爱天真活泼的孩子们。只有这样，才能真正领略到"人世间最富有的人"的感觉，才能去深入了解、研究、培养每个学生，教育管理才能充满生机和活力，教学活动才能取得高效和高质。

二要刻苦学习科学文化知识，努力适应时代和现代科技的发展变化，不搞封闭式教育，大胆探索，努力创新。须知，不断创新，才能走向现代化，走向世界，走向未来。创新不仅是一种知识、智力上的改进，亦是一种人格上的升华。因为创新，会使你不断地感受到事业的光彩，体验到创造者的快乐。这就是说，教师的创造性劳动，具有极大的道德质量价值。

三要我们努力培养学生们独立、自立、自尊、自强的道德人格。要实现这个目标，首先我们本身就应该过硬地成为学生的人格的榜样。乌申斯基说："在教育中一切都应当以教育者的人格为基础。"夸美纽斯讲："教师应该是道德卓异的优秀人物。"可以说，教师的一言一行直接辐射着每一个学生，学生的思想品德又往往反射着教师的道德表现。这就要求我们树立"教育者必先受教育"的观念，要全面地受教育，不断地接受新的教育思想、教育理念和教育教学方法，向书本学习，向名人学习，向同仁学习，并加强集体研究，做到集思广益，共同提高。

质量立教，质量立校，质量立身，其三者关系十分紧密，从某种意义上讲，求其全必得其每一点，所谓"校盛我荣，校衰我耻"是最让人明白不过的道理了。说到底一句话：质量就是生命。

二〇〇四年八月二十日

4. 让教育回归生活　让生活见证教育

——在学校办学理念论坛上的讲话

一、用心解读：让教育回归生活

教育的对象是活生生的人，教育为了生活，教育的质量决定着生活的质量。搜索一下，《辞海》《词典》是这样诠释的：生活即人或生物为了生存和发展而进行的各种活动；教育即按照一定的目的要求，对受教育者诸方面施以影响的活动，是培养新生一代准备从事社会生活的整个过程。人民教育家陶行知先生是这样倡导的：生活即教育，社会即学校，教学做合一。党的教育方针是这样阐述的：教育必须为社会主义建设服务，必须与社会实践相结合，培养德、智、体等方面全面发展的建设者和接班人。因此，教育和生活是指向的、目标的、持续的、切实的，是多维的、多元的、多重的、多彩的，两者是有规律的，是相统一的。

然而，现在的教育在一定程度上违背规律变了味，与生活对立成了仇，走进了脱离生活和为教育而教育的功利主义的死胡同，致使教师死教书，学生死读书，教学不相长，诲倦而厌学，师生是冤家。究其原因，教育评价的标准——分数名次成了唯一的砝码，素质教育成了空中楼阁，实施无门。因而，连义务教育也人为地成了强制教育，强制教育谈何和谐快乐？谈何健康发展？

教育本不该脱离生活，教育脱离了生活，是人为所致；教育必须回归生活，教育回归生活，更需人为努力。让教育回归生活，是国情和教情的必然折射，是生活和教育的真谛还原，是人心所向的共同愿望。现在，我们担负起历史所赋予的这一返璞归真的伟大使命，任重而道远，前程似锦而无尚光荣。

二、用爱践行：让生活见证教育

面对问题，我们共同喊出：让教育回归生活；面对现实，我们用爱践行：让生活见证教育。我们要义不容辞地推进"生活教育"，努力让学生学会生活，真正使我们的教育经得起生活的检验。请看下面三组关键词：

1. 家庭·社会·学校

学生的生活空间不只是学校，更重要的还有家庭和社会。我们一定要充分发挥家庭、社会和学校的三结合教育网络的功能作用，积极办好相得益彰的家长学校，正常开展关注孩子的联通工作，不断加强先管后教的对话交流，最终使学生在健康和谐的生活氛围中不断地茁壮成长。

2. 素质·课程·活动

学生的生活能力就是内涵课程和外延活动的素质。我们一定要解放思想，还生活于学生，积极落实素质教育的改进措施，努力实施贴近生活的课程改革，精心组织丰富多彩的实践活动，最终使学生成为生活能自理的"合格＋特长"的建设好公民。

3. 关系·方式·研究

社会在发展，关系有变化，方式要改进，研究很重要。我们一定要树立新型的教育观、学生观和价值观，用我们特有的智慧，努力改善师生关系，努力改变教育教学方式，努力改进学生做人与学习的方式，努力打造当代教育改革家魏书生式的自我和魏书生旗下的学生，最终使学生在多变多彩的人生生活中赢得做人和学习的双向奖杯。

二〇〇六年十月十日

5. 坚定信念，唱响主旋律
奋力拼搏，实现分目标
——在学校全体教职工大会上的发言交流

领导、同志们：

新年好！上午，聆听黄校长的讲话，我们听出了更加新颖的理念，听出了更加明确的目标，听出了更加决定的信心，听出了更加扎实的举措。围绕黄校长的讲话，我们做了及时的座谈，又谈出了讲话的精神实质，谈出了工作的行动方案，谈出了各自的心理体验。可谓：一个讲话让我们好学习，一次座谈让我们好工作，受益匪浅。现在，我谨代表初一年级组全体同仁向大会作交流，向大家作汇报。

新年新学期，我们一致表示：以新的理念在点上指导，以新的姿态在线上工作，以新的成绩在面上提高，做到点、线、面三位结合，新、实、强全面提高。

新年新学期，我们共同努力：1. 办好三个班，即优秀生学科兴趣培尖班，待进生专项转化班，器乐围棋特色班。2. 提高四项要求，即任课老师的目标要求，班主任的管理要求，学科组的研究要求，学生的常规要求。3. 召开五种会议，即建立新理念会，打假务实会，工作交流会，家长座谈会，学生训导会。4. 完善六块机制，即班主任、任课老师的台账和学生发展情况跟踪档案，教师教学目标的双捆绑和学生学习目标的双促进，青年教师的笔记送检和学生常规督查。

说起来是三、四、五、六，做起来都有无数的工作，取得的成效不应该是低估的。例如，建立新理念，我们要大家懂得：教师要像磁铁一般吸引住学生；教育意味着师生的对话；学生为解决为什么而学，教师为帮助学生解决为什么而教；教师的能耐在于引导学生说出教师想说或教师说不出的话来；口语要交际，数理要阅读；肯学重要，会学更重要；教育学与心理学的结合是一块新天地；创新才有可能发展。例如，组织对学生的训导，我们要让学生知道：有理想，有目标，才有追求；有追求，生活才有活力。同先进比，你就先进；向落后看，你必落后。说错每一句话,做错每一件事,伤害的首先是你自己。求知必苦,无苦便无知。有才才好闯天下。考试的目的是实现自我价值。有你有我,你我才能共进。例如,打假,我们要保证计划、备课、研讨、上课、管理、总结等等工作扎扎实实地开展。

　　新年新学期,我们还恳请大家:1.更加支持指导我们,加倍关注关心我们,特别帮助扶持我们。2.在我年级组任教的四位领导蹲点我组八个班级。3.我组全体同仁群策群力,战胜各种困难,开创新局面,全面提高教育教学效益。

　　领导、同志们,新年新学期,点、线、面的结合是我们的开宗明义,三、四、五、六的工作是我们的行动方略,几点请求是我们的成功保证。总之,我们要无怨无悔地付出啊! 我们坚信:有校领导的正确引导,有我们在座各位的拼搏创造,黄校长的"瞄准目标,坚定信念,上下一心,脚踏实地,为实现三个目标而努力奋斗"的主旋律,一定会被我们初一年级组被我们所有田中人唱响的!

　　我的发言完了,谢谢大家!

二〇一四年二月

家庭教育

6. 家长最能帮助孩子成长而走向成功

——江苏省南京市爱众家庭成长工作站微课讲座
——江苏省连云港高级实验中学家长讲座
——江苏省盐城市艺术高级中学初中高中部分家长讲座

家长朋友：

你们好！大家看介绍，知道我是土生土长的盐城人，跟学生打了四十多年交道的一线教师。从今天开始由我从学校教育的层面跟大家交流家庭教育这个话题。我的讲话中实际的例子多、切身的感悟多、掏心的话语多、空泛的理论少，希望各位家长朋友能喜欢。我讲的主题是：**家长最能帮助孩子成长而走向成功**。我分四点讲，1. 坚守观念：我的孩子，我必须教育。2. 明确要求：养成好习惯，学会能生活。3. 掌握方法：表扬与批评，补课与辅导。4. 友情提醒：失败与成功，规范与自由。今天是第一讲，坚守观念：我的孩子，我必须教育。

第一讲，坚守观念：我的孩子，我必须教育。

首先，我举一个例子，大家听后，应该很有感想。美国总统奥巴马有两个女儿，她们非常低调，十分自律，没有在公众面前出过丑。那些了解两个第一女儿的助理们说，两个女孩受到良好的管教，而这主要归功于她们的母亲——第一夫人米歇尔。米歇尔在接受采访时不时地会提到这样一些"家规"：如当女儿外出旅游时，即使学校不要求，她们也必须就所见所闻撰写报告；高新科技产品只有周末可以用。姐姐玛丽亚只有在周末才可以使用手机，她和妹妹萨沙在非周末时间不能看电视，计算机也只能用来做功课。此外，两个女孩每人必须选择两种活动：一种由她们自己选择，一种由她们的母亲选择。米歇尔说："我想要她们懂得，做你不喜欢的事还能取得进步的感受。"

米歇尔，虽然是美国国家第一夫人，但是她却是一位普通母亲。我举这样一个典型而又普通的家教实例,要回答很多问题:1. 米歇尔管教严格到位,方法恰到好处。2. 家庭教育最重要,家庭成员要定位。3. 生好孩子是权利,培育孩子是义务。4. 享受权利负责任,不尽义务是罪人。5. 父母的身份是家长,家长没有贵贱之分。现在面对如此多的不容置疑的答案,我要我们家长朋友问问自己:我们尽职尽责生养好我们自己的孩子又教育好我们自己的孩子了吗? 何为生育? 先生后育,家长的事;何为教育? 边教边育,主要还是家长的事。

其实啊,一个人的教育从父母基因匹配成胎儿就开始了,因此人的教育首先起始于家庭的母亲教育。孩子从家庭走向学校,成为学校的组成分子而成了学生,才接受学校的老师教育。从孩子到学生,孩子有了双重身份。孩子的双重身份,就决定了孩子要在家庭和学校两个辖区里接受教育而进行生活和学习。这时,学生的吃穿住行和学习所度过的时间超过三分之二还是在家里。因此人的教育仍然始终不离家庭教育。我认为,学校教育承担着规范做人教育和系统知识教学的双重任务,家庭教育承担着习惯养成教育和生活能力培养的双重任务,学校教育和家庭教育相辅相成互通有无,其家庭教育的重要性始终不能忽略。所以我们反对家长说"孩子进了学校就是学校的事了"。我现在五十多岁了,我还常倾听到八十多岁老父亲慢声细语中表达出来的意见。我把这意见当成教育,当成家庭教育。中央电视台有一个很好的节目叫"家有传家宝",不就是讲家训家风家规家藏的宝,代代相传的家庭教育啊。

从社会学视角看,家庭教育有"一个中心、两个基本点":家庭教育的中心任务是"教孩子做人",家长所有的努力都是为了培养孩子成为一个独立的、对社会有用的人。两个基本点:一个是以学生为本,尊重和保护儿童的权利;一个是以家长为主体,提高父母自身的教育素质。父母、孩子,即家庭。父母是孩子第一任和终身的老师。父母所做的事情,同样是老师所做的事情,就是"**传道、授业、解惑**",传做人之道、授生活之业、解知识之惑;**就是教孩子(学生)做好人,就是教孩子(学生)做聪明人,就是教孩子(学生)提高生活质量**。父母的品质决定孩子一生的未来。同时,孩子整天耳闻目睹父母的言谈举止,自然而然地潜移默化成自己的所作所为。"**近朱者赤,近墨者黑**。"有什么样的父母,就有什么样的孩子。父母的反复影响足可以颠覆孩子的人生。一个家庭,就是一所学校。家庭教育不仅是基础教育，而且是主导教育，给孩子深入骨髓的影响，是任何学校及社会教育所永远代替不了的。父母的教育观念引领教育的方向是否正确，教育方式体现教育行为是否科学、适当，教育能力决定教育结果的成与败。

道理是这么说，事实也正是如此。孩子1—6岁最最重要的时期，全靠的是家长。我要问，你给你小时候的孩子讲过故事吗？讲过多少故事？讲故事很重要。我要问，小孩哭了，你是否在他一哭就抱起？是否等等看看弄个究竟再抱？这里大有学问。我要问，你的孩子青春期是怎么度过的？你是怎么引导指导的？孩子青春期的事，可不是弄着玩的。我要问，孩子生病，你是怎么管的？生病，找医生看病，看好就完事了？……。孩子有没有价值，是从小靠家长教育培养出来的。马云，大家都很熟悉。马云有一次给属下开会，开会前他将一张100元的人民币和一张白纸分别揉成团，然后展开放在地上用脚踩，结果那张人民币还有用，而那白纸废了。这个小例子说明什么呢？说明百元人民币是经过精心制造出来的具有百元等价交换的价值。我们要想孩子有价值，就要把孩子当作像造人民币那样去教育。要教育孩子，你是一朵花，你不是花，就是一棵树，你是开花，你是长成树，怎么开好花，怎么才能长成树。这里面真的是大有学问。家长要教育孩子，自己是大树，大树成了材，要进行加工，要学一门手艺做木匠，自己把木料加工成出色的家具。我想，孩子犯错误，就像孩子生病一样，家长要教育孩子怎么对待生病，要告诉孩子，自己生病了，自己做医生，自己去看病，自己是医院，自己去护理，自己去全愈。孩子不断地受到培养，又能逐步自我完善，在良好的帮助下健康成长，这都是家长教育之所为。

这里，我要强调地说，孩子是母亲所怀生，自然遗传母亲的东西多；孩子依母亲而生存，自然接受母亲的教育多。我断言，是母亲造就孩子。俄国作家高尔基的母亲以及他母亲的母亲，就是典型的例子。高尔基从小伤父，和母亲一起寄居在外祖母家，面对外祖父的野蛮暴躁造成家庭恐怖不谐的环境，硬是具有强大心理和得法教育的外祖母拯救并造就了只上两年学11岁就开始打工谋生的高尔基，使他发奋自学并边参加革命工作边努力创作而成为闻名于世的大作家。美国第一夫人米歇尔就是突出的代表。她对孩子良好的管教，才使孩子养成一定的家规，十分自律，非常低调，在众人面前不出丑。我的母亲大字不识，但我思想的基础东西都是从她那儿来的。她在世时常对我说的两句话,就是"不要影响工作,不要得罪人。"我想,不要得罪人,不就是做人吗?不要影响工作,不就是要把事业干好吗?打个比方,说几句感悟:**父亲是山,山要青;母亲是水,水要秀;孩子要集父母于一身的自然的山青水秀的美。父亲有刚强,母亲有温柔,孩子才能有集父母于一身的刚柔并济的好。这一美一好,就告诉我们:父亲最重要,母亲最伟大。**

如此说来,我问我们做父母的够资格吗?尤其是做母亲的有上岗证吗?好多国家,结婚前后的女人要接受培训,拿到做母亲的上岗证,才有资格做生孩子的事。这上岗证是什么?你们应该懂的,就是要有身体力行的素养,要有传道、授业、解惑的能力。我们要对家长说,不要把财富留给孩子,而要把孩子变成财富。我们家长要对孩子说,不要父母留下来的财富,而要把自己变为财富。我们家长要满怀这样的理念上岗,用身体力行的素养和传道、授业、解惑的能力,教育出能自己创造财富的孩子,让孩子过上美妙而有意义的生活。说到底,就是一句话,我们家长要坚守一个观念,就是:我的孩子,我必须教育。孩子的成与败,价值大与小,是家长帮助努力出来的。家长责任重大,责无旁贷,不可推卸,我们必须承担这副重任,不辱使命。

第二讲,明确要求:养成好习惯,学会能生活。

家长朋友们、孩子们:

你们好!今天,杨老师继续就"**家长最能帮助孩子成长而走向成功**"这一话题进行交流。大家还记得第一讲讲的是,我们家长要树立并且坚守的一个观念,就是:我的孩子,我必须教育;同样我们家长也要努力使孩子树立并且坚守一个观念,就是:我是父母的孩子,我必须接受父母的教育。好,我们家长和孩子心中都坚定了这样的观念之后,接下来就要明确教育孩子和孩子接受教育的要求。现在,我们就继续交流,即第二讲,明确要求:养成好习惯,学会能生活。

家庭教育,要求有很多,真是他说你说,谁都能说,大家众说纷纭。不过一总结,我认为就两点,就是:一教育孩子养成好习惯,二教育孩子学会能生活。下面就说说关于习惯与能力。

1. 养成好习惯

培根说："习惯是人的第二天性。"就像人类心灵深处的发动机，一旦开始运转，就会悄悄操控着人生。习惯是后天形成的，却又集中而准确地体现着人的天性，不知不觉地塑造着人的个性。习惯，起初是分而言之的，习与惯，习，甲骨文从羽从日，有日日不间断，振羽以飞的意思；惯，最初为"贯"，是古代串线串贝所用的绳索，有循序不间断之意。习与惯，都有不间断的意思。英文中，意义很多，但相同之处都是指长时间重复而养成的固定化状态。习惯和本能、经验、性格、熟练技能不同。我们认为，习惯是一个人在后天影响下，逐渐形成的一种自动化、下意识性的思维方式、行为倾向和价值选择。也就是说，习惯是包括家庭教育、学校教育、社会教育、自我教育在内的一种教育效果的综合体现。习惯的基本特点有：可塑性、稳定性、自动性、双向性、有序性、差异性。习惯养成，以"习惯"为内容、以"养"为手段、以"成"为目的。其实，教育目标德智体美劳，就很好地做了总结：德——自省的习惯，智——好学的习惯，体——健身的习惯，美——审美的习惯，劳——劳动的习惯。著名教育家叶圣陶先生说过："什么是教育？教育就是养成良好习惯。"好习惯，就是好的素养，有了好的素养，就是人做好了。一个人有了好的素养，人做好了，还愁什么呢？我们可以这么思想：**好习惯，好孩子；好孩子，好学生；好学生，好公民；好公民，好社会；好社会，好习惯。**如此看来，好习惯的养成十分重要。

习惯：孝顺，自律，安分，守时，控制，慎独，读书，整理，计划，总结，倾听（听课），预习，复习，观察，反思（思考、分析、理解），静心（安静，清静）诚信，感恩，善良，忍耐（忍辱负重，耐得寂寞，忍耐能避免犯错误，忍耐与不甘落后不矛盾），宽容（宽容别人，大度大气），礼让（开车，一直保持领先，被家长视为不礼貌、不公平的行为，为孩子放了不好的样子；50多岁的德国男子，开着法拉利，遇着一只刺猬横穿马路，为了让开而撞上护栏，化了维修费30多万元。），开朗，团结，紧张，严肃，活泼（毛泽东要求的），劳动，合作，专注，微笑，关门，睡觉，吃饭……习惯有很多很多，这里，我选择孝顺、读书、专注、整理、关门几个主要的习惯说一说。

孝顺：百善孝为先。从古到今，二十四孝一直传颂，而且还派生出了新二十四孝，这是文明的传承和发展。父母教育孩子，首先要教孩子孝顺。**为人父，子**

不孝，父之过；为人母，子不顺，母之错。 子女孝顺，首先要父母言传声教，要示范引领。要知道，孝顺的人，懂得感恩，心存善良，忠于事业，热爱家庭。听说有好多单位的领导提拔干部首先考察提拔对象是否孝顺，其理由是孝顺的人他（她）忠诚，忠诚领导，忠诚工作，忠诚家庭。说白了，孝顺的人靠谱，靠谱的人不用，用谁呀。

读书：一个常人的大脑记忆可以容纳 1 000 万本 1 000 页的书。我们每个家长要相信我们大脑的储存能量。书"读得越多，你就觉得知道越少"，也就越觉得有更多问题要解决。（前一句是伏尔泰说的，后一句是我加上的）。《红楼梦》有400 多个人物，人世百态，世间万象。你读了它，会认识多少人知道多少事。有一篇文章叫《13 岁的际遇》，作者陈晓菲 13 岁，以优异成绩考上了北大。你想，她首先要读完高中课程的。非北京大学不上的俞敏洪，高考考了几年。在北大，他为自己读了 780 多本书，才有跟同学交流的尊严，才知道很多不知道的东西；帮舍友打了四年的茶，才结下了同学之间的深厚友谊，才组建了他的团队"新东方"，并且成功打拼至今。读书的同时，更要读人。**教学生读书，更要教学生读人。**大家听说过这样一句话："**读一本好书，等于和高贵的灵魂对话。**"大家应该还听说过这样一句话："**与君一席谈，胜读十年书。**"就是说，**读书，不仅提高人的阅读水平，而且提升人的精神境界。读人更是如此。读书，读书中人；读人，读人之书。**孩子的主要任务就是读书。犹太人聪明，诺贝尔获奖的多，原因是书读得多。犹太人每人每年平均读 60 多本书，我们每人每年平均只读半本书。这是最为可怕可悲的事。**我们家长一定要树立起这样的思想：不读书的人，是可怜的人。唯有好好读书，才能让人聪明起来。**

专注：专心致志，专一无二，注意重视，注重有意，硬道理呀。读书学习，参加工作，聚精会神，全神贯注，才能成就。医生手术，不能专注，分神马虎，心猿意马，会出事故。课上听讲，三心二意；读书作业，心不在焉，怎能行呀？专心注意，耐心恒心，定力毅力，心神精神，一起养成。

整理：会整理的人，是有思维、有计划、有条理、有选择的人。学习学得好，工作干得好，无一不是会整理的人。家长要教育孩子从整理书桌、房间、锅台开始学会并养成整理的好习惯。这种好习惯的形成，会自然而然地用之于学习、生活和工作中(学习上的笔记整理至关重要)。

关门:真是家常便饭说不上嘴的事,但如何关门却不可小视。这里我还把它说成是关门教育。大家想,在家要随手关门,是因为防人防物防尘防味;在校要注意开关,是因为开门通风透气、关门保证安全。家长和教师都要教育孩子做到该开则开该关则关而且要开好关好,不要让开关门的响声证明你无意损害却又确实损害物件了,不要让开关门的响声证明你无意影响却又确实影响他人了,不要让开关门的响声证明你无意表达却又确实表明修养差了。有领导特别在意开关门这一习惯细节,而有人却一辈子就养不成这一细节习惯。家长们要意识到,养成开关门的好习惯,不仅仅是开关门的事情。

良好的和不良的习惯都是养成的。培养自己拥有良好的习惯,就是在改掉自身的不良习惯。不是吗? 爱睡懒觉,清晨阳光就照不到;习惯拖拉,就不会拿冠军;不主动学习工作,就前途暗淡无光⋯⋯总之,不良的习惯多,良好的习惯就少。

2. 学会能生活

能生活,就是有能力生活,有了生活的能力,就生存无忧了。一个人有生活的能力,生存无忧,还愁什么呢? 我们可以这么思想:**能力强,本领大;本领大,贡献多;贡献多,薪酬丰;薪酬丰,生活好;生活好,能力强。我们常说人有"三生",生命、生存和生活,生存有保障、生活很美好,生命有价值。**

能力:生活,学习(预习、听课、复习、作业、应考),工作,耐挫,自控,独立(独处),审美(真善美与假丑恶。审美,首先是发现美。哲人说:"生活中本不缺少美,缺少的是发现美的眼睛。"),演讲,创新,选择(取舍,在选择中成长),统筹(方案计划,合理安排),调节(心态的平衡,得失成败,包括考试等;自信和风度能从调节中获得,不放弃是从信念和自信中来,别人放弃你,是因为你放弃自己。),家务,烧菜(两三个),劳动,交流(谈吐与修养是最能征服人的。家长与孩子的沟通交流无比重要),交际,交友(交友是很重要的选择。要与有思想的人交友,前提是真诚,不为利用;交友上,要广交朋友,多交净友,精交知友,不交损友),合作,写作,模仿,御寒⋯⋯能力有很多很多,这里,我选择耐挫、独处、合作、演讲、写作几个重要的能力讲一讲。

耐挫:"祝你一帆风顺! 祝你永远快乐!"这两句常挂嘴边的祝福语,之所以常挂嘴边,是因为人不可能一帆风顺和永远快乐而以此进行心理安慰。事实上,人生必须经历无数挫折甚至是打击,才能成长成熟成功成就。孩子一旦遇到挫折,家长千万不要大惊小呼担惊受怕,千万不要尽力回避绕道而行,要努力引导孩子想方设法去克服并化险为夷。不仅如此,家长还要积极创造挫折环境,有意无意地让孩子经受挫折,有意无意地培养孩子接受挫折并且处置挫折的能耐。我们要知道,孩子每天的学习都会遇到困难,每天的生活都会碰到未知,只有克服困难解决未知,才能提高成绩快乐生活。忍耐打击,承受压力(炒股者之死不足惜),跌到了自己爬起来,否则娇生惯养畏苦惧难,经不住风吹雨打,就不可能鲜花盛开,就不可能成为参天大树。无数自强自立的残疾人为我们放了样子,张海迪就是其中一个极好的榜样。请注意,残疾人榜样,6岁前孩童慎用,用得不好,会使孩童失去对外界信任,失去兴趣和好奇心。

独处:这种能力人人必须具备,因为我们每个人既是群体组成人员,又是个体独立的人。家庭里也是,更多时候,孩子要独立生活的。独立,自个儿、居住、处置、生存、生活,我们把这几个词语链接起来稍作思考,就有了独处的概念。带着这样的概念,我们来问:如果我们的孩子独立生活的能力都没有,那么将来如何安心学习工作养家糊口呢?这一点,我们不得不承认西方国家比我们诠释得好做得好,他们把独处能力当作是重中之重的能力培养的。而我们好多孩子一离开家庭就无法生活了,这很悲催。

合作:有独立自主,更应有合作共赢。家长要教育孩子不要自私自利,要相互交流,互相帮助,互通有无,取长补短,集思广益,相互促进,合力共创,共同提高。董明珠的格力空调、俞敏洪的新东方、马云的阿里巴巴、任正非的华为产品、比尔·盖茨的微软开发、方励的"百科全书"等等等等,哪一个不是靠合作的团队共同奋斗才取得胜利的。孩子与家长合作、与老师合作、与同学合作、与自己合作,才能取得好成绩,才能全面发展。谁关门自闭,谁就只能做井底之蛙,裹足不前;谁夜郎自大,谁就只能故步自封,停滞不前。

演讲:这是一个说的能力。人们生活在社会上,非得说。打仗前就靠说,谁正义谁厉害谁赢,说不了才动武打。历史上说赢的"仗"可多了。晏子使楚、邹忌讽齐王纳谏等足可见说的功夫了得。哑巴不能说,好难过。演讲,要就题即兴发挥,进行有关信息搜索,同时还要思考分析筛选整理,最终要能有条不紊地晓畅精彩地表达出来。做到了,不容易。领导做得好,他(她)首先肯定能说。我们完全可以说,好领导就是靠说好又将说的落实得好。我们家长一定千万不要忽视演讲这一说,要教育孩子用心说话,尤其不要放弃课堂发言和活动表达的机会。现在公考招聘,都要进行面试的,而且面试的分值占到 50%。面试,就是说呀。阿里巴巴的红火,与创始人马云那么能说的宣传是分不开的。你们说演讲这个能力的培养重要不重要? 有好多人从娘肚里接受胎教开始到上完大学走进社会25 年左右的时间,都没有把话讲好。大家知道吗? 我们家长和教师共同教育孩子所从事的就是语言的工作。我们要相信,**语言的力量是巨大的**。

　　写作:说和写是不可分的。能说的人,肯定能写;能写的人,不一定能说得好。无论如何,能写是能说的基础。能写又能说,固然好极了;若是说不行,那就更要练写作了。能说,不是要你做演说家;能写,也不是要你当写作家。我们要的是具有写作帮助生存而提高生活质量的能力。当然,写作和读书就分不开,读书是吸收,写作是倾吐;读书和写作一定能够培养出一个好的心态,读书使人变得冷静,写作使人变得成熟。读、说、写,其实都是一个表达,表达和健康是人生质量最重要的东西。

第三讲,掌握方法:表扬与批评,补课与辅导。

家长朋友们、孩子们:

　　你们好! 今天,杨老师就**"家长最能帮助孩子成长而走向成功"**这一话题进行第三讲的交流。前面第一讲,我们要大家树立并且坚守一个观念:家长的观念是"我的孩子,我必须教育";孩子的观念是"我是孩子,我必须接受家长的教育"。第二讲,就是要家长和孩子都要明确的两个要求,一是养成好习惯,二是学会能生活。习惯和能力,要讲的东西实在太多,我没办法一一列举讲透彻。接下来今天的第三讲,我要跟大家交流掌握教育的方法问题。因为家庭教育,方法就更多,更是他说你说,谁都想说,好比曲苑杂坛。又因为时间不允许,我只能讲两个组合,也是简要的。这两个组合是:**表扬与批评,补课与辅导**。

1. 表扬与批评

我这里说的表扬，包括赏识、鼓励、正能量等褒义性质的；我这里说的批评，包括指错、修正、负面影响等贬义性质的。我觉得从我所指的范围上学会表扬与批评，那家庭教育的方法也多少涵盖得差不多了。

接下来，大家首先要记住：**表扬，要不断；批评，要加入。哄和宠不等于鼓励，凶和狠不就是批评。训导不能少，如何训和导，方法有讲究。**我们欣赏鼓励性教育，我们更要善于欣赏学生的闪光点，但是我们**不能一味地鼓励和表扬，不要忘了没有批评和惩戒的教育是不完整的教育。**我们要学会表扬和批评，做到**表扬不刻意，批评不随意。**可以说，**一次得当的鼓励，胜过十次不得法的批评；**同样**一次得法的批评，也胜过十次不得当的鼓励。**

再接下来，我列举例子来说明。一位狗主人，遛狗时为了训练狗，将牵着狗的绳子栓在路边磴上，装着欲离开的样子，狗便叫开了，然后狗主人解开绳子，蹲下身子，用手摸了又摸狗的头，并跟狗说了一席话，狗摇着尾巴乖乖地跟在主人后面走。对此，我很好奇，狗主人他说了什么话，因为这就是我们要对孩子说的话（表扬与批评了什么）。其实这里大有教育学与心理学相结合的方法可言。

有孩子在家不在该看的时间内看其他书籍，我们怎么办？责备几句？数落一通？偷偷没收？抢过撕了？万万不可！读书很好，就是读错了时间，若把握好时间读，并且边读边思考再做笔记，那可好了。你得跟孩子讲，讲清楚其中道理。讲好了，孩子受益匪浅，你们收效很大。

有孩子在家不在该画的地方画画，我们怎么办？设法揪住，训斥一番？叫到跟前，羞辱一阵？万万不可！画得不错，就是画错了地方，若能画对地方，并且努力画出色，那该多好。你得告诉孩子，告诉孩子其中道理，真正让孩子知错改错做对事情，何乐而不为？

有孩子一有委屈就打小报告，我们怎么办？要教育孩子不要轻易向老师打小报告告发同学，要引导孩子学会处理自己与同学间的纠纷和矛盾，做到自己的问题自己解决。这是孩子品质和能力的共同培养。"在可能的情况下和范围内，尽可能多地将解决问题的机会留给学生。"

有孩子随着年龄的增长和生理的发育，会或多或小或长或短地表现出逆反——叛逆——分裂的固执、任性、暴躁、极端的行为,我们怎么办? 首先是改变认识,不用惊讶,不要害怕,这是孩子在成长,一定是自己在哪儿出了错,不是孩子的错;其次是分析原因,平等沟通,真诚表白,因势利导,有的放矢,不哄不骗,表扬与批评结合起来,好好引导,带点宠爱。

对待电视迷、电脑瘾、手机控、早恋王等孩子的教育,就要更加深入分析,耐心地做好以批评为主的文章了。**玩物丧志,玩人伤心,玩心丧气**。孩子有了电脑瘾,有了手机控,沉浸虚拟世界,精神出了问题,这就是伤了精气神。伤了精气神,家长真要费神下功夫,否则后果不堪设想。

但是如果是孩子想要把事情做好而没做好,成了败局,败局一旦发生,一定不要批评孩子,而要鼓励孩子帮助指导孩子努力修正错误,并且想办法把它转变成好事。做砸了的事情,扭转乾坤了,价值更大。

因此,我们要用好表扬与批评这一鞘里面的两把剑,辩证科学艺术正确地处理和解决孩子身上存在的问题。同时,无论表扬还是批评,**教育要及时**,**教育要彻底**,教育要讲究"超限效应"。

其实,每个人,都有特点,特点是好的,就是优点,特点是坏的,就是缺点。同样,一件事,是好事,坚持做,就养成好习惯,是坏事,坚持做,就养成坏习惯。见贤思齐,最聪明的孩子(学生)会向周围的人学习他们每个人身上的优点。

要告诉孩子的是,允许你犯错误,但要看你犯的是什么错误,是怎样犯的错误,更要尽快改正错误,不再犯类似的错误。改正错误,是非常痛苦的事;改正了错误,又是非常了不起的事。低头思过,抬头做人。"良药苦口利于病,忠言逆耳利于行。"遇见逆耳忠言的人,要感谢;听到热忱批评的话,是幸福。同先进比,你就先进;向落后看,你必落后。

教育没有公式,但是有方法,好的方法就好像是公式,好的方法就是遵循规律加上切合实际。表扬与批评的方法有很多,但不可复制,原则是不用死盯法,少用对比法(不要跟他人比,要向他人学习长处;要自己跟自己比,不断求得进步。),用好比较法(要承认每个孩子的个体差异,比成绩比排名要纵比,孩子有了转变,家长一定要为孩子喝彩加油。当孩子处于低谷时,也要保持冷静和良好的心态,多分析,少指责。在困境中也要让孩子获得尊重。这是建立学习信心。),

巧好老方法，尝试新方法。例如，素质教育，目标教育（理想、前途、职业、成绩、偶像，我崇拜魏书生），快乐教育，真实教育（真实的世界），示范教育（无声胜有声），引领教育，挫折教育，"放弃"教育，无声教育（冷处理），暗示教育，及时教育，彻底教育，随机教育，关门教育，实践教育等等。这里突出一下**家庭笔记**：一个孩子，一本账本。一件事情，一次对话，一次交流，一次教育，一个道理，一次经历，一份收获，一篇文章，一次演讲（由某件事情所想到的）。这种家庭笔记，用于学校教育，就是学生成长笔记。无论何种教育方法，总之家庭教育与学校教育一样，要科学化，也要灵魂化，不要过于艺术化，也不要过于技术化。

2. 补课和辅导

社会很复杂，竞争正激烈，教育有成败。我们要正视现实，谁都不能做教育场上的逃兵。家长教育孩子，是有教育营业资质的。因为生孩子是你的权利，养孩子是你的义务，传宗接代是你的本分，传好宗接好代是你义不容辞责无旁贷的使命。因为**只有教育，才能宗代之好，德才兼备；只有教育，才能习惯成德，能力生才；只有教育，才能人丁兴旺，家庭发达**。如此说来，我们家长必须强素质，学知识，懂教育，不会就学，不学就放样子。否则谁不努力谁就有可能成为罪人。而且无论你怎么努力，你都不要在孩子面前叫努力的苦，不把你的付出说出口。因为你是应该做的必须做的，只生不育是殃害。我这样说，与教育部刚刚颁布的《教育部关于加强家庭教育工作的指导意见》是不谋而合的。

请大家阅读一家辅导学校《致读者》宣传词：课外辅导的办班到处皆是，但真正的辅导效果如何？孩子们心中最有数，家长们最有发言权。而真正评价辅导效果的标准是什么？我们告诉你：孩子做人的素养和学习的习惯是最好的试金石。其实，辅导不仅是课本知识的补缺提优，而且是科学方法的灵活运用和学习习惯的素养养成。事实证明：不科学的所谓辅导，其结果适得其反，即导致学生养成了依赖他人、不思进取、降低能力；而科学的全方位辅导，其结果达成多赢，即孩子做人素养、行为习惯、学习态度和文化成绩都有进步。

实不相瞒，我看到如此宣传之后，是拍案叫好的。人家强调的是科学的全方位辅导啊！宗旨是孩子做人素养、行为习惯、学习态度和文化成绩都有进步啊！征求孩子同意，选择上这样的辅导学校你算是上对了。然而，受我们家长之托，老师给孩子补课;或家长把孩子送到家教点上参加课外辅导。我把这个叫作让孩子上第二学校。我们试想:孩子一天在校上了八九节课,已经够够的了,还得上第二学校再呆上几个小时,不厌恶才奇了怪呢。厌学了,就很难谈学习了。

请家长们记住,**孩子学习受阻而自愿或需要辅导时,辅导才能见效。**没兴趣参加,辅导不能正常进行,产生依赖性,离不开辅导,不辅导不行,那万万要不得的。因为那样会伤失孩子自主学习的精神,孩子学习的积极主动性没了,学习的兴趣没了,很快就厌学了。知道孩子为何成了网络迷而无师自通吗?因为兴趣,兴趣真的是最好的老师。孩子的兴趣千万不能被所谓的辅导替代了。产生并维持培养兴趣和发现并维护好奇心,对孩子来讲,是家长和老师送给孩子茁壮成长的至宝。

但是,请家长们注意,需要补课和辅导的孩子的年龄段也主要在 15 岁前。为什么? 因为人的智力指数在 100—115,属正常智商,智力指数在 130,属智商超常。而人 3 岁到 5 岁,差不多大脑发育就完成了,到了 15 岁左右,基本上性格就定性了。所以我们家长要抓紧在孩子 15 岁前完成基础补习和辅导,而且注重小学一年级、三年级、五年级、初一年级和高一年级这五个关键而又起始时段(高中另当别论)。

说到这儿,有家长提出,我们没有时间,我们没有辅导能力。学习态度加上学习方法决定学习成绩。这里我们也给家长辅导孩子支几招:

1. 笔记整理。梳理各章节重点、难点和考点,以使自己在预习、听课和复习的过程中心中有数。笔记整理流程:课前预习一稿——听课结合补充——复习反思成品。这样越学越会自信,持之以恒坚持,堂堂清日日清,成绩提升自然而然会好。学习过程决定学习结果嘛。

2. 搞错题集。"世界上最有价值的习题不是专家出的习题,而是自己做错的习题。"错过不再错,学习成绩自然就会芝麻开花节节高。

3. 写作连载。写作的极好方法。(这要专门开讲)

4. 练习写字。初、高中的每一份试卷书写 3—5 分。

5. 注重联系。知识讲究结构,认识讲究规律。

6. 坚持回顾,温故知新。**反复是最好的记忆方法。反复,非重复。**

7. 日积月累,举一反三。一天几个词语等,一题多解等。

8. 查漏补缺。适应初、高中的"木桶理论",均衡发展;适应大学的"金刚钻效应",突出专业,发展强项。

9. 讲述老师上课内容。这叫"得课堂者得天下"。

10. 喜欢老师。因为很多孩子偏科的偏好和偏坏很大程度上是由是否喜欢这个学科的老师而决定的,所以**家长一定要教育孩子喜欢老师,喜欢老师,才喜欢学习,喜欢学习,才提高成绩**。

……

"授人以鱼不如授人以渔。"教学没有公式,但是有方法,好的方法就好像是公式,好的方法就是遵循规律加上切合实际。同样,学习没有公式,但是有方法,好的方法就好像是公式,好的方法就是遵循规律加上切合实际。既教知识又教方法,他(她)会自己学;光教知识不教方法,他(她)依赖别人学。态度是最好的方法,认真是最好的能力。因此,我要说:方法不可以复制,一个家庭一个样儿,一个孩子也是一个样儿,世界上没有完全雷同的家庭和孩子,也绝对不可以把那个大师说的或者那本书上写的直接拿来而不切实际地运用。衣服要量身定制,穿在身上才合体。方法要灵活运用。自己的方法是最好的方法。自学能力是可以培养的,自主学习能力是让孩子终生受益的。

教育方法成千上万,但是讲究辩证法的两点论三点论,能将教育学和心理学有机结合起来进行教育的话,也就化多为少,化繁为简了。所以我们家长在选择或者运用方法时,千万不要太过于神经质,这也想,那也要,结果不得要领,什么也没有抓住,适得其反。

第四讲,友情提醒:失败与成功,规范与自由。

家长朋友们、孩子们:

你们好! 现在,杨老师就"**家长最能帮助孩子成长而走向成功**"这一话题进行第四讲的交流。前面三讲,从观念到要求,从要求到方法,只能列举重要的讲,虽然时间不允许讲透彻,但是大家应该能听出个一二三来。第四讲是讲家长及家庭教育的意识加强上要注意的两个方面，即失败与成功，规范与自由，也算是友情提醒吧。

1. 失败与成功

有成功，有失败；没有失败，便没有成功。但不是说有失败，必能成功；有成功，必得失败。但没经历失败的成功，不算是真正的成功，不算令人感奋的成功，不算称得上有成就的成功。一切真正的成功绝非偶然，机会一定是留给有准备的人的。但是为有可能成就成功，我们首先要鼓励孩子做个幸福的普通人（踏三人车的，也能有一天建别墅，但他踏三人车时首先是幸福的）。

告诉孩子：习惯＋能力＝成功。智慧＋勤奋＝成功。苦功＋巧功＝成功。无穷尽＝无穷大。人来到世上，首先不是享受，而是奋斗。世上没有绝对的完美，但如果放弃了对完美的追求，那就更增加了缺憾。人必须有理想，有目标，有追求，否则你就没有前行的动力，但是理想不能唯利是图，目标不能好高骛远，追求不能腾云驾雾。改变不了现实，改变自己。学习是苦的，说不苦是骗人的，但是苦是为了甜，先苦后甜，苦尽甜来，这是肯定的，天上不会掉馅饼，这是肯定的。千万要告诉孩子，有钱不就是值钱，值钱一定有钱，吃了苦就值钱了。千万不要告诉孩子你有钱，也千万不要告诉孩子你的钱是孩子的。钱是万恶之源。不要把财富留给孩子，而要把孩子变成财富。干自己愿意干的事，换活干就是休息。不要抱怨，一切靠自己。一切皆有可能。

家长教育孩子在走向成长的路上，要做到"**慢慢来，一起做**"。一是"慢慢来"。家庭教育是一项长期而具有阶段性、复杂而具有艰巨性的工程，千万急不得，一定要有耐心和坚持的精神。"欲速则不达"。二是"一起做"。教育是教育者和被教育者双方的事，必须一起进行，共同成长。其实**家长和孩子的合作坚持和共同成长就是成功**。我们有理由相信，家长一定能在孩子的学习过程中发挥有效作用。如何做呢？这里说一帮三学：好成绩是帮出来的——家长帮什么会成功？帮习惯，一是学习习惯的养成者、二是学习信心的建立者、三是性格养成的引领者；好父母是学出来的——家长学什么会有效？学适应、学理解、学等待。北京十一中校长李希贵说得好，**学生的成长，才能称为教师的业绩**。我要借用一下说，**孩子的成长，才能称为家长的业绩**。任何事业的成功都无法弥补孩子教育的失败。好像李嘉诚也说过："一个人事业上再大的成功也弥补不了教育子女失败的缺憾。"你付出,你就有收获。孩子的成功,就是我们家长的成功。家长是最能帮着孩子成长而走向成功的人。

2. 规范与自由

举一个富有对比性的家庭环境造人的例子:在英国有一个爱德华家庭,是真正的书香门第。老爱德华是个博学多才的哲学家,为人严谨勤勉。他的子孙有13位当大学校长,80多位文学家,60多位医生,1人当过大使,20多人当过议员。同样在英国,另一个珠克家族,与之相比则大相径庭。老珠克是远近闻名的酒鬼和赌徒,浑浑噩噩,无所事事。这个家族至今已传下八代,其子孙后代中,有300多人当过乞丐和流浪汉,400多人酗酒致残或死亡,60多人犯过诈骗或盗窃罚,7个杀人犯,整个家族没有一个人有出息。根据上述两种情况,让我们来一起设想,珠克家族中的某个人,当他孩子婴儿时,就被爱德华家族抱养,那这个人又将变成什么样的人呢? 反之又会怎样? 家族最初灌输的是非观念,善恶标准,为人原则,将影响他的一生。这就是英国两个家族留给后人的启示。

家庭环境造人,言教不如身教,身教不如境教。夫妻关系永远第一重要,给孩子最好的礼物是榜样。给孩子食物只会让孩子成为大人,给孩子观念让让孩子成为伟人。人在年轻的时候,千万不要借口工作忙而忽略对孩子的教育,在年老的时候,一切荣华富贵都是过眼烟云,而一个不成器的孩子,足以让你晚景惨淡,但是一个成功孝顺的孩子,足可以让你生活无忧。但是我们千万不要把孩子放在第一位,凡是把孩子放在第一位的,等到这个家庭的多半是悲剧。

我们做家长的,要正确处理好规范与自由的关系,要保证自己在规范与自由的结合点上展开教育行为,做到言传身教,示范引领,潜移默化。可以这么说,你矫揉造作,他就装腔作势;你涂脂抹粉,他就喷油焗膏;你讲究排场,他就注重摆阔;你蛮不讲理,他就胡搅蛮缠;你怨声载道,他就叫苦连天;你唠里唠叨,他就啰里啰嗦(甚至肆意逆反,心理学上叫"超限效应");你游手好闲,他就好逸恶劳;你不思进取,他就不学无术;你家庭不和,他就不善团结。反之,你有什么价值观,他就有什么人生观;你懂得审美,他就会憎恶丑陋;你精打细算,他就勤俭节约;你任劳任怨,他就吃苦耐劳;你勤快有加,他就勤奋刻苦;你待人礼貌,他就礼貌待人;你读书看报,他就认真学习,你家庭和谐,他就和睦相处(夫妻关系永远第一重要)……像这样能说很多很多,其目的就是首先要我们做家长的知道注重率先垂范,不放松自身要求(北京四中有一句话,以行为影响行为、以理想树立理想、以人格塑造人格),努力营造良好的规范与自由的家庭教育环境,并教育孩子严格执行国家教育部颁布的《中小学生守则》的 9 条 282 字。

浮士德教导我们说:"人必须每天每日去争取生活与自由,才能有自由与生活的享受。"

某大学杨文教授发表感叹:"我爱儿子,但不是化作春泥,而是希望和他一起成长;我爱儿子,不光是燃烧的蜡烛,而是希望照亮他前程的同时,让自己的生命之光更加绚丽多彩。"

我感同身受,虽然我没有做到像他们那样执着,但是我要说,一切在规范与自由中行进,怎么进行都可以,但要想取得成功甚至创造奇迹,就必须遵循规律,实事求是,因势利导,恰到好处。现在我提倡五自五受:自由自主自然自在自趣,经受难受好受接受享受。希望大家喜欢。

最后,我要告诉家长同志们:教育是金钥匙,但不是万能钥匙,教育是多能的金钥匙。我们家长要拿起我们自己手中的金钥匙,自信地去打开教育孩子智慧的大门,并去迎接骄傲和自豪的到来!

二〇一五年十月

7. 中学起始的学生管理与家庭教育

——在学校初一年级第一次家长会上的讲话

各位家长:

下午好。深秋气更爽,今天是 10 月 18 日,是好日子的礼拜天,我们请大家聚在一起共商教育孩子的大事,使孩子尽快适应初中生活,严格接受中学教育,努力使他们在德智体美劳等方面取得显著成绩,全面提高自身素质。其目的是明确的,意义是重大的,相信取得的效果也一定会是突出的。这里,我谨代表初一年级的全体老师和同学向在座各位表示衷心的感谢,感谢你们的光临,感谢你们的指导,感谢你们的支持和合作。

这是你们的孩子进入中学的第一次家长会,我们的安排是先集中大会后分班交流。现在我先讲学生管理,后说家庭教育。学生管理,我讲以下"五点努力":

一、努力做好中小学教育的衔接工作

学生进中学和在小学,同样都是受教育,宗旨是一样的,但中学教育教学的要求、方式、方法与小学大不一样。事实上,孩子的年龄增长了,学习的教材加深了,教育教学的要求也就要提高了,当然方式方法也应有不同了。这就要我们首先做好中小学教育的衔接工作,使孩子尽快适应初中生活。这方面,我们向学生做了宣传工作,让学生思想上有认识;做了过渡性检测工作,让学生比较中小学试卷的不同;做了训导工作,让学生知道中学的规矩。目前大部分学生已经步入了初中教育的正轨,有了良好的发展势头。但也有不少学生还停留在小学阶段的过于幼稚、过于盲动的状态中走不出来，缺乏正确的思维，缺乏正面的导向，缺乏定性的意识，养成行为还没有养成。应该说，在座的家长也有这样的感受。

二、努力修正学生的行为规范

开学的第一天，我们免费为每个学生发放了《学生手册》。这个手册上面有中学生应有的各项规章制度。为发挥这个册子的作用，我们利用班会等一切可以利用的时间，组织学生学习并教育学生遵照执行。我们对学生从早到晚的生活、从校内到校外的活动、从思想到言行的要求都作了过细的规定，努力使学生自尊自爱，注意仪表；真诚友爱，礼貌待人；遵纪守法，刻苦学习；勤劳俭朴，孝敬父母；严于律己，遵守公德。例如，正常佩戴红领巾和校徽等标志，不留长发，不戴首饰，不穿奇装异服；不乱花钱，不讲究吃穿，不进网吧和营业性舞厅；不迟到旷课，不打架斗殴。例如，先认真预习后认真上课，先认真复习后认真作业。例如，不懒学，不厌学。例如，讲究卫生，不随地吐痰，不乱扔废纸。例如，诚实守时守信，按时作息，讲究生活规律，劳逸结合。再例如，尊敬老师，多说"老师好"；尊重父母，多说"爸妈辛苦了"；尊重自己，多说"我能行"。这些管理，我们天天检查，天天记载，我们还将量化到每个学生。

三、努力规范学生受教育的行为

我们要求教师严格教育学生，关爱每个学生，尽教书育人的天职。我们更教育学生在享受权利的同时履行好义务。为此，我们严格学生的行为考核制度，严格奖惩制度，严格学生档案管理制度，严格毕业证书发放制度，严格犯错误学生受教育的程序，即背默守则——对照规范——写说明书——接受处理——进转化班整顿。

四、努力开展一系列有益的活动

我们注重周周的升旗仪式,组织学生接受国旗下讲话的教育,同时开展整操整形活动,准备广播操比赛;我们教育学生响应上级号召,助人行善为乐,同时开展向先进典型学习和比学赶帮超活动;我们开展读书活动,组织有关竞赛,还将举办运动会和艺术节;我们将进行深入细致的家访工作。

五、努力指导学生做学习的主人

我们努力帮助学生树理想,定目标,加压力,生动力,并不断激发学生学习兴趣,进行学习方法指导,经常会办学生学习情况,经常与学生对话交流。同时,树立学生学习标兵,鼓励学生走向讲台,指导学生用好时间,促进学生积极主动地学习。

各位家长,社会是学生成长的大环境。法律规定父母是孩子唯一的监护人(教师不是),学生必须履行受教育的义务;职业道德要求教师要尽教书育人的天职。可见,家庭、学生、教师、社会是一个拆不散的教育和受教育的集合体。在讲了对学生管理之后,我再谈谈家庭教育。这里有"五请"。

一、请家长履行好教育子女的义务

父母是孩子的第一轮老师,也是孩子的终身老师。子女不肯念书,不受教育,做父母的对其进行教育是应尽的责任;教育不好,子女念不好书,做父母的也推卸不了责任。生孩子就得养孩子。在座各位到会,这就说明大家很重视对孩子的教育,说明在尽义务。但是这远远不够,重要的是在平时要言传身教,把责任尽到家。

二、请家长与子女多沟通交流

交流孩子的思想,交流孩子的学习,交流他们的各方面。只有与他们沟通了,抓住他们的心,才好针对性地进行教育。不闻不问,不管不教,是万万不能的。例如,学生贪恋上网的事,也都是教师与学生交流才知道的。只要你平等对待他们,他们就会讲掏心窝的话。

三、请家长与学校多取得联系

联系是桥梁。你不联系,就没有桥梁;没有桥梁,就没有来往;没有来往,还谈什么了解情况,共同教育子女呢?作为家长,理应要知道学校的作息时间是什么,学校的管理模式是什么,学校的各项规章制有哪些,学校是如何苛刻地要求教师的,教师又是如何刻苦的,是如何教学生做好人读好书的。作为家长,理应要知道子女在学校的品行、成绩、能力等各方面的情况。这些多与学校联系就知道。这里有好多家长就有体会。来一次学校,知道很多东西,收获会很大。

四、请家长与孩子多进行正面教育

家长平时教育孩子,要努力运用正面的言行和正确的方法,引导他们看适合看的电视,看好的书籍,交好的朋友,去好的场所,接触好的事物,接受好的熏陶。教育中,要注意方法,要做到:不粗暴,不乱捧,不哄宠(孩子不是花瓶和古董,更不是宠物);会检查,会分析,会疏导。我常对学生说,向落后看,你必落后;同先进比,你就先进。行动是最好的见证,时间最能考验人。我不要伤害自己,我要实现自我价值。这些正面的语言,传达的就是正能量。

五、请家长配合学校开展各项活动

人民教育人民办,办好教育为人民。这是宗旨,是根本。这就要我们的家长多多体谅,与学校合拍唱好一台戏,否则对谁都不利。谁不希望自己的子女成人成才,这就要我们相互配合,以共同开展好各项教育活动。这里,我们欢迎各位家长多来校访。

好。各位家长,一切为了孩子,为了孩子一切,为了一切孩子。我们真诚地欢迎各位常来学校看看,玩玩,谈谈,看出名堂,玩出东西,谈出效果。我们衷心地希望各位共同尽职,共同合作,努力把孩子培养成为对社会有用的人。最后祝你们的孩子全面发展,天天向上;祝你们的工作顺利遂心,事业有成;祝你们的家庭富足安康,美满幸福。现在,请各位与班主任和任课老师一起到孩子所在的班级作深入的交流。你们的孩子都在那儿等着你们呢,机会难得,千万不要错过。谢谢。

2003 年 10 月 18 日

班级管理

8. 新背景下学生管理的有效操作与理性思考

——在射阳县外国语学校教师暑期培训班上的讲座

尊敬的各位领导、各位老师：

你们好。贵校创办四年来，一路风尘，一路高歌，一路辉煌。身为射阳人，我由衷地为这颗璀璨的明珠在射阳神话般地诞生而深感欣慰和敬意。值此，我敬祝贵校欣欣向荣，蒸蒸日上；敬祝各位事业腾达，生活美满。贵校成功了，经验见于诸多媒体，资源在让大家共享；今天我也凑个热闹，与各位一起探讨新时期新背景下的学生教育问题。话题是：新背景下学生管理的有效操作与理性思考。

一、新的背景下的学生状况

我说新背景，其因素很多，诸如：新一代独生子女因素，市场经济因素，科技社会发展不和谐因素，城市和农村差异因素，教育脱离生活因素，课改中的新中考新高考因素，家庭教育因素，师生关系变化因素等等。

如此因素，形成新背景新集合。在这个新的集合中，在这样的新背景下，学生是个什么状况？大家不言而喻。这里，我做一些表述：养尊处优的多，知道疾苦的少；怕苦畏难的多，吃苦耐劳的少；懒惰落后的多，勤奋上进的少；自以为是的多，谦逊互通的少；娇生惯养的多，敢于负责的少；自私自利的多，乐于奉献的少；喜欢表扬的多，接受批评的少；攀比吃穿的多，艰苦朴素的少；爱慕虚荣的多，实事求是的少；依赖父母的多，自理自强的少；放荡不羁的多，严于律己的少；贪玩厌学的多，主动学习的少；接受信息的多，抵制诱惑的少；物质享受的多，精神追求的少；不务正业的多，热爱读书的少……

面对这样的学生，我们教育工作者、做教师的、班主任怎么办？我认为：首先是**正视**，承认现实，不回避问题，要知道到什么山砍什么柴。其次是**审视**，仔细分析，提高认识，要知道不同的材有不同的用处。再则是**重视**，认真对待，作出反映,要知道谁都能成才(材),我决心要使他(她)成才(材)。

二、学生管理中的有效操作

在谈操作之前,不妨先对管理说些认识。管理出效益,无可厚非。不管等于不教,要先管后教,这也不可否认。我们现在常讲:细节决定成败。要把工作做精细,实际上就是管理。管理不同于策略,策略是大政方略,宏观调控;管理是策略之下的具体措施,精细工作。学校是育人的场所,育人就是要做人的管理的精细工作。这一认识要坚定不移。

管理,第一是目标管理。目标,很简单,两个字:做人。教师一开始就要以教育学生把人做好作为目标,努力达成,并从一开始就要告诉学生做好人就是他们的目标。管理人同于生产产品,又不同于生产产品。说同于生产产品,是因为生产产品要产品合格才有效益,培养人要人品合格才有效益;说不同于生产产品,是因为产品不合格,可以再生产,只是费时废材,影响效益;而人成了废品,不可重塑,就没有效益。我们见过多少大学毕业不行的又从一年级开始回炉的?可见目标管理的重要。

第二是过程管理。过程决定结果,重结果更要重过程。没有过程的管理就没有结果管理可言,没有好的过程管理,就没有好的结果管理可言。长庄稼长果子要田间管理。学生做人学习双赢,其实是素养好习惯好,素养和习惯就是靠平时的过程培养完成的。成功的班主任、成功的老师一定会在重视目标管理的前提下,十分重视过程管理的,一定会一个一个、一步一步、一点一点想方设法,又管又理,扎扎实实又理又管的,一定会做得很精细很精致。

第三是成效管理。无论某阶段还是最终结果,无论成效如何,都要认真评估评价,认真总结反思,以便开展后继工作。记住:成绩等于经验加反思。

好,下面谈目标、过程、成效管理中实际操作问题。这是最直接最重要的。(下为提纲内容)

面对复杂的社会环境,现在中学生的思想教育难度加大了;面对全新的课程改革,现在教师的教育工作要求提高了。因此,我们教育工作者必须尽快改变观念,转换角色,加大投入,改进方法,全方位创造性地开展适应形势发展和时代要求的施教管理工作。

1. 注重形象塑造,让精神说话

(1)塑造为师形象。我始终有这么一个信条:"我是形象大使,我要让我的精神为自己说话。"教育学生勤奋刻苦,自己就得勤于理政,做眼勤观察,耳勤听取,腿勤家访,手勤记载,脑勤思考,口勤对话。如果说这是形象塑造,那么我要说这是奉献精神在无声地说话。

(2)奉献至爱精神。至爱的精神付出换来的是至乐的大观。成功的对话很神奇,在不同的时间,对不同的对象,于不同的地点,用不同的方法,进行零距离的对话,势必会产生不同的效果,它体现了至爱精神、内涵魄力和形象风度。

2. 注重正面教育,要正气升华

"知、情、意、行"存现于学生个体思想品德的外表和内在。因此对学生的教育和管理,尤其是对行为差的学生和学习差的后进生,我们应注重对他们的外表和内在多进行统一性较强的正面教育,使其在"知、情、意、行"上都得以感化,要把他们的正气升华到一定的程度,努力不让歪风邪气插足。

(1)灌输正确理念。例如:"有一身正气,两袖清风也何妨。""不要歪着头脑思考问题,要行得正。""要珍惜缘分,说家长辛苦,说老师好,说自己能行,成功就在眼前。""你放了时间,就是放弃了生命;你丢了知识,就是丢掉了财富。""向落后看,你必落后;同先进比,你就先进。""少说客观现象,多找主观问题。""我不要伤害自己,我要实现自我价值。""我不要表现无知,我要提高全面素质。""行动是最好的见证,时间最能考验人。""仁义不可缺,礼智不能少。""无穷尽=无穷大。""苦功+巧功=成功。""你付出,你就有收获。""投入慢,效率低,也是罪过。""你一帆风顺,你就不会是勇士;你一蹶不振,你就不会是好汉;你一往直前,你就不会是吃后悔药的人。""不要父母留给你的财富,而要把自己变成财富"等等。

(2)学习先进事迹。先进的人和事容易感动人、感染人、感化人。

(3)开展教育活动。活动的开展要具有正面性、主题性、实际性、时效性。

大家多多地接受了正面教育,树起了正气,懂得珍惜过去和缘分,把握现在和机遇,享受未来和成功,学生的强烈的集体主义和荣誉感就会随之产生。

3. 注重方法改进,有科学作证

教育工程是育人工程,必须以德育为纲,以心育为本,开展工作。做好德育和心育工作,要遵循规律,更要改进方法,创造性地开展工作。创造性的工作,不是靠想当然,为标新立异而标新立异,而要合乎科学,植根于科学,这样的创新,这样的方法才是有效的。我们创造性地开展的工作有:开设"文学与素养"、"我与审美"、"不为座位论"等讲座;启用说明书和交换意见,实施"背诵守则——对照规范——写说明书——接受处理——专项转化"的五步骤程序化教育,规范教育和被教育行为。

4. 注重身心关爱,使思想生花

教育的最高境界是学生的自我教育。转化后进生的关键过程就是学生的自我教育过程。我认为要始终不离教育学与心理学相结合的点、线、面的谱,做到软硬兼施,动静相间,张弛结合,五育并举,使他们的思想生发出灿烂的火花。

(1)分析后进生的不正常心态。一是矛盾心态,即分析他们的理智与情感,自尊与自卑,上进心与惰性,个人需要与客观可能性,恐惧与侥幸心理;二是城市学生的缺陷,怕吃苦,太自私,优越感强;三是逆反和变态心理。分析准确,才好有的放矢地开展施教工作。

(2)创设后进生的受教育氛围。即三结合,结对子,你我他,正反对比,心理健康教育,不断矫正心理,做到多层面,多元化。

(3)编织后进生的教育心理结合网。即帮助他们定阶段目标,绘前锦蓝图,帮助他们排忧解难。

(4)专治后进生的突出问题。其过程是:强行整治——政策整治——制度整治——弹性管理——自我矫正。

(5)增强后进生的人生价值观。使他们认识:你皮,你聪明;你不笨,只是你没学。地球上有你一点坐标。

我总觉得:教师为人师,要树立学生观、价值观,乐意付出,不图回报。

(详见下文:《精神说话·正气升华·科学作证·思想生花》——在全校班主任工作会议上的讲座)

三、有效操作时的理性思考

30 多年的实践,有成功,有失败;30 多年的实践告诉我,不断实践,不断反思,才能不断成功。有道是:反思决定一切,成绩等于经验加反思。目前,对学生施教工作,我思考得很多,这里不妨与大家共同商讨。

1. 真正的人应该怎么样?

2. 教育的作用是什么?

3. 如何适应新背景做学生的思想工作?

4. 如何开始对一个班级、对一个学生进行教育工作? 我认为,首先是调查了解,走进实际,走进心灵(交换意见书:单独亲家庭知多少),这样才好有的放矢,不走弯路。然后率先垂范,说话算数,放好样子。

5. 学生思想工作千头万绪,纷繁复杂,抓那一点才是最有效的? 我认为,主题系列结合做,坚持对话不懈做,把一点放大做。

6. 如何剖析一个待进学生,教育一个特殊生? 我认为,把教育学和心理学结合到最佳点,才是最有效的。打个比方:采用中医原理是比较恰当的,中医的目的是治本,中医的过程是调理,中医的方法是望闻问切,中医开出的药方要熬制,熬制中药要把握火候,急火少,温火多。

7. 注意日常管理,切实转化待进生:精计划,主预防,防微杜渐;多家访,多联系,齐抓共管;抓班风,抓纪律,一抓到底;善调控,巧挖掘,苦寻闪光点;抓反复,反复抓,持之以恒。

待进生转化中教师应注意的几点:用自身树立榜样,用爱心燃起希望,用成功树立自信,把希望具体为目标。人不能没有希望,人就生活在希望中,希望的具体化就是目标,目标就是通向成功的阶梯。

待进生转化的误区:严而不爱,罚而不教,抑而不扬,堵而不疏。

对学生不良行为的深层思考:以"自我"为中心的问题,双重人格问题(好、坏),人的惰性与期望值问题,法纪观念的培养问题。

8. 单亲孩子的教育:类型:忧郁性、随意型、怀疑型、烦躁型、老成性;措施:用友情弥补亲情、用鼓励抵制猥琐、用交流剔除顽固、用回避保护自尊、用爱心抚慰创伤。

9. 如何对学生进行自我教育,如何慎独静心?(静心训练、和尚练功,知而获智、智达高远)

10. 如何选择批评的时机?批评在心理层面的时机选择——择"时"而批。美国心理学家卢钦斯的研究表明人在社会认识的过程中,最初获得的信息比后来获得的信息影响更大,这种现象称为"首因效应"。根据这一心理现象,批评在"时间段"的时机选择上应有"三不":周一不批(坏的开端等于失败了一半),早晨不批(一年之计在于春,一日之计在于晨),课始不批。批评在"时间点"的选择上还应履行"五不":关键时不批,冲动时不批,吃饭时不批,当着众人不批,当着家长不批。批评必须有,批评必须讲究艺术。

11. 如何对学生进行恰如其分的评价?多一把评价的尺子就多一批好学生。(多方面评价、全方面评价,建立档案,记录学生成长过程)

12. 如何让学生教育回归学生生活?教育必须回归生活。杜威:教育即生活。陶行知:生活即教育。德育回归生活。一切为了学生。最适合学生发展的学校就是最好的学校。用健康的情感培养情感健康的学生。

13. 如何处理好师生关系?平等。

14. 班主任如何与任课老师合作?

15. 家长会怎么开最有效?

16. 如何家访?家访:提前备课,沟通无极限。选择合适的家访时间,选择恰当的家访形式,掌握正确的家访方法(全面看,有两面;两点看,就全面)。

17. 如何请家教?孩子需要时请家教,才最有效果。

18. 班主任自身修养:明方向——班主任工作要有原动力,倡敬业——班主任工作要有示范力,立守信——班主任工作要有信服力,重正身——班主任工作要有感化力,讲务实——班主任工作要有诚服力,求稳定——班主任工作要有凝聚力,敢决断——班主任工作要有魄力,多宽容——班主任工作要有向心力,善协调——班主任工作要有整合力,常自省——班主任工作要有再生力。

班主任的十大谋略:用谋之道,用权之道,用理之道,用人之道,用情之道,用和之道,用势之道,用度之道,用时之道,用语之道。

19. 班主任个别谈话的艺术:看对象,戒笼统;讲宽容,戒苛刻;留空白,戒急躁;找方法,戒训斥。

班主任的变"色"艺术:变古板为幽默,变惩罚为教导,变面谈为笔谈,变保姆为导演,变苦学为乐学,变清醒为糊涂,变检讨为说明,变家访为访家。

新世纪的人民教师的仪表形象应该是:仪容高雅,态度诚恳,举止端庄,庄重潇洒;言谈文明,斯文和谐,不卑不亢,落落大方。

20. 如何求解发展生命的最大值?(教育的本质是什么?——帮助生命发展)"以人为本"这四个字不是挂在墙上的装饰品,作为校园文化,我们要让思想"落地生根"。

求解——建造适宜生命生长的教育乐园。老老实实做人,踏踏实实做事,大处着眼,小处着手,甘心寂寞,在平凡中追求和感悟教育的伟大。

求解——追求关怀生命的教育理念。评价是撬动生命的杠杆,是生命前行的加油站和方向标,是每个生命不可或缺的教育资源和教育力量,全面、有效地评价每一个学生就是对生命的真正关爱。(多一把评价的尺子,就多一位成功的学生。新三好:家庭的好孩子,学校的好学生,社会的好公民。)

求解——让每个生命享有自信和成功。要构建起适合学生需要的、本真意义上的学校,课程体系,必须为校本课程打开时空。我们把突破口选在了长短课时制改革上。

求解——构建满足生命发展需要的长短课程。建设一支与时俱进、卓越发展的教师队伍是兑现关怀生命的学校教育永不衰竭的动力。

求解——发掘帮助生命发展的动力资源。

新三好:家庭的好孩子,学校的好学生,社会的好公民。

教育是金钥匙,但不是万能钥匙,教育是多能的金钥匙。

育人,不科学,蛮干,只能成为育人狂;教书,不研究,死教,只能成为教书匠。教师,要科学,要研究,要变教书匠和育人狂为教育工作者。

各位领导、各位老师,因为时间,现在是尾声,我想说我讲的很肤浅,是毛坯,如有用，求得共勉；如有误，引以为戒。我最希望能受到启发，那怕是引起争议，我也心满意足了。最后，再一次地祝福贵校前程似锦，如日中天，效益提得更高；祝福大家工作顺利，美满幸福，日子过得更好。谢谢！

二〇〇六年八月

9. 精神说话·正气升华·科学作证·思想生花

—— 在校内校外多次班主任工作会议上的讲座

面对复杂的社会环境,现在中学生的思想教育难度加大了;面对全新的课程改革,现在教师的教育工作要求提高了。因此,我们教育工作者必须尽快改变观念,转换角色,加大投入,改进方法,全方位创造性地开展适应形势发展和时代要求的施教管理工作。这里,我就实施新课程理念下的教育问题,以班主任工作为例,谈几点体会,以求共勉。

一、注重形象塑造,让精神说话

1. 塑造为师形象

参加教育工作 30 年来,我始终有这么一个信条:"我是形象大使,我要让我的精神为自己说话。"于是,每做班主任,我总是给学生宣布"五个不",即"不打骂、不罚站、不罚款、不写检查、不歧视后进生",并且说到做到;要求学生做最好争第一,自己就要往最好和第一方面努力;教育学生勤奋刻苦,自己就得勤于理政,做眼勤观察,耳勤听取,腿勤家访,手勤记载,脑勤思考,口勤对话。如果说这是形象塑造,那么我要说这是奉献精神在无声地说话。每做一年班主任,我总要组织召开五次不同形式的家长会,家访到每一家,电话联系百余次,接待校访家长近四百人次,阅读学生说明书和交换意见书五百多份,与学生对话交流的次数无法统计。

2. 奉献至爱精神

多年的班主任工作实践告诉我,至爱的精神付出换来的是至乐的大观。学生某某辍学在家,老师和家长想尽办法,还是无济于事,于是我于一天晚上到该生家中进行对话,中途他急了,挥起菜刀向我砍来,好在被眼快手疾的体育老师拿下,但是我仍然不放弃苦口婆心的对话,终于说服了他。学生某某小学就开始无恶不作,上了初中后的坏表现真是登峰造极,谁都担心会出大问题。我于是与之对话,从教室到办公室,从室内到室外,从学校到家庭。他火了,曾怀揣菜刀在我儿子的学校的门口等着;他父亲也火了,扬言要废掉我一条腿。但我不言放弃,无数次的反复无数的对话,终于扭转乾坤。刀下逃生,惊心动魄,令人后怕,但反思得出:是力不可驳的对话掀起了轩然风波,更是语重心长的对话使学生立地成佛,重新做人。成功的对话很神奇,在不同的时间,对不同的对象,于不同的地点,用不同的方法,进行零距离的对话,势必会产生不同的效果,它体现了至爱精神、内涵魄力和形象风度。可以说,教育所付出的至爱是计算机计算不了的。

二、注重正面教育,要正气升华

"知、情、意、行"存现于学生个体思想品德的外表和内在。因此对学生的教育和管理,尤其是对行为差的学习差的后进生,我们应注重对他们的外表和内在多进行统一性较强的正面教育,使其在"知、情、意、行"上都得以感化,要把他们的正气升华到一定的程度,努力不让歪风邪气插足。

1. 灌输正确理念

例如:"有一身正气,两袖清风也何妨。""不要歪着头脑思考问题,要行得正。""要珍惜缘分,说家长辛苦,说老师好,说自己能行,成功就在眼前。""你放了时间,就是放弃了生命;你丢了知识,就是丢掉了财富。""向落后看,你必落后;同先进比,你就先进。""少说客观现象,多找主观问题。""我不要伤害自己,我要实现自我价值。""我不要表现无知,我要提高全面素质。""行动是最好的见证,时间最能考验人。""仁义不可缺,礼智不能少。""无穷尽=无穷大。""苦功+巧功=成功。""你付出,你就有收获。""投入慢,效率低,也是罪过。""你一帆风顺,你就不会是勇士;你一蹶不振,你就不会是好汉;你一往直前,你就不会是吃后悔药的人。""不要父母留给你的财富,而要把自己变成财富"等等。

2. 学习先进事迹

先进的人和事容易感动人、感染人、感化人。以前,我常组织学生学习中国的张海迪、美国的海伦·凯勒,中国的张家港、外国的新家坡,班上的标兵、全校的榜样。近几年,我常组织学生学习电视、报刊上报道出来的典型人和生动事,学习他们的事迹,学习他们的精神,让学生不断地处于正面的、积极的、进取的、向上的感动之中。

3. 开展教育活动

活动的开展要具有正面性、主题性、实际性、时效性。例如,初一阶段的"爱国爱家、爱校爱我"活动,初二阶段的"孝道孝德,感恩感激"活动,初三阶段的"追求目标,实现价值"活动;学生犯错时的"低头思过,抬头从做人"活动,学生上进时的"我是最优秀的,我又不是最优秀的"活动。平时,我还经常组织开展"立志成才,开拓未来"、"行为规范模拟测评和量化评估,黄牌警告"、"记住老师的话和同学敬言"等正面教育演讲活动。

正因为大家多多地接受了正面教育,树起了正气,懂得了珍惜过去和缘分,把握现在和机遇,享受未来和成功,所以来自学生的一股强烈的集体主义和荣誉感就随之产生了。每学年,全班参加学校组织的大大小小的活动 20 余次,很少不是第一。

三、注重方法改进,有科学作证

教育工程是育人工程,必须以德育为纲,以心育为本,开展工作。做好德育和心育工作,要遵循规律,更要改进方法,创造性地开展工作。创造性的工作,不是靠想当然,为标新立异而标新立异,而要合乎科学,植根于科学,这样的创新,这样的方法才是有效的。

多年来,我创造性地开展的工作有:开设"文学与素养"、"我与审美"、"不为座位论"等讲座;启用说明书(500—2 000 字)和交换意见(每月一次),实施"背诵守则——对照规范——写说明书——接受处理——专项转化"的五步骤程序化教育,规范教育和被教育行为,每天下午二节课后集体长跑 1 000 米,人人取饮用水、个个管自行车,有问题找调解员,召开男女生、好差生、干群团等不同类型、不同形式的各种会议,背老师评语和《同学们,我想对你说》文章,记住老师的话和同学敬言,课堂宣誓,值日班长制,值日记载签阅制,卫生值周制,班干选举制和目标责任制,行为规范量化 30 分模拟测评,做排头兵与上黄牌榜的反对抗赛,样板工程,对后进生十名的一盯一,成立工作检查组和学习攻关小组,探访制(有病必访等),缺一补一制(迟到),禁黄戒上网,入团前后各做一件好事,每天读一篇好文章,给自己发言做记载,学生生日祝贺制,召开别开生面的家长学生座谈会,组织节日畅想游艺会和崇拜偶像交流会,周三师生对话日,开专项转化班,建立学生档案等等。

不管怎么说,有科学出面作证的方法,才是行之有效的好方法。

四、注重身心关爱,使思想生花

教育的最高境界是学生的自我教育。转化后进行的关键过程就是学生的自我教育过程。不知如是说法是否妥当,但实践告诉我们教师若能使后进生进行自我教育,则被转化的可能就大,速度就快,效率就高。那么如何才能达成这一教育目标呢? 我认为要始终不离教育学与心理学相结合的点、线、面的谱,做到软硬兼施,动静相间,张弛结合,五育并举,使他们的思想生发出灿烂的火花。这里作几点简析,并以个例佐以说明:

1. 分析后进生的不正常心态

一是矛盾心态,即分析他们的理智与情感、自尊与自卑、上进心与惰性、个人需要与客观可能性、恐惧与侥幸心理;二是城市学生的缺陷,怕吃苦,太自私,优越感强;三是逆反和变态心理。分析准确,才好有的放矢地开展施教工作。某某是班上呼风唤雨的人物,他竭力关注国际变幻的风云,对社会现实有不满情绪,曾跑到教堂当了信徒;他脑子有问题,思想出叉子;他每周至少要大闹天宫一次,每次考试都恐惧。对此,我对白百余回,每次对白都感到很费劲,很吃力,每次谈话该生都写下日记。对他,我做医生,把他当病人;我做严师,又做慈母,甚至招待过他。最后成绩突出,上了理想高中。

2. 创设后进生的受教育氛围

即三结合,结对子,你我他,正反对比,心理健康教育,不断矫正心理,做到多层面,多元化。徐啸表现很好,学习刻苦,由生以来,一帆风顺,未经挫折。一晚突生急病,进三院转一院,前后共十一天。十一天内,我三次冒雨前去探望,两次带了学生,一次是组织班干代表全班同学送上花篮,献上礼卡;一次是组织后进生代表自己送上温暖,掏上心里话。两次两个意义一个目的,大家都受教育。班上有个不成文的规矩,就是谁生病,我们一定去看望。

3. 编织后进生的教育心理结合网

即帮助他们定阶段目标,绘前锦蓝图,帮助他们排忧解难。某某、某某、某某、某某某是班上的四大巨头,对他们进行分离瓦解,各个"击破",并跟他们注射预防针,一周一治疗,防止后遗症,他们写下的一份一份说明书,便是一桩桩心理斗争史。

4. 专治后进生的突出问题

其过程是:强行整治——政策整治——制度整治——弹性管理——自我矫正;其突出问题有:上网问题,早恋问题,斗殴问题,看杂书问题。某某某课上看杂书,课后上网吧,目无组织和纪律,我先后收了他68本租借的不良杂书;他曾为图报复,拿了同学钥匙,藏了同学的自行车。为其破案,我真绞尽脑汁,最后某某和父亲一道蹬门到同学家去陪礼道歉,同学父亲还写来了致谢信。某某头脑简单,常惹事生非,是危险分子。有一阵子突然向家长要求去一处家教,家长被其假象所迷惑,高兴不已。我作了跟踪调查,最后在其家现场办案到深夜12点多钟,后来该生恶习收敛不少。那一次下着大雨,我把这称之"雨中情"。我有一阵子咳嗽,他还悄悄送给我止咳消炎药。

5. 增强后进生的人生价值观

使他们认识:你皮,你聪明;你不笨,只是你没学。地球上有你一点坐标。郑兴是副班长,品学兼优胜,可有一阵子被人诱惑,迷上了网吧,成绩直线下降。结果被查获,我反复教育还不放心,便让其在中考前住在我家两个多月,不断地帮他重新树立正确的人生观,结果他以高分考取盐城中学,被分在最尖的强化班。

我总觉得:教师为人师,要树立学生观、价值观,乐意付出,不图回报。当年国庆节前夕,想不到毕了业才一个暑假零一个月的学生,一下子聚起48人,前来我处问候联欢。我真激动不已,赶快把他们请到"水饺店"小吃一顿。其中就有被称为定时炸弹,曾令我掉了两次男子汉泪的曾某。高兴之余,我跟他们说,打了一年的交道,有四个遗憾:一是张振东还在上网;二是有 16 家未家访到;三是倪莹的父亲病故,未能组织学生吊唁;四是毕业时未来得及联欢。

(此文于 2004 年参加市局论文评比获奖)

学生训导

10. 同学们，我想对你说

——给学生们的一封信

同学们，我想对你说：我爱你，我爱你们甚至超过了爱我的孩子。作为教师，我把教师这职业当作事业，把对教育事业的无限忠诚化作具体的爱，而倾注在你们身上。"衣带渐宽终不悔，为伊消得人憔悴。"尽管我只是一名极普通、极平凡的老师，但作为爱心大使，我要用爱心去培育这满园的天使健康快乐地成长。请相信我这份无私的爱。

同学们，我想对你说：我很想做你们的朋友，但我知道这很难。不过，我希望你们用眼睛观察，用心灵感受：我所做的一切也许会损害你眼前的利益，但我绝不会损害你的将来。愿你在将来的某一天憬悟到自己找到一个值得信任的朋友，那就是我。在某个特定的时空里，我或许给你的情感少一些，那是因为你各方面表现都很优秀；或许给他的情感多一点，那是因为他的淘气使我对他多了几分牵挂。请理解我对所有同学没有平分秋色的情感。

同学们，我想对你说：假如你是学习优秀的同学，你千万不能趾高气昂，目空一切，因为科学道路是无止境的，你要把今天的成功当成新的起点，才会不断地从成功走向成功。你千万不要以为我对你的严格甚至近乎苛刻的要求是吹毛求疵，因为我知道你有巨大的潜能，有必要接受重力的锻压。即使你学习优秀这并不意味着你什么都优秀，也许在其他许多方面还有差距，我希望你时刻看到自己的不足，这样才不会折断奋飞的翅膀。请记注：同先进比，你就先进；向落后看，你必落后。

同学们，我想对你说：我评判学生的标准，成绩不是惟一的砝码。你平时严守校纪班规，将来走上社会一定是严于律己、遵纪守法的好公民；你作业认真，总是独立完成，将来工作起来一定是兢兢业业、勤勤恳恳的人；你虽然学习成绩不十分理想，但你热心助人、关心集体、心胸开阔、心地善良，也许将来在某个岗位上，你是最受欢迎的人。你成绩不好，每次考试都失败，当别人享受成功喜悦时，你却饱尝失败的苦果；当别人愉快地向家长报喜时，你最耽心的不是父母的训斥和自己的皮肉之苦，而是你内心深处的歉意与愧疚和父母声声叹惜中的宽容与忧虑。可是，你并不气馁，在那里跌倒，就在那里站起，一步步向成功迈进。请不要忘记：只要有一份执著，成功一定属于你。

同学们，我想对你说：我们的集体是你我他组成的，在集体的棋盘上一定有你的位置，无论你是将帅还是车马炮，都有你努力的方向。你在棋盘上走动时，不能只考虑自己一个子儿，要从全局出发，步步为赢，和谐共进。你知道吗？你没有穿校服，可以使全班蒙羞；将来在工作上因为你的疏忽，可能使整个企业蒙受经济损失。你迟到旷课，两操不认真，课堂上坐不住，乱扔乱抛，抽烟上网，打架斗殴等等，受影响的不仅仅是你个人，而是整个学校。雨果曾说："生活就是找到自己的位置。"愿你们在集体的棋盘中找到属于自己的位置，并为集体的棋局的胜利贡献自己的力量。

同学们，我想对你说：我是一位十分普通、十分平凡的老师，我所拥有的只有表面威严与内心朴实，你的将来肯定比老师强，虽然当你奋飞在蓝天白云的时候，我还没来得及喜悦，面对的又是新面孔的"你们"，但我很高兴。命运将我们聚在一起，愿我们珍惜这缘分，珍惜我们共度的时光，虽然这在人生的旅途中仅仅是瞬间的相遇，但希望我们相遇结下的友谊地久天长，回味无穷。

同学们，我还想对你说：我愿意用我的心来理解你们，因为我喜欢你们！

二〇〇四年十月

（此文参照许为楼同志同题文章）

11. 亟待提高强素质　全面启动创"四星"

——升国旗仪式上的专题讲话（提纲）

老师、同学们：

你们好。接着学生代表字字令人深思、句句动人心弦的发言，我通报最近情况，题目是：亟待提高强素质，全面启动创"四星"。

最近，学校大事记上重重地记着两件大事。一是政治上，学校决定今年申报"四星"，并专门成立了创建工作六个行动小组。这标志着我校创建"四星"的实质性工作已全面正式启动而迈出强有力的第一步。二是教学上，学校先后对高一年级和新疆部进行了教学工作全面督导，并及时总结反馈，又为第三次即将对高二年级进行的视导作好了更为充分的准备。这说明学校把教学这一重头戏纳入创建工作抓紧抓实。

最近，各年级各备课组都能积极统一教学进度，认真制定复习计划，全面落实迎考措施。一线同志兢兢业业，班主任工作任劳任怨。突出的是出勤出力干满点，有病有难站好岗的英雄人和动情事，让人见了无不心痛；同时班级管理的不平衡和极个别课堂纪律欠佳而导致教学效果难以保证的现象发生，也令人十分担忧。

最近，全校绝大多数学生遵纪守法，勤奋学习，积极备战期末考试，大有"追求目标不让步，实现价值争上游"之气势，最为动人的是高三、初三的莘莘学子有着一股"宁静致远超脱自我，出类拔萃创造奇迹"的战斗情怀，其形象已成楷模，其风景这边独好。可更值得提醒的是：曾一度改观了的卫生问题又出现了反弹现象，早中晚在通往小吃的沿途各处、操场四周和教室内外，废纸杂物，铺天盖地；课间操不像是做操锻炼，放飞青春，倒像是生病的娃娃初愈的孩子，有气无力；眼保健操从假动作发展成了不动作，校园内骑车仍屡禁不止，保卫处里处理打架事件的次数仍居多不少，不少的课堂上有不少的学生睡觉没学还干"杂活"……如此种种,我们要说学生常规管理要抓细抓实抓到位。如此种种,我们还要大声疾呼:创"四星",学校的工作正全力以赴;做学生,你们的素质亟待提高。

　　谢谢!

二〇〇六年十二月

12. 珍惜 把握 享受

——在滨海县大套中学开学典礼上的讲话

大套中学的校长、老师、同学们:

你们好! 在秋风送爽、桂果飘香的季节,我深感我们大套果乡更加温馨芳香,大套中学更加辉煌灿烂。为此,我谨代表盐城市田家炳中学一行三人,向你们表示最诚挚的感谢,感谢你们把美好的时光送给我们,感谢你们用无限的热情欢迎我们。

面对这美好,我不禁感叹万千,但归结起来,我想跟同学们讲三点六个字,就是:**珍惜、把握、享受**。

第一,珍惜。珍惜过去和缘分。

1. 珍惜过去

过去的是历史,但成为的历史意义重大。你们想,过去有成功有失败,有经验有教训,有先进有落后,有光彩有阴暗。因此无论过去是怎样的,都值得我们好好珍惜。珍惜成功,同学们会发扬成绩,传承经验,信心倍增,总是想着努力更先进;珍惜失败,同学们会吸取教训,弥补不足,总是想着努力不落后。

2. 珍惜缘分

同学们的缘分在哪? 在同桌、同班、同年级、同学校,与同学、与老师之间。这些缘分很难得,过去了就不再有,因此谁都要好好珍惜。珍惜缘分,就会相互尊重,好好合作,在学习、生活、工作等方面和谐共处,团结取胜。目前正开始的新课程改革,学习上尤其要自主和合作、探究和创新。

那么,如何珍惜过去和缘分呢? 一句话就是要多多地用心反思,把过去的历史、相互的缘分,当作现在前进的起点。

第二，把握。把握现在和机遇。

1. 把握现在

俗话说，现在不吃苦，将来吃大苦。现在是关键，关键要靠自己把握。如何把握，我认为：**一要爱国爱家，爱校爱我**。并且要从爱我自己开始。试想，如果一个人连自己都不懂得爱的话，那么他还懂得爱校爱家爱国吗？请同学们不要伤害自己，要懂得呵护自己的身体、生命和人生。**二要孝道孝德，感恩感激**。同学们，父母生育你们，老师教育你们。对他们，你们都要孝，都要忠，要在心里、嘴上和行动上对他们感恩感激。平时要做到：见到父母，要说"爸妈辛苦了！"见到老师，要说"老师好！"在镜子里见到自己，要说"我能行！"再说对父母，要说心里话，给他们写信，帮他们做事，送他们礼物等。对老师，要听老师话，尊重老师，教师节前后开展一些赞颂老师的活动。记住：**一定要对帮助过自己的人多多地感恩**，甚至把规范自己的行为和勤奋学习视之为孝顺，视之为感恩，使你们的情感深处发出善良感激的火花。**三要学会学习，学会思考**。西方一位哲学家说过，人的思想非常神奇，只要聚精会神，就会创造奇迹。思考决定一切，凡事要思考。文化、知识、科学等是同学们学习的东西，对他们要产生兴趣，充满信心，掌握方法，要自主、合作、创新相结合。相信自己，你们每一个都会创造奇迹。**四要追求目标，实现价值**。一个人没有目标，就没了理想，就没了前进的动力。因此同学们都要树立做人的目标和学习的目标。有了目标，就要努力达成，努力实现。现实些讲，同学们实现目标要努力做到：比，向先进看齐；学，向困难挑战；赶，向目标迈进；帮，向师生请教；超，向自己要成绩。当然，这很苦，但我送给你们一句歌词：**快乐着我的快乐，痛苦着我的痛苦**。同学们，努力吧！你成功了，你就快乐啦！

2. 把握机遇

时不我待，机遇难得。现在，同学们的机遇很多，最重要的是你们正遇上了新课程改革的机会，你们要投身，投入，出成绩。初三乘的是初中未课改的末班车，你们有先前成功的经验，明年参加高一课改，你们承前启后，这是机遇;初二是第一届参加课改的,你们能尝试出成功的经验,这是机遇;初一是第二届参加课改的,你们应总结出更成功的经验,这是机遇。新课改,是全新的、全面的、全方位的,有很多学法、做法同以前不一样,你们要赶快适应,努力投入,以取得新的成绩,成为全新的人。记住:**把握住了机遇,就把握住了命运,命运在你手中。**

第三,享受。享受未来和成功。

1. 享受未来

未来是必经的,但未来的情景,要同学们设想;未来的美好,要同学们憧憬。望你们充满信心,懂得享受未来。要知道,未来是美好的。

2. 享受成功

成功是快乐的,你们享受成功,就是享受快乐。**成功＝苦功＋巧功。**享受成功,就得把勤奋的"苦",把科学的"巧"当作快乐来享受。这个道理,同学们都懂吧? 其实,会享受现在因压力因吃苦而换来的动力和成功的快乐,你就会享受到未来的美好。

同学们,由于时间关系,由于准备不充分,我就讲这六个字三点:珍惜、把握、享受。希望你们能从中受到一点点启发。对了,我喜欢送同学们一些话。今天第一次照面,先送给你们这么几句:

1. 无穷尽＝无穷大。

2. 养成"三心"境界,你就是好样的。这"三心"就是:心情愉悦地生活,心平气和地交流,心静如水地学习。

3. 同先进比,你就先进;向落后看,你必落后。

4. 我是最优秀的,我又不是最优秀的。

5. 低头思过,抬头做人。

6. 改正错误,是非常痛苦的事;改正了错误,又是非常了不起的事。

7. 忍耐会避免犯错误。

8. 我不要伤害自己,我要实现自我价值。

9. 行动是最好的见证,时间最能考验人。

10. 胜利的赢家,是关键时候能把握自己的人。

另外,我还习惯于把我的话写在卡片上,赠给你们。今天也不例外,我赠的第一个是学生会主席,谁是? 收好,并好好读,好好想,好好照着做。你是第1号,以后会有第2号、第3号……。你们想找全我的卡片,就努力得到它,把我的话抄在一起,这是很有意义的游戏。

最后,在第二十一个教师节到来之际,我祝老师们节日愉快,合家欢乐! 祝同学们学习进步,全面发展!

校长、老师、同学们,我的讲话到此结束,不到之处,请多指正。谢谢!

二〇〇五年年九月八日于支教前线

13. 胜利的赢家是关键时候能把握自己的人
——在滨海县大套中学等校多次初三学生大会上的讲话

俄国作家高尔基讲:"世界上最快而又最慢、最长而又最短、最平凡而又最珍贵、最容易被人忽视而又最令人后悔的就是时间。"莎士比亚说:"在时间的大钟上,只有一个词——现在。"现在到了关键时候,临阵临战,你们应该分秒必争,珍惜并把握好现在关键的每一个今天。那如何把握呢? 我想:

一要把心理状态调到最佳妙处。方法和要求是:感谢中考,学会取舍,相信自己,战胜自我。

1. 感谢中考

有人说高考是中国最公平的事情之一,我说中考也是。无论你富有贫穷、俊美丑陋、尊贵卑微,高考中考总是以同一张试卷、同一道分数线展现在大家面前。它给了我们所有人一个机会:一个证实自己的机会,一个取得胜利、改变人生的机会,一个树立信心、培养毅力的机会,一个提高自己、完善自我的机会。同学们要加倍珍惜这一机会。这里,我为辍学弃考者感到惋惜。中考不仅从形式上改变人生,更能从精神品格上影响人的一生。中考又是一场竞争,这场竞争是志向和胆略的竞争、意志和毅力的竞争、修身和养性的竞争。中考前的每一天,同学们是否激情满怀、热血沸腾,像即将冲锋的战士,摩拳擦掌,跃跃欲试地投入这场竞争呢?

2. 学会取舍

越到临考前,考生越觉得时间紧、任务重,复习无从下手,这时要学会抓西瓜和丢芝麻,要学会自我暗示,多对自己说"我能行。我难人也难,我不能畏难;我易人也易,我不可大意。"要把升学考试看作是人生的一次好机会,但不是人生的全部机会。其实到了最后,能做到尽最大努力而无怨无悔比自己考得怎样还重要。现在,你们要过好每一个迎考的"今天",使每一个今天越过越充实,要学会"计算"自己的幸福,越算越幸福;计算自己会对的题,越算越有信心。要排除干扰,集中注意力,全力以赴。

3. 相信自己

学习是没有捷径可走的,一分耕耘一份收获,但学习有它本身的规律,需要策略和技巧,请同学们记住:最适合你的方法就是最好的方法。你们要调整好自己的心理,相信自己的实力,只要对考试有充分的了解,对自己的现状有准确的评价,对参加考试有充分的心理准备,就会轻松地走进考场而实现目标。

4. 战胜自我

我建议,你们每天尝试三个"一",即"笑一笑,动一动,照一照"。一是"笑一笑",即给自己又给别人以信心。二是"动一动",每天都要有一小段调整、放松的时间(下午二节课下集中散步),一天连续学习 24 个小时肯定不比学习 14 个小时有效。三是"照一照",有空照照镜子,欣赏和接纳自己,并品味王国维先生那句诗"衣带渐宽终不悔,为伊消得人憔悴";另一方面也要以同学为镜子,随时发现自己的不足,适时调整自己的学习和心态,保持自己真正找到以良好的心态冲刺的感觉。上了中考考场,千万不要急功近利,想目标夺名次,要保证既能轻松愉快又能以最认真的态度做最认真的一次作业,把会做的每一道题做对。

二要把身体健康炼到最佳时候。方法和要求是:心不能乱,吃不能腻,觉不能缺,话不能少。

1. 心不能乱

说迎考期间不紧张是不正确的,关键是要做到紧张而不慌张。要紧张有序学习、生活,不要慌张胡乱,慌乱就无序了,就无法保证生活好、学习好了。要是感到心烦意乱,怎么办?或是选定一本书看下去,坚持阅读聚精神;或是定时跑跑步,通过锻炼做调整。

2. 吃不能腻

我建议,考试期间的饮食食谱为:早上吃豆奶、鸡蛋、馒头,中午吃瘦肉、蔬菜、米饭、苹果,晚上吃豆制品、谷类、牛奶。千万不能吃多少油炸、油腻的东西。必要的话,可以买些"脑轻松"之类的补一补。

3. 觉不能缺

要保证睡眠,保证有充沛的精力。睡眠不足将使机体的抵抗力下降,学习的注意力分散,记忆力减弱,复习效果降低。记住:要提高复习效果,千万不能打疲劳战。

4. 话不能少

最后冲刺阶段的复习,要静,要憋足一股劲拼搏,但极度的沉默不语,会导致抑郁寡欢的现象产生,会出现严重的心理障碍。这样就适得其反了。因此,同学们要多与同学、老师、家长作交流,做到自然调节,积极放松,和谐共进。这里,我愿做同学们的有心人、贴心人,做好你们对话交流的心理疏导工作。

三要把学习功夫做到最佳境地。方法和要求是:逐日计划,天天为赢;逐堂上好,节节为赢;逐点复查,处处为赢;逐项研究,步步为赢。

1. 逐日计划,天天为赢

同学们要尽快科学地安排好中考前的每一天事宜,使自己有条不紊地扎扎实实地过好中考前的每一天。这样就避免出现做一天和尚撞一天钟的被动现象,有效地保证中考前每一天的复习质量。赢在每一天,最终保准赢。

2. 逐堂上好,节节为赢

从现在开始,同学们要抓紧抓好每堂课的 45 分钟,保证每堂课的高效提升。课堂一分一秒都不能浪费,要聚精会神地听老师讲,跟着老师的思路想。时刻注意调控好自己,千万别把希望寄托在课外,否则就是抓了芝麻丢了西瓜。赢在每一堂,最终保准赢。

3. 逐点复查,处处为赢

同学们要全面系统地掌握基础知识,提高基本技能,不断复习巩固。每门学科都要围绕中考说明,列出知识要素,逐点回忆,并择要默写,严格复查,发现问题,重点解决。同时,要对调考、模考和综合训练中出现的错题进行二次订正和温习,做到反复不重复,有的放矢地做有用功。赢在每一点,最终保准赢。

4. 逐项研究,步步为赢

同学们要了解中考要求,透视中考,要科学解题,对不同题型的功能与解题对策做到心中有数,分析判断要快捷准确。还要学会比较综合、联系实际、发散思维,并提高实验和灵活应对创新题的能力。赢在每一项,最终保准赢。

态度决定一切,细处决定成败。我坚信,无论做什么,只要做细做实,保证天天做好,点点做好,处处做好,项项做好,最终的结果就没有不好的。请坚信:胜利的赢家是关键时候能把握自己的人。

二〇〇五年十二月二十九日

教学管理

14. 追求高效　实现目标

——在滨海县大套中学(教师)初三月考质量分析会上的讲话(提纲)

上次会上,我讲"注重五个意识,再创中考辉煌",即注重目标、规律、集体、创新、反思意识。没有展开来说,显得笼统了;今天是月考质量分析会,我贴近些讲,尽可能深入到位。

一、赞颂两种精神

1. 可贵的敬业精神。
2. 可佳的团结精神。

二、肯定三项成绩

1. 大家:积极重视,正确对待。
2. 年级:从严组织,步步为赢。
3. 学生:成绩可喜,平衡发展。

三、提出八点建议

月考是过程的一个结果,七、八个这样的过程性结果就换来明年中考终极性结果。现在,我们要站在数据上分析,又要跳出数据外反思。下面,我通过反思提出几点建议,敬供参考。

1. 注重目标(教师、学生)

教师:增强目标意识——分数、人数。

学生:加强目标教育——学科、总分、升学。(学科基本目标＝基础分＋10

分;目标下浮 1—5 分为达标,超出目标 1 分以上为超标。学科基本目标随每次考试加全平均为基础分而变动,特殊情况特殊对待。)

2. 关注学生(课内、课外)

课内:课标强调关注学生,关注学生学习过程是学会学习的关键。但目前从听课的情况看,教师只顾传授知识,不顾学生是否接受的现象较为严重,学生成了局外人,没有体现主体性。教师应关注每个学生是否与老师合作,参与活动。

课外:关注学生的做人和学习表现。

3. 研究方法(教学、学习)

教学:重在研究如何开展活动。

学习:重在研究如何主动发展。

目前要研究的东西很多,例如:(1)如何进行课堂对话?(2)如何把握教学起点?(3)如何分层因材施教?(目前 100 强最多相差 82 分,辉煌班最多相差 300 多分,成功班最多相差 200 多分)(4)如何培养学生主动发展?(无个性即无人才)(5)如何培养学生自主、探究、合作能力?(6)如何发挥学生攻关小组和师生互助小组的作用?(7)如何培养学生良好的心态?(8)如何进行测试分析?(制成系列表 3 张,印发师生,这样从学生到班科再到全校学科组,一目了然,知道落差,便于有的放矢地施教)(9)如何解决错题问题?(分析命题者的心态,分科搞好错题集)(10)如何解决“讲≠懂、懂≠会、会≠通”的问题?(11)如何搞好周结周练周过关工作?(12)如何开好不同形式的家长会?

4. 探究考题(考纲、习题)

考纲:任教者要逐题做过去,并分门别类进行分析。

习题:精选,有效。

对于考题,要加强集体备课,要规范训练,强化操练,开展有关比赛(现场作文、数学运算、物理实验、英语单词背默等)。

5. 强化反思(整体、班科)

反思出问题所在:是基础掌握不牢,还是知识的迁移能力差。

反思后要做到:重点问题突出解决,普遍问题共同解决,个别问题分别解决。

思考决定一切,要十分重视反思工作,努力提高善于发现问题、及时解决问题的反思能力。

6. 强化管理(班主任、课任教师)

班主任:管到人头,管到心头,抓到位,抓到家,开展课堂宣誓、重温目标、主题教育等多种活动,建立跟踪台账和考评档案。

课任教师:多了解多对话,齐抓共管。

管理出效益,不让有效时间浪费,不使付出的劳动无效,保证出高效益。

7. 严格评估(过程、结果)

没有过程就没有结果。重结果更重过程。评估应从过程走向结果。

8. 乐于奉献(精气,精神)

这一点两个方面,大套中学不缺。我相信大套中学的初三年级从这次月考起步,一定会从辉煌走向辉煌的。

二〇〇五年十月十一日

15. 加强内涵发展管理,提高课堂教学效益

——在滨海县大套中学(教师)初三期中质量分析会上的讲话

作为大中的一员,我第三次与初三全体教师零距离地交流,很高兴。高兴的原因有三个:一是初三年级期中考试打了胜仗,二是初三教师的整体素质好,有根据判断明年中考肯定能再创辉煌,三是初三学生的发展潜力较大,有能力证明他们就是战无不胜的生力军。高兴、自豪时不能骄傲。为稳操胜券,学校正着眼于内涵发展,提出"向课堂教学要效益"的口号,这是再重要再及时不过的了。今天,我接受安排的讲话主题词就是:新老课程的聚焦与课堂教学的效益。很难讲得好,但希望和人家一同研讨,共谋计策,达成目标。

首先,我要提出几个观点:

1. 教育比教学重要,教育要先行。(管理)

2. 把学生放在眼里和心里,要关注每一个学生。(关爱)

3. 要相信自己能教,更要相信学生能学。(自信)

4. 多问为什么,多长知识。(生疑)

5. 提高目标,放低要求。(起点)

6. 少打耗时间的仗,多出兴教研的牌。(45分钟)

7. 无个性即无人才,教师最大的难处在于挖掘学生个性化的潜能,教师最大的本领在于培养学生的个性向健康方向发展,并充分地得以张扬。(发展)

8. 老教材,新课标,要有机结合,这是不可回避的重大课题。(中考)

其次,我要根据这些观点。提出几项建议:

1. 明确目标的制定、达成和修正的做法。目标指两方面,一方面是学校给我们老师定的目标和教师与学生定的目标,这是学科目标;另一方面是每节课要达成的教学目标,这是课时目标。学科目标与期中试成绩对照,达成了,要鼓励,要修改,要不断进行目标教育,不断激发学生为目标而奋斗的活力(教育比教学重要)。课时目标,要集体备课定,要努力在课上达成,达不成的,要及时拿出弥补

的措施，要放低要求，及时补救，不欠达标的账，这样才能做到课课过关。

2. 明确教学的课前、课后与课上的关系。调查学生，得出结论，只要在课堂上学得好，就不愁课后做不好。课堂 45 分钟，要有效高效地发挥作用，才是师与生、教与生相生相融的宗旨所在。因此，我们万万不能耗了课堂时间，成为罪人（鲁迅讲，浪费别人的时间等于谋财害命，浪费自己的时间等于慢性自杀。）这是一意思。第二层意思，要想达成课堂教学时间的效益最大化，必须明确课前的备课、课后的反思是重要的。田中初一三个教师的课，大家听了，应该承认这三节课的课前备课是付出了大量的劳动的。大家也研讨了，作出了成功与不足的总结，这为以后的课提供了一定的参考价值。辛达松同志的课在泰州参加比赛，获得全国一等奖，赛前，他反复试上，我与他反复修改，也证明了这一点。对初一教师的突击视导，发现的问题在课上，但一分析却发现问题都出课前。所以大家要相信这一点：课上教学活动的内容和形式的高度统一源于备课时的精心设计和课后认真反思（例如：重点的突出，难点的突破，师生解决的问题，例题的精选，作业的布置，以及信息采集等）。这就提醒我们要加强备课，尤其要加强集体备课，形成教学案，使课上的东西成为大家的所共享的。

3. 明确考纲的处理、迁移和运用的方法。因为老教材、新课程，明年中考有变化，但变化不太大。新的考纲正在征订之中，2005 年的考纲要用好，要把考纲的例题与课本对应起来，基本上要在课堂内解决了。这些典型的题目要分类分项、分章分节处理好，恰到好处地得以解决，尤其是教学的基础和重点问题，要以经典引路，把经典分解，一定要举一反三地运用好典型的例题，让学生走在纲和本上，达到教学的稳、准、狠、活的高度统一。

4. 明确教学活动的组织、开展和时效的重要。课上开展活动，活跃气氛，激发情绪，快乐学习，运用多种方法高效学习，好处多多。教学活动的形式有：比赛——理科上概念、定理、公式上生成的判断题、选择题，语文上的成语接龙、说一句心里话、发表一点看法、仿造例句造句，英语上的单词背诵；讨论——发表不同意见，集中最佳看法，大家提出问题，共同解决问题；争辩——一题多解，多题一法，个性张扬；展示——单词联系和比较，口语表演，经典课文朗诵，说作文评作文；对话——师生、生生、生师互动交流；命题——重组练习；发现——看谁的知识点说得多，看谁的问题提得好，看谁的错误找得对；训练——思维的发散与聚合，科目容易忽视的数学读题、英语会话、语文表达等等。

5. 明确感情投入的内容、方式和时间的价值。目前新理念很多，其中有一条十分重要，就是无爱无教育。这"爱"字是充满感情的，大家千万不要误以认为这仅仅是对学生进行思想教育时而献出的那份爱，其实我的理解，这"爱"的情感更体现在课堂教学的每时每刻、每课每节、每步每序上。例如：学生没听讲，没参与教学活动，教师要提醒；学生未听好、听不懂，教师要现场调查了解，及时解决；学生取得成功或有困难时，教师要赏识、鼓励、激发、帮助；知识点的提出，努力让学生发现，知识点的固化，让学生总结、归纳、运用，还学生的学习主体性和主动学习权；学生发言要评估记载，要尊重学生劳动成果；学生的学习情况，要不断做调查；45分钟教学的张弛有度和学生学习负担的减轻等等，千万不能把学生当成局外人，不关注，一定要把学生放在眼里和心里，要充分体现人文关怀。记住：**得到关怀关爱的人**，**最容易产生激情、兴趣**，他（她）要热爱、报答、投入。课内课外，我们要不忘**"假如我是学生"**这一换位会带来效益的问题。

以上观点和建议的提出，聚焦新老课程，着落课堂的教学效益，这里要呼吁大家多学习多反思。

好，时间到，我要打住了，还有的话放在对初三大量的听课和进一步的调查之后再和大家一起交流。最后，我衷心地祝愿大中中考打赢漂亮仗，明年6月喝上大中庆功酒。

二〇〇五年十一月十六日

16. 坚守"严"中"细"管　强化"实"上"新"招

—— 2014 年全市初中教育工作会议上的交流

近年来,我校加大了靠谱的管理力度,以全新的精神面貌和求真务实的工作态度,扎实有效地推进学校各项工作。尤其是落实市局初中工作会议精神,落实"五个更加重视"的要求,努力遵循切合根本和实际的教育教学规律,努力坚持不动摇、不折腾、不懈怠的主导思想,努力实施严、细、实、新主元素回归的有效操作,做到坚守"严"中"细"管,优化"实"上"新"招,有效提高教学效益和实现人的全面发展,达成教与学的双赢目标。

一、坚守"严"中"细"管,提高教学管理效益

我们认为管理不严,等于不管,管理必须严格;严格管理,重在细处细心细致。我们还认为课堂教学的有效性和教学效益的最大化首先取决于课堂教学的有效管理,而有效的课堂教学应该是先管后教,并且要把严管细理贯穿于教学的全过程。为此,我们针对管得不够、理不到位和严得不够、细不到位的实际,采取学校整体推进和年级分层推进相结合的办法,双管齐下落实有效措施,重点强化了课堂的三个管理,即规范管理、目标管理和人文管理,真正把管理工作做得严到位细到家。

1. 强化规范管理

一是着力把学生的课堂学习常规放在首要位置来抓,教学生学会听、看、想、说、写,做到耳、眼、心、口、手五到,养成良好的学习行为习惯,真正把思想集中到学习活动中,积极主动地参与师生互动,成为学习的主人。我们为学生开设"学会学习,走向成功"的讲座。为强化书写的规范,我们要求每门学科每次考试都设卷面分 5 分,促使学生把字写好,减少失误。为补差和讲评提供依据,我们建立学生作业批改记录本,统计差错题,并指导学生建立错题集,定期展览学生的

优秀作业,以激励学生认真作业的积极性,培养良好的作业习惯。**二是**着力加强对教学全过程的严格检查。其检查的要求是:(1)备课:集体讨论,超前进行,精心准备,贴近学生;(2)上课:认真组织,关注学生,体现民主,培养能力;(3)作业:精选精练,认真批改,及时反馈,注重实效;(4)检测:严格制度,加强反馈,形式多样,全面衡量;(5)辅导:面向全体,尊重个性,因材施教,全面提高;(6)教研:注重校本,讲究科学,加强学习,专业发展。同时组织教务处和年级组开展"教学五认真"的周检月查和期中期末全面检查的大评比活动,评选出在备课、上课、教研活动、作业批改以及教学质量等方面的先进个人、先进集体,给予表彰奖励,让全校师生观摩学习。**三是**着力实施管理人员随堂听课制、学校值日人员巡课制、值日班干课堂状况记载制、师傅单独评课制、校内督导制、学生评教制和教学问责制,加强了对课堂教学的实时与有效监控。同时促使教学管理人员深入课堂一线,了解和掌握教师教学情况,及时发现课堂教学改革新进展或日常教学过程中的新问题,全面解决"教"和"学"之间存在的实际问题,保证学校教学活动有序、高效地开展。

2. 强化目标管理

我们所说的目标指两方面,一方面是学校给我们老师定的目标和教师与学生定的目标,这是学科目标;另一方面是每节课要达成的教学目标,这是课时目标。学科目标与考试成绩对照,达成了,给以鼓励,进行修改,不断进行目标教育,不断激发学生为目标而奋斗的活力。课时目标,通过集体备课制定,努力在课上达成,达不成的,及时拿出弥补的措施,做到放低要求,及时补救,不欠达标的账,课课过关。我们把目标管理贯穿教学管理的整个过程,十分重视目标过程管理,一个一个、一步一步、一点一点想方设法,扎扎实实又理又管,使目标过程管理精细精致。无论某个阶段,还是最终结果,都认真评估,认真反思,不让目标在过程管理中留下遗憾。

3. 强化人文管理

人文管理,重在培养教师和关怀学生。(1)一方面要求教师积极参加各级培训,另一方面邀请专家来校指导、交流讲学等,努力创造良好的学习环境和氛围;(2)通过公开课、示范课、观摩课、专题讲座等形式,为优秀骨干教师提供自我发展的空间和才能展示的舞台;(3)通过"拜师结对"和"岗位练兵"的活动载体,鼓励新老教师协作互促,促使青年教师尽快成长,增强师资发展后劲;(4)通过教师基本功大赛,促进教师专业成长和教育教学水平的提升。(5)真正树立"不让任何一个孩子掉队"的思想,切实把握"因材施教"的基本原则,要求各年级组制定切实可行的防分化和治分化的方案,采取扎实有效的措施,帮助学生制定个性化的学习方案。我们要求班主任每天都要关注到班级前十名和后十名的同学,了解他们的学习与生活情况;要求年级主任每周都要关注年级前三十名的同学,要跟他们谈心交流,倾听学生的意见,解决学生的实际问题,以最大的热心、诚心和耐心来温暖、感染学生;分管负责人随机与相关学生交流,了解工作落实情况。

二、强化"实"上"新"招,促使师生共同成长

在分析课堂教学现状时,我们发现"一刀切"的现象较为严重,即把学生主体"一刀切"了,没分层次教学;把教师教学"一刀切"了,没按实际教学,不能做到因材施教,学生站不到同一起跑线上,更享受不到成功学习的快乐。因此,针对我校的学生实际,我们及时调整教学策略,实事求是地改进课堂教学,在优化学生结构和教学结构上做出新文章,以促使师生不断地共同成长。

1. 降低着力点,实施分层教学

我们在"突出重点,着眼整体,狠抓两头,加强双基,优化组合"上下功夫,充分了解各类学生思想、学业和心理需求,降低管理着力点,"抓下层、推中层、促上层"。把班级管理的重点放在待进层上,消除教学工作中的消极因素,创造良好的学习氛围。在教学上,我们要求教师注重基础,夯实基础,"抓中档,挑两头"。我们根据因材施教的原则,实施分层教学:对上层,我们用家教式组织,导师式指导,重点扶持,着力培优;对中层,我们指导学生寻找缺陷,采取针对性训练,着眼提高;对下层,我们注重基础,治瘸扶弱,提高能力。我们要求每个班级师生、生生结对帮扶,要求自主学习和互助学习相结合,做到共同提高,一起进步。

2. 降低起始点，强化基础训练

课堂训练是保证巩固和检测学生知识获取率的有效途径。学生在切实的训练实现过程中，会强烈感受到追求与获得成功的喜悦。因此，我们确立并坚持"立足课堂，规范训练，夯实基础，分层推进，注重实效"的方针，把"先学后教，当堂训练"当作原则坚持，保证每节课学生即时训练时间不得少于 15 分钟。我们要求教师设计教与学相应的训练内容，并且注重明确性、具体性、实际性、基础性，突出重难点。练习形式多样，贯穿课堂全过程，教师随堂对练习答案作出评析。我们着眼于合格率和优秀率的提高，班级根据上、中、下三个层次，分别提出各层应达到的具体要求，因材施训，让绝大多数学生获得成功的喜悦，使学生的学习需要从潜在状态转为活跃状态，增强学习动力。

3. 降低基准点，优化教学设计

新课导入、情境创设、过渡迁移、操作实验、练习设计、活动组织等环节，我们努力联系学生的生活环境，立足于学生已有的知识、经验背景，创设有助于学生自主学习、合作交流的情境，增强学生学习的兴趣和信心，使创设的情境达到内容鲜活化、过程活动化、解题探索化、交流主动化、思维多样化、体验有效化，从多个层面激发学生主动参与学习的全过程。我们还尽力关照不同发展层次学生的需求，按照"低起点、夯基础、重方法、实反馈"的课堂教学要求，使绝大多数学生在每一堂课中都有收获。课堂提问和讨论不仅可以吸引学生的注意力，也可以检测教学的效果。我们对提问和讨论的问题精心设计，紧密联系课堂的重点和难点，尽量具体化，做到数量、质量和形式的统一，做到有利于培养学生的思维能力，讲究针对性、科学性，把握好角度、难度、效度和密度，照顾学生的现有发展区和最近发展区，兼顾各个层次的学生的发展，以适应不同层次学生的需求，使学生都有成就感。避免集体群答式提问，鼓励学生大胆质疑、独立思考，激发学生的深层思考和情感投入，引导学生尝试表达，用自己的语言阐明自己的观点和想法。课堂教学有了师生互动讨论，有了学生质疑、争论，有了学生思维火花的迸发。实验教学作为课堂教学的重要内容，学生尤其喜欢。我们最大限度地发挥学校实验装备的效益，开足开齐各类实验。每次学生实验结束后，务必要求学生写出实验报告，并及时评阅。与此同时，我们坚持开展科学、劳技、综合实践、理化生实验技能考核和计算机操作能力考试,努力培养学生的实践能力和创新精神。在中考复习中,我们紧紧围绕中考说明,每门学科都列出知识要素,逐点回忆,并择要默写,严格复查,发现问题,重点解决。针对联考训练中出现的错题进行二次订正和温习,做到反复不重复,有的放矢地做有用功。同时,指导同学们了解中考要求,透视中考,科学解题,对不同题型的功能与解题对策做到心中有数,分析判断要快捷准确。还要学会比较综合、联系实际、发散思维,并提高实验和灵活应对创新题的能力,做到逐项研究,步步为赢。

4. 降低创新点,提高教学品格

我们在继续完善党委委员联系年级制,继续加大考勤与考核的力度,继续推行管理人员随堂听课制、值周值日巡课制,继续实行初中值日巡查,完善日记载、周总结、月评比等制度的同时,要求各年级组进一步加强学习和研究,更新教育管理理念,积极改进工作方法,创新思路;要求所有管理人员要主动作为、积极作为,带领教师投入到教育教学改革的实践中去,放开手脚,大胆尝试,以新的举措取得教育教学新成绩。

我们努力提升教师的理论水平和业务水平,为学校的持续发展注入新的动力,使发展更有后劲。制定并实施"尝试表达"的课堂教学模式。倡导教学目标、学习方式、教学评价三项设计同步思考,真正实现学生的感知、理解、应用的每一个环节都能获得及时的评价,力争实现从应试教育向学科素养养成教育的转变,大面积提高课堂教学效益。在表达环节上通过"互报自学情况、互议疑难问题、互评作业质量",充分让学生进行表达。在"尝试表达"中实现"新我"跟"旧我"碰撞,自己跟同学、老师碰撞。教师变教为导,使得课堂百花齐放,师生同台竞技、同伴互相争鸣成为课堂的常态。

我们积极开展多种活动,活跃学生的学习氛围,让学校不仅有书声,还有笑声、歌声、掌声,使学校充满生机和灵性。本学期准备开展"双语朗诵比赛"、"汉字听写比赛"、"英语单词默写竞赛"、"硬笔书法比赛"、"年级篮球友谊赛"、"校园歌曲大家唱"、"学生才艺展示"等诸多活动,来愉悦学生身心,让他们感受生活的丰富多彩,更加珍惜校园生活,积极上进。在学生特长发展方面,积极创造条件,开展兴趣小组活动,让学生在音、体、美等方面有特长的学生得以发展和提升;积极培植学校的剪纸艺术和棋类特色项目建设,打造有影响力的品牌;不断开展名师讲坛、教师讲座、学生讲演的"三讲"活动,让学生学会学习、成为学习的主人,打造学生自主学习特色品牌。

三、优化严细实新,保证管理良性发展

"严中细管"出效益,我们坚守着;师生和教学的"实上新招",我们在强化。为达成"理想的教学质量"的目标,以使有效教学管理可持续地良性发展,我们还靠动态的教科研作保证。近年来,我们组织开展一系列符合科学发展观的指导性较强的教科研活动。

1. 开展"强化教学规范,实施有效教学"的系列活动。活动前,我们制定活动实施方案、实施有效教学和有效学习的基本要求。强化教学管理的目的就是让学生在单位时间内获得最大的发展。在制定实施教学管理的基本要求时,我们提出教学各个环节的具体要求。活动中,我们不断座谈研究教育教学策略,力求使其朝着科学化、精细化、更具操作性的方向努力;我们正常组织教情和学情调查,及时反馈有关信息,为教师和学生的教与学提供参考意见。

2. 积极实施青蓝工程。我们积极开展导师帮带的青蓝工程,有计划地开展好"成长杯"、"长才杯"、"成功杯"的"三杯"竞赛活动。在近几年成功举行有关竞赛的基础上,我们正认真举行"成功杯"竞赛。

3. 加强多媒体教学管理,进行合理使用多媒体教学的大比拼,努力扩大教师接受信息资源的面和扩大教研信息资源输入的量,充分开展互动交流活动。

4. 组织参观学习交流。我们通过教师沙龙论坛、校本专题研讨,立项课题研究等,开阔教师视野,启迪教师智慧,形成教研合力。在校内,我们组织大家重温规范、学习要求、相互听课;到校外,我们组织初中教师到我省苏南和我市有关中学参观学习,组织初中与东台、大丰、盐都等中学联谊,取长补短。

5. 实施巡查随堂听课。校长深入课堂、深入备课组了解一线教学的实情,提高指导教学的话语权、针对性。校长每学期蹲点1—2个重点学科,每周至少听2节随堂课,及时汇总管理人员听课情况。对低效随堂课,校长找相关执教者谈

心,研究制订整改措施,一周后重听随堂课,促使教师坚持低耗高效,打造有效生态课堂,加强教学反思,促进教师自身专业化发展。

6. 围绕"兴趣、基础、规范"的六字要求,我们举行教师教学论坛,要求教师坚持做好一周一摘抄、一月一故事、一学期一问题、一年一论文的"四个一"工作。同时重视科研成果的转化与推广,认真做好与当前教学密切相关的课题研究成果的实践与理论升华,加大推广力度,使之成为提高教育质量新的增长点。

7. 建立学生多元评价体系。坚持"多一把尺子就多一批好学生"的原则,尽可能多地鼓励学生、表扬学生,大力宣传先进人物、先进事迹,形成积极向上的舆论氛围。学校实行了"十好合格学生认定制"、"星级学生评定制",先后评选出一大批"学习之星、体艺之星、进步之星",使各具潜能、各具特长的学生能够不断脱颖而出。

总之,我们坚守"严"中"细"管,强化"实"上"新"招,努力使教学管理向精细化方向发展,努力使教学行为向规范化方向发展,努力使学生学习向主动化方向发展,努力使师生教学向科学化方向发展,在追求"理想的教学质量"征程上正迈开前行的步伐。

二〇一四年九月十五日

语文教学

17. “大语文观”导向性的集中体现

——一谈中学阅读与写作教学相结合

叶圣陶先生曾指出:“教学的时候利用语言和文字作工具,也无非为着便利,其总目标都在发展学生的知能;所谓知能包括思想和行动,也就是整个生活。”(《叶圣陶集》第12册52页)这里的“整个生活”就是要确立“大语文观”。义务教育和普通高中语文课程标准都将阅读与写作融为一体,符合中学生学习语文的心理特点和学习发展规律,充分体现了“大语文观”的导向性。可目前不少语文教师还不能充分认识到阅读与写作教学的结合是“大语文观”导向性的集中体现,因而不能很好地展开以读促写、读写结合的实际教学。这里,我们从以下三个方面讨论这一话题,仅供参考。

一、语文素养的内涵

语文素养是学生学好其他课程的基础,也是学生全面发展、终身发展和个性发展的基础。因此,课文课程应致力于学生语文素养的形成和发展,使学生具有较强的语文应用能力和一定的语文审美能力、探究能力,形成良好的思想道德素质和科学文化素质。如此说来,中学语文的阅读与写作教学都必须面向全体学生,使学生获得基本的语文素养,在工作、学习和生活中有效地发挥其作用,能适应需要,继续发展,不断提高。分开讲,初中语文的阅读和写作教学应培育学生热爱祖国语文的思想感情,指导学生,正确地理解和运用祖国语文,丰富语言的积累,培养语感,发展思想,使他们具有适应实际需要的阅读能力、写作能力;应重视提高学生的品德修养和审美情趣,使他们逐步形成良好的个性和健全的人格,促进德、智、体、美的和谐发展。高中语文的阅读和写作教学必须充分发挥自身的优势,使学生通过优秀文化的浸染,塑造热爱祖国和中华文明、献身人类进步事业的精神品质,形成健康美好的情感和奋发向上的人生态度;应增进课程内容与社会发展、科技进步和学生成长的联系,引导学生积极参与实践活动,学习认识社会、认识自我、规划人生,在促进学生走向自立的教育中产生重要的作用。

考察李白、杜甫、韩愈、柳宗元、苏轼、欧阳修等无数历史文人,他们无不是广读史书、走向自然、体验生活而反映社会的典范,无不是广泛积累、修身养气、崇尚美德而抒发情愫的楷模。他们冲破封建礼教的束缚,才能"读万卷书,行万里路",后来才著称于世。孔子,中国伟大的思想家、教育家。他是"文化下移"与"学在四夷"的践行者,他创立的儒家学派流传千古,影响全世界,成为东方文化的精髓。在他的身上表现较多的是人文素养。孔子的《论语》和孔子修订整理过的《诗》、《书》、《礼》、《乐》、《周易》、《春秋》也无不融进了他的语文素养的思想。孟子曰:"我善养吾浩然之气"。北宋文学家苏辙在《上枢密韩太尉书》中就提高写作能力的途径开宗明义:"文者气之所形""气可以养而致"。这里所说的"气",指的是人的气质、修养、精神力量。这样的"气"来自于百氏之书的阅读,更来自于天地之间的游历。这种"气"便是内涵在"大语文观"中和阅读与写作之间的语文素养。古人尚且如此,我们今人更应倍加重视。我们说,从内涵看外延,语文素养的形成依赖于广读和泛写,依赖于积累和方法。因此,语文教师应积极地本着"大语文观"的导向,更好地把读与写的教学结合起来,担负起培养学生一定语文素养的重任。

二、课程标准的要求

课程标准给阅读和写作教学所定下的课程目标,更多地体现了"大语文观"要求二者教学结合的导向性。这里,我们不妨把课标提出的有关阅读和写作教学的部分具体目标和要求作些比较,透视其二者的结合与"大语文观"的导向所在。

初中阶段阅读和写作的部分目标要求比较如下:

阅读:能用普通话正确、流利、有感情地朗读。

写作:要感情真挚,力求表达自己对自然、社会、人生的独特感受和真切体验。

阅读:在通读课文的基础上,理清思路,理解主要内容,体味和推敲重要词句在语言环境中的意义和作用。在阅读中了解叙述、描写、说明、议论、抒情等表达方式。

写作:根据表达的中心,选择恰当的表达方式,合理安排内容的先后和详略,条理清楚地表达自己的意思。运用联想和想像,丰富表达的内容。

阅读:能够区分写实作品与虚构作品,阅读一定的记叙文和说明文,阅读简单的议论文。

写作:写记叙文,写简单的说明文、议论文;根据生活需要,写日常应用文。

阅读:了解基本的语法知识,了解常用的修辞方法,体会它们在课文中的表达效果。

写作:养成修改自己的作文的习惯,修改时能借助语感和语法修辞常识,做到文从字顺。

阅读:学会制订自己的阅读计划,广泛阅读各类读物,课外阅读总量不少于260万字,每学年阅读两、三部名著。阅读一般的现代文每分钟不少于500字。

写作:作文每学年一般不少于14次,其他练笔不少于1万字。45分钟能完成不少于500字的习作。

高中阶段必修课程阅读和写作的部分目标要求比较如下:

阅读与鉴赏:在阅读与鉴赏活动中,不断地充实精神生活,完善自我人格,提升人生境界,加深对个人与社会、自然、国家关系的思考和认识。

表达与交流:学会多角度地观察生活,丰富生活经历和情感体验,对自然、社会和人生有自己的感受和思考,多方面积累和运用写作素材。

阅读与鉴赏:发展独立阅读能力。从整体上把握文本内容,理清思路,概括要点,理解文本所表达的思想、观点和感情。

表达与交流:作文要观点明确,内容充实,感情真实健康;思路清晰连贯,能围绕中心选取材料,合理安排结构。

阅读与鉴赏:注重个性化的阅读,学习探究性阅读和创造性阅读。

表达与交流:根据个人特长和兴趣自主写作,力求有个性、有创意地表达。

阅读与鉴赏:能阅读理论类、实用类、文学类等多种文本。

　　表达与交流：写作理论类、实用类文本，尝试文学类文本的写作。

　　阅读与鉴赏：广泛阅读，扩大视野。一年内课外自读 5 部以上文学名著及其他读物，总量不少于 150 万字。

　　表达与交流：养成多写多改、相互交流的习惯。45 分钟能写 600 字左右的文章。课外练笔不少于 2 万字。

　　就课标的目标和要求，我们不难看出阅读和写作之间、阅读教学和写作教学之间的关系密不可分，而且非常突出地落实到了结合的点、线、面上。我们语文教师应紧紧抓住其中的这一点、一线、一面，实施阅读和写作的教学。

三、教学规律的凸现

　　阅读是搜集处理信息、认识世界、发展思维、获得审美检验的重要途径。而写作是运用语言文字进行表达和交流的重要方式，是认识世界、认识自我、进行创造性表达的过程。写作能力是语文素养的综合体现。阅读与写作的关系非常紧密，必须相互结合，才能相得益彰。阅读教学是学生、教师、教材编者、文本（作者）之间的多重对话的过程。而写作教学应贴近学生实际，引导学生关注现实，热爱生活，表达真情实感。阅读教学与写作教学的关系同样非常紧密，同样必须相互结合，才能相映生辉。这是"大语文观"的导向性的集中体现，也是语文教学规律的凸现。可以这样讲，阅读教学和写作教学实际上就是在做着一个如何还原又创新的工作，即如何引导学生体会文本（作者）的体验，同时能把自己的体验写进文章，让人们去体会。因此，阅读教学的重点应是培养学生具有感受、理解、欣赏和评价的能力，写作教学应注重培养学生具有观察、思考、表现和评价的能力。确定"大语文观"，以能力为载体组织阅读教学和写作教学，在教学中针对初、高中学生的生理、心理以及语言能力的发展的不同特点和不同的教学内容，采取合适的教学策略，促进学生语文素养的整体提高，语文教学才能走向超越的时空。

（此文发表于《成才之路》杂志）

18. 语文创新教学的广阔天地

——二谈中学阅读与写作教学相结合

　　某老师在中考前的复习系列教程中上了"揣摩与表述"的一堂专题课。新课是这样导入的：首先让学生阅读"⌒"简图，揣摩它像什么，然后用最简洁的语言告诉大家，接着就揣摩的结果，围绕某个中心意思，设计一个情境，再用简明的文字表述出来。当时学生的表现是想得出奇，说得出色。教学中途，这位老师安排了这样一道训练：以"战争与和平"为话题，先组织讨论交流，后进行写作训练，再开展读评活动。课上学生的表现为思想深刻、反映强烈。授课最后，这位教师又组织了这样的专项阅读练习：阅读印发的某报纸上的两篇佳作，完成不同类型的揣摩题，表述要恰到好处。同样学生的表现是读得认真、答得满意。如此看好的一堂课，成功之处在哪呢？试析主要有三：首先得益于教学思维的创造，其次得益于读写教学的有机结合，再则得益于把握学生的认知、思维规律和语文学习、应试规律。如果说，我们语文教学都能做到这三点，那么，我们的语文教学质量就不愁提高。不可否认，第一要肯定的是切实的教学创新换来的必定是教学的高效和学习的优质。创新是语文教学不断进步的灵魂。这里，我们着重谈谈阅读与写作教学在结合上的创新问题。

一、在结合中求突破

　　阅读与写作教学的结合有点、有线、有面，而且结合的点是无限的、随机的，关键是我们在教学中要适时确定好结合的点，并且要努力求得突破，那就算登堂入室了。结合的点有的是建立在教学的内容上，有的是建立在教学的形式上，有的同时建立在教学的内容和形式上。教学"母爱"、"师恩"一类的文章，让学生写"母爱"、"师恩"的作文；学习送别诗，搜集送别诗，赏读送别诗，习作送别诗。这都是在结合内容上的突破。提出启发性探索性的问题，组织学生讨论交流，然后写成讨论报告；看电视节目，写节目剧本；复述课文，回忆整理别人口述的讲话内容。这都是在结合形式上的突破。仿写、缩写、扩写、改写、续写、背书写感受、摹写古诗词中的意象画面、同题文章比较赏析、同题作文习作、一题多作、给佳作点评、开展演讲比赛等等，这些都是在结合内容和结合形式上的突破。

二、在突破中求发展

　　课程标准中的阅读教学和写作教学是"大语文观"导向下的教学，其创新教学的发展空间很大。进入少年期或者学龄中期的初中阶段，创新教育应该贯穿在日常的教学过程中，尤其要落实在结合中求得突破的点上图得线形的发展。比如在教学中，要旗帜鲜明地告诉学生，只有那种肯思考、肯动脑筋，并勇敢地探求新方法、新思维的学生，才是真正的学生。这样反复强调，将有助于学生沿着小学阶段的那个合理的思路一如既往地向前走，并进一步养成肯思索、敢怀疑、永不满足、永远探讨进取的好习惯。这时可以办讲座，讲阅读与写作的创新方法和技巧；可以要求每两天读一篇佳作，写一则随笔。青年初期或者学龄晚期的高中阶段，开始走向独立生活，独立思考的能力已经具备。知觉与观察更加全面深刻，注意范围已达到了一般成人的水平，意义识记已成为最主要的学习方法，思维有了更高的抽象概括性，开始适应并乐于运用辩证逻辑思维。同样尤其要在结合中求得突破的时候，落实发展目标。这时可以开展社会调查，写调查报告，组织专题辩论会和问题听证会；可以要求每天读名著，每天写小说。总之，应从课内延伸到课外，从规定性课程延伸到选择性课程、活动性课程；从教室延伸到校园，从校园延伸到社会，从书本延伸到生活；从获取间接经验延伸到直接经验；从知识学习延伸到道德修养……这为学生在各方面不同内容、不同形式的实践情景中获得创新意识的培养，在经历创造性劳动的体验中，获得创新精神和品质的培养，从多种维度共同构筑丰富多彩的实践情景。

三、在发展中求提高

按学生在学习过程中的认识水平,布卢姆把教育目标分为 6 类:① 知识;② 领会;③ 应用;④ 分析;⑤ 综合;⑥ 评价。当阅读和写作教学在结合点上求得突破,在结合线上求得发展的时候,我们要乘风乘势,在结合面上求得提高,才能算赢得阶段胜利。这种提高就是提高学生综合学习能力和学习评价能力,体现在阅读教学和写作教学上的便是培养学生迅速增长才干的能力,培养学生自由阅读和自主写作的能力,尤其是要培养学生的发现问题、分析问题、解决问题的能力和想象创新的能力,掌握阅读与写作的无定法规律,形成自己的良好阅读和写作特点,提高语文学习效果。这时可以让学生讲课,做梦境记述大全。记述梦境是非常好的办法,让学生回忆记述,让学生阅读交流,再让学生点评修改。这样持之以恒地坚持下去,收益匪浅。20 年前,剑桥大学教授胡饮逊曾对富有成就的科学家作过调查,结果发现,有 70％的科学家从梦中得到过帮助。日内瓦大学教授福类瑙爱也调查了 69 位数学家,结果其中有 51 位曾在睡梦中解决过问题。其实并不难理解,这些正是潜思维在创造发明过程中所起作用的表现,只不过它们通过“梦”来显现。

在有机结合中,在提高学生阅读与写作能力上,有不少成功的范例。杨初春老师的快速作文训练法,是一种比较有效的作文训练方法,经过他的训练,学生由怕作文到不怕作文再到喜欢作文,这是了不起的革新。魏书生老师的“六步教学法”是成功地提高学生自学能力的好方法,经过他的训练,学生语文成绩全面提高,而且作文比赛获奖率特高。蔡明老师的“四步作文教学法”是开放作文教学的成功尝试,经他的训练,学生的作文点石成金,成了精品,发表的较多。

创造前所未有的新事物,由活动开始创新。创新教育便是创造新事物的活动,阅读与写作教学的结合和创新,更是语文教学中突出的创新教育活动。创新教育的特征表明,创新教育是全面发展学生智慧品质的教育,创新教育是全面发展学生个体品质的教育,创新教育必须是体现学生主体精神的教育,创新教育是面向全体学生的教育,创新教育是全方位全过程的教育。因此,世界上诸多发达国家十分重视创新教育,其中最青睐的是美国。20世纪80年代以来,创新教育在我国受到重视并取得了丰硕的成果,可谓方兴未艾,前程远大。今天,我们更应不懈努力,创造创新教育的新辉煌。

著名的教育家陶行知先生笃信每一个人都有创造能力,极力主张开发和培养人民大众和儿童的创造力。陶行知先生将"创造"看做人生的真谛,把培养创造力作为教育的宗旨,提高创造教育要培养能够"向着创造之路"迈进的"创造之人"。我们语文教师更应向先生那样,执着地在语文教育的广阔天地里,追求创新教育的新境界,并在阅读与写作教学两大突出模块的结合和创新上做出美妙的文章来。

（此文发表于《文教资料》、《语文导报》杂志）

19. 扎下阅读与写作的根

——三谈中学阅读与写作教学相结合

在语文教学中提出阅读与写作相结合，本不是新话题，但能够做到将两者有机的结合在一起，却并非易事。出于一些急功近利的心态，不少教师只满足于把语文课本上的课文一课一课教过，就算完成了阅读教学任务，把学生一学期写过几篇作文并一篇篇批改过，就当成是完成了作文教学任务。阅读教学和写作教学两分离的现象，不符合语文教育思想和教育规律，更不利于学生综合能力的培养。

叶圣陶先生说："阅读是吸收，写作是倾吐。"从一定意义上讲，阅读与写作就是统一体的两个方面，是在同一载体上进行的丰富积累和积累运用、形成语感和表达交流、学会多种方法和多种方法运用的双向互动。同样，阅读教学与写作教学也都是以培养能力为宗旨，并实现阅读与写作的双向发展。

阅读教学是教师引导学生从文本中搜集处理信息，认识世界，发展思维，获得审美体验的过程。而写作教学是教师引导学生将自己获得的知识、观念以及审美体验进行表达，重新付诸于文本的过程。因此在语文教学中，阅读与写作的关系好比同胞而生，必须相互结合，才能相得益彰。这是"大语文观"的导向性的集中体现，是语文素养的综合体现，也是语文教学规律的凸显。

可以这样讲，阅读教学和写作教学实际上就是在引导学生体会文本（作者）的体验，同时能把自己的体验写进文章，让人们去体会。因此，阅读教学的重点应是培养学生具有感受、理解、欣赏和评价的能力，写作教学应注重培养学生具有观察、思考、表现和评价的能力。确定"大语文观"，以能力为载体组织阅读教学和写作教学，在教学中针对初高中学生的生理、心理以及语言能力的发展的不同特点和不同的教学内容，采取合适的教学策略，促进学生语文素养的整体提高，语文教学才能走向超越的时空。

基于以上的认识，笔者努力实践新课标，做到以读助写、以写促读，使读写结合的双翼在语文教学的天地里飞出效益。以下列举几点笔者在语文教学实践中的创新措施，供大家讨论与研究：

建立"四簿"。四簿为：笔记整理簿、文海集锦簿、阅读训练簿、习作训练簿。笔记整理簿，用于课文学习之后，一课一做。其中现代文有 10 项，即文常、题解、字词、句子、结构、中心、作法、板书、练习、其他；文言文有 5 项，即文常、背景、解读、板书、练习。文海集锦簿，分门别类，随时积累，如文学文化、四字词语、名人名言、四季诗文、经典句段等等。阅读训练簿，两天一次，共有 4 项，即词语（双音节、四音节的理解）、句子（重点句、中心句、含义句、优美句的分析）、主题（中心内容、思想意义的归纳）、点评（就亮点作 150 字以上的评价）。习作训练簿，随心笔记，三天一篇，要求命题多样，600 字左右，伴有修改。

泛写连载。从初一开始，我们倡导学生试着写长篇连载。指导学生自定主题，确定人物，选择环境，想写时就写。可以是三口之家、师生之间、街坊邻里、社会一角，可以是古今中外、道听途说、奇思妙想、千怪百态。起初只要求能努力把句子说通，反映生活就行，后来强调源于生活，高于生活，体现艺术性。结果不到一年，人人都能捧出一部几万字的连载来。

边读边写。使用好文本，不放过文本中任何一个可读可写的机源，诸如《七根火柴》、《老山界》、《草》、《木兰诗》等改写成叙事诗和叙事诗改写成故事，《孔乙己》、《范进中举》、《最后一课》、《窗》等的续写，古诗词意象画面的再现摹写，与课文同题作文，学范文仿写，听读佳作回忆整理，一题多作，作活动纪实，搞调查报告（民情风俗、名胜古迹、门牌文化），做梦境记述，写节日随想等等，可谓名目繁多，异彩纷呈。这样读写紧密结合着训练，既促使学生留意阅读生活和文本，又能促使学生用心写出真切感人的内容，相得益彰，快速见效。

搜集素材。学生常出现阅读时没材料，写作时没素材的现象，于是我要求学生平时多做浏览选择和积累记录的工作，把阅读和写作的素材存于库中，随用随取。写作素材分为常规素材和灵感素材，常规素材来源于平时看、听、做、想，来源于家庭、学校、社会；灵感素材来源于某特定时刻、特定环境、特定事件的触发而生成的独到想法。素材搜集，工作量不大，每个材料 50 字左右即可。学校"田园"景点非常别致，我组织学生参观三次，每次都做笔记，结果写出同一素材的不同文体不同写法的三篇文章来。其实,平时注重搜集素材,中考、高考前的作文训练就更能笔端生花了。

结成社团。阅读也好,写作也罢,成立相应的组织,能产生便捷、示范、高质的效果。成立阅读小分队,可集思广益,提炼精品,资源共享;成立创作小分社,可以激发热情,提高水平,带动大家。

学生命题。指导学生自命题写作,符合学生心理规律和学习规律,能激发学生学习的热情和主动性,能收到事半功倍的效益。学生命题要在老师的指导下统一进行,命题后学生互换练习,练习后再由命题者批改,批改后再回到练习者手里过关,这样一个单元组织一次,扎实有效。学生反映,命题时温故知新,练习时互通有无。

语文教学,天地广阔,广阔天地,方法很多。但无论何种方法,都必须符合语文教育思想,符合语文教学规律,体现课程标准,最终达成培养学生语文素养和培养学生主动学习的目标。多年来的语文教学实践告诉我,认识到位,方法到家,语文教学质量不会低;把握教学规律,在"大语文观"中努力寻找阅读和写作的结合点,语文教学的质量就会更高。

(此文发表于《人民教育》杂志)

20. 用创新教学培养创新型人才

——在教学研讨会上的讲话

课堂教学要为学生潜能开发和个性发展营造宽松的环境，大力培养他们的创新精神，使之具有开放的视野、改革的观念和创新的追求；对已有知识和传统思想道德能进行独立思考、理性批判，敢于突破陈规，挑战权威，探索真理；发展自信开朗、竞争进取、不拘一格、标新立异、富于想象、乐于创造的创新人格；增强适应变化，承受挫折、坚忍不拔的心理素质。这就要求教师深化课堂教学改革，改变教学策略，创新设计课堂教学目标、结构、内容、方法等，使课堂教学真正成为创新型人才培养的有效途径。

一、改革课堂教学模式

新时代的学生知识面宽、信息广、头脑灵活，有创造思维，这种思维只可扬，不可抑，要积极推行创造性教学。创新式的课堂教学，需要教师改变"记诵的学风"，在课堂上，不应只是让学生被动地"静听"教师讲课，而是要给学生营造创新氛围，鼓励和支持学生多提问题，具有好奇心和探索精神。上海某所重点中学的一位学生，老是喜欢提出问题，但就是不喜欢烦琐的演算，考大学时因此以几分之差而落榜。于是，家长将其送到西方一所著名大学。在大学一年级的课堂上，一位任课老师被这个总是提出很多问题的中国学生问得瞠目结舌。实在无法给予回答的时候，这位任课老师请全班学生起立，为这个中国学生鼓掌。这位任课老师为有这样能把自己问倒的学生而自豪。在许多外国教师看来，学生能提出问题，哪怕是自己回答不出的问题，就意味着自身教育方法的高妙，就证明自己课堂教学的成功。所以，中国的课堂教学模式必须予以改革，改革的重心是使学生成为学习的真正主体，成为学习的主人。改革的方向是把课堂变成开放型,既可充分利用多媒体让学生了解社会,获取信息,也可开展社会实践、社会调查;既可由教师上课,也可请专家、学者作报告;既可由同学间互相讨论,也可到实验室自己验证;既可以鼓励学生标新立异地回答老师的问题,也可鼓励学生向老师问千奇百怪的问题⋯⋯这样,学生获取信息的方式不再是禁锢在学校的小圈子里,不再禁锢在修道院式的课堂上,不再禁锢在教师预定的教案里,而是与现代化的社会相连,与信息的时代相接,与改革开放的大气候相融,让思想来一个大解放,让灵性来一个大启迪,让智慧来一个大奔流。

二、重视学生非智力因素

在当前的教育实践中,教育者一定要在注重培养学生智力因素的同时,注意培养包括动机、气质、兴趣、情感、意志、性格、个性意识倾向等在内的非智力因素,把智力因素和非智力因素结合起来,促进学生创新能力的开发,让每个学生自在地、健康地全面发展。

在语文课堂教学中,如何培养学生学习的兴趣这一非智力因素问题,笔者曾作了积极而有益的探索。具体做法简要归纳为:(1)抓准难点,引发兴趣。在确定课文难点时,应注意学情,科学把握。(2)摸清"趣点",强化兴趣。教者要了解、掌握学生的心理特点,力求科学取舍教材内容和安排教学环节,整个教学过程应给学生带来精神的愉悦和知识的增长,促进学生智力因素的发展,使学生最终达到"会学""乐学"的境地。(3)创设情趣,触发兴趣。设计问题要围绕教材重点、难点和关键之处,本着从易到难、由小到大的原则,在"启"与"发"、"愤"与"悱"的教学过程中,注重培养学生举一反三、触类旁通的能力,既求同,又求异,不同意思、不同观点之间相互触发,形成一种切磋的浓烈的课堂气氛。(4)讲究方法,激发兴趣。我们可以根据教材特点,进行朗读表演、对话表演、情节表演、课本剧表演,还可以用课堂三分钟演讲、小小辩论赛、互问式问答比赛等形式,满足学生的"表现欲"和"成功感"。引起学生学习语文的浓厚兴趣。另外要高度重视、充分利用现代的教学手段,如录像、录音、投影、多媒体等,化抽象为具体,激发学生的兴趣,发展学生的思维。

三、引导学生进行比较

在教学中,教师引导学生将多种材料进行比较鉴别,不仅能提高学生的分辨能力,而且能使学生逐步学会科学的思维方法,促进学生的创造性思维能力的发展。例如,教学《蜘蛛》一文,最后一小节简要介绍一些不结网的蜘蛛。这段文字介绍了不结网的蜘蛛三方面的特征,都有丝,都食网。这两点与结网蜘蛛相同:捕食方法是"用力去捕取",而不是"用丝去绑缚",这一点与结网蜘蛛相异。通过类比分析,可让学生思考:作者为什么要增加这一小节? 讨论得知:这一部分是对前文的补充说明,这样写,使文章内容更全面,更富于科学性,使读者认识到客观事物所呈现的复杂性和多样性。再如,在讲授《奇特的激光》一文时,请同学们注意作者在说明激光特点时的叙述顺序(先讲单色性,再讲亮度,最后讲方向性)与讲激光用途时的叙述顺序(先讲亮度,再讲方向性,最后讲单色性)有何不同。通过认真比较、分析,同学们明白了作者这样安排的道理:因为单色性是激光最突出的特点,所以讲特点时先讲它;而光亮的用途较广,所以讲用途时先讲它。在比较中,学生们懂得了写文章时对叙述顺序的安排,要有助于表达事物的主要特征和文章的中心思想。

教师在语文教学中经常引导学生进行比较、分析、鉴别,将有助于学生的学习向广度、深度发展,有利于激发等生的创造力,开发他们的智力。

四、培养学生的探究能力

探究式学习强调学生自主学习、合作精神和研究能力,通过自主选择论点或活动,自行组织人员,开展活动,或搜集信息或展开调查,获得丰富的一手资料,再行筛选、研究,最后以说或写的形式,展示自己的活动成果。探究式学习是全面推进素质教育、培养创新型人才的一个重要渠道。

语文教学中,首先教师要运用古今中外成功者的事例鼓舞学生,增强其探究的信心。如清代大学问家戴震幼时读书,善于探究,就提出了"四书"是部怎样的书,朱子是个怎样的人这样的简单论题;当代文学家钱钟书年少读书时,就比较研究《说唐》和《三国演义》中英雄豪杰所用的兵器,他后来在文学比较研究方面作出了杰出的成就。其次,要确定探究的内容。起始年级或基础较差的班级从小处入手,问题定得小一点、浅一点,如"王昌龄《出塞》主题之我见""《七根火柴》读后所感"。高年级或基础较好的班级与个人,探究的专题可以选得大些、深些,如"试分析鲁迅作品中对比手法的运用""从《乡愁》一诗谈余光中诗歌的艺术特点"等。确定选题后,可以以个人为单位独立进行探究,也可以以小组或班级为单位合作,自主与合作并行,教师要参与探究学习的整个过程,进行点拨、指导,还要专门安排一定的时间,或运用多种形式载体,如采用汇编成册的形式、召开交流会形式、课堂辩论的形式,让个人或合作小组汇报、展示探究的成果,进行探究学习评价。一方面让探究主体体验探究成功的愉悦,另一方面让学生互相交流探究心得,互相取长补短,提高探究水平。

五、挖掘创新教育因素

语文教学内容在创造教育中有着得天独厚的条件,教材中蕴涵着丰富的创造性因素,需要教师善于挖掘、设计。首先,教师应以自身的创新精神感染带动学生。譬如执教《小桔灯》一文,教师提着一个预先做好的小桔灯走进教室,学生亲眼看到小桔灯微弱的光亮、小巧玲珑的外形、精致巧妙的做工,不但深刻理解了课文内容,而且课后纷纷效仿,动手做出了萝卜灯、南瓜灯、苹果灯等各式各样的灯。教师对教材内容的质疑、改造、组合等,对学生都是一种良好的启示。其次,教师要善于捕捉创造教育的契机。如教学《变色龙》一文后,可设计一作文要求,"假如奥楚蔑洛夫在街道的拐角处遇到席加洛夫将军,请发挥想象,不改变主题,续写遇见时的情节"。再次,教师要善于创造有利的切入点。如讲读《驿路梨花》。我们就一反过去单纯改变记叙的顺序讲述故事的做法，要求学生转变角色以"我"是梨花姑娘或瑶族老人的身份讲述故事情节。角色变换，是一种全新的练习，较好地锻炼了学生的创新思维能力。优秀教师独到的解读、点染，往往给人以全新的感觉，说到底就是他们选择了一个恰当的切入点。

（此文发表于《成才之路》杂志）

21. 语文教学之魅力所在
——谈内地新疆班预科语文教学

教了四十多年的初中语文,积累了一定的语文教学经验,但搬用这些经验教内地新疆预科班语文,却无法达到预期的教学效果。这就是如何尊重规律又切合实际和如何因材施教的问题了。近六年来,我任教内地新疆预科语文,从极不适应的难见成效到适应如常的别开生面,最终得以展示魅力并收获美好,完全是因为接到了内地新疆班学生的地气和切合实际的活学活用实施教学。

一、把人做好与学好语文

内地新疆预科学生各科基础薄,尤其要帮助他们提高汉语学习能力。于是我首先跟他们讲清把人做好和学好语文的道理,使他们转变观念,产生兴趣和敬畏,增强学习汉语的意识。在每年预科的语文教学中,我先后在喜欢、习惯和能力三个专题的系列教育中努力催生他们学习做人和学习汉语的动力。即:喜欢——学会接纳老师,喜欢语文老师,才能多点喜欢语文学习,喜欢学习语文,才能真正提高语文成绩。习惯——习惯有好坏之分,培养自己拥有良好的习惯,就是在改掉自身的不良习惯。好习惯有无数,勤于读书和善于笔记是语文学习的两大好习惯。读书,不仅提高人的阅读水平,而且提升人的精神境界。读人之书,读书中人,好好读书,才能让人变得聪明并且把人做好。不读书的人是可怜的人。能力——能力与习惯相辅相成。能力同样有很多。积极演讲和认真写作是语文学习的两大能力,这两个能力的培养,其实归属于一个表达能力的努力培养。做人即表达,表达见做人。讲清楚这些把人做好与学好语文的道理,然后展开学习语文的行动,其行动才能速见效果。

二、说文解字与识字写文

内地新疆学生之所以规定四年学制和第一年设立预科,就是因为要帮助他们经过补课和打基础来降低学习难度。实际情况也正是如此,内地新疆班大多学生汉字识得很少且解不了用不上。于是我常常从汉字的特点和构造出发,突出形声字的原理,运用趣味解字法,教会学生不但记住汉语言文字,而且能够理解文字的意思和用对文字。每解一个汉字,我都会让学生从中找到"人"字,体会"人"的存在;是凡形声字,我都会让学生分清形旁和声旁,体会形和声的用法;每当书写,我都会让学生写得横平竖直和不大不小,体会方块字的优美。更为重要的是,对于特别的字、重要的字和容易写错的字,我都会训练学生走完"解字——组词——造句"三个过程,真正体会到解读文字能到位、组成词语一系列、造起句子无穷尽的美妙和魅力。事实上,"混"字是形声之后又形声,从"水"从"曰"从"比"从"匕",解法有多种,释义有多个,真混、假混和瞎混,真正混出名堂的,是日晒雨淋还得比的。"忘记"一词,两字都形声,"忘"字从"亡"从"心","记"字从"言"从"己",两字分开,意思相反,两字合成,意思从"忘"。我甚至跟学生讲,"能力"的"能"和"力"是结拜兄弟,"勤奋"的"勤"和"奋"是朋友伙伴,"勤"和"懒"是克星天敌。针对内高预科学生,如此解读汉字,会让他们乐记不忘的,会让他们为语文教学之魅力所倾羡的。

三、大话成语与成语传教

中国人善于发明,发明数量最多的,应该算是汉语之成语。成语是中国人奉献给全人类的专利性瑰宝,成语之魅力无穷无尽。再说,文字离不开词语,词语离不开句子,用字用词,都得有语言环境,离开语境,字词便无生命。因此,面对内地新疆预科学生,我教语文重表达,是凡授课过程中语言表达所用的成语,都会随即板书于黑板右侧,并让学生查阅之,解释之,记录之。这样每堂课少则十多个,多则三四十个,保证一年两千多个,加上预科课文中和高中三年课本里的成语,累计达到三千多个。试想,如果真正掌握这么一个数据的成语的人,他(她)一辈子说话、写作和工作交流还愁不够用吗?考察学生学习成语的情况,我觉得学生对此举措特有热情特有效果。我常说,汉语言文化有三宝,汉字、成语和古诗词,其中成语是宝中宝。成语的学习,我们要当家宝传教。

四、古典诗词与名言警句

内地新疆预科学生,从学制上看,相当于初中四年级,从汉语基础来讲,参差不齐得出奇,极个别最好的接近初三,大多数还比不了初一。针对这一实际,我在语文教学中更加注重经典而浅显的古代诗词的教学,因为我相信让他们欣赏到诗情画意之美,更能激发他们学习汉语的热情,陶冶他们的情操,塑造他们的心灵。于是,在教学内容上,我选择更加贴近他们的生活和心灵的诗篇,让他们感受古典诗词的意蕴,生发灵性共鸣,热爱生活和自然。在教学方法上,我采用灵活多样而又易于接受的做功,让他们快感知快记诵快把握快运用。教内地新疆预科学生六轮了,我通常都要告诉学生学习古诗词不难,只要抓住中心,找好意象,体会意境,努力玩味,用心诵咏,就一定能学出兴趣,悟到美感,修成正量。值得一提的是,除了学好选编到课本上的精美的古诗词外,我还要求学生到我们学校很亮眼的"田园"景点去抄录极富特色的文化长廊四十八块石刻的四十八条名人名言,并且要背诵默写和接受每次语文考查的检测。我认为这是极好的校本材料的极好使用,学生也感染真切,学得切实。与此同时,我会适时组织学生进行古典诗词朗诵比赛,升格他们的品位,升华他们的精神。

五、尝试表达与展示自我

内地新疆学生汉语基础薄弱,这是事实。但是我们不能回避,尤其是我们语文老师更要率先作为,努力改变学生不肯说话而难以表达的现状。我的方法是,每堂课都让学生上讲台演讲,每次演讲都点评打分;每周都组织学生到阅览室进行阅读,每次阅读都作笔记摘录;每月都组织学生开展讲自我讲故事讲生活的讲述活动,每次活动都进行竞赛评比。与此同时,我还特别注重进行经典诵读展示和不定期地上说话课。我认为说话课是非开不可的。说话课由老师就某个主题作表达阐述的示范,并伴着讲非讲不可的道理;说话课上让学生就某个话题展开互动交流,畅所欲言地互通有无。每一届预科的开始几节课,我都会以《听杨老师讲道理》为题,讲五条自己的语录,即:人来到世上,首先不是享受,而是奋斗;世上没有完美的东西,但是如果你不追求完美,那么你只能增添缺憾;苦功+巧功=成功;无穷尽=无穷大;我们要过美妙而有意义的生活。讲述之后,我会布置学生将其记录在案,理解了记在心里,并逐条写出感受文字,于课上进行交流。这样,学生既晓知了做人的道理,又尝试了语文的表达;既展示了真实的自我,又体现了教学的魅力。

六、读书养人与共同分享

每届预科学生,我一旦接手,就会开宗明义地告诉他们一系列关于读书的话语:书是精神食粮,最能营养人;读书是苦的,又是快乐的;不读书的人是可怜人;读书使人聪明,读书改变命运;读书让人美好,读书最具魅力……。之所以这样做这样讲,一是为改变学生语文基础薄而又不肯读书的现状,二是为激发学生热爱读书学好语文的热情。紧接着,我会给他们开列书目,要求他们除了每周到图书馆阅读和借阅班级图书外,每人至少买一本名著,充实班级图书角,供同学们共同享用。这样又促使他们先是阅读自己花钱买的书,然后互相借阅增进友谊,再就是交流心得互通有无,以养成他们读书学习的主动性和积极性。有趣的是,每届预科学生,都有几个试着互译汉语和维语的书,并奉献给大家共同分享。读书为做人,做人才行文。他们一定是尝到了读书养人与共同分享的甜头才有如此作为的,这真正让我感到无比的欣慰和美好。

七、快乐写作与享受生活

写作,对于缺乏生活体验和表达能力的内地新疆预科学生来讲,是最难过的事,甚至感到痛苦不堪。为此,我突破作文教学的条条框框,寻找学生写作的生活源泉,努力打造富有魅力的写作天地。每篇课文的学习,我都带领他们了解作者的为人和文章形成的背景;每逢节日和活动,我都引导他们体验节日的生活和参与活动的感受;每次经历和事件,我都要求他们回顾历练得失和享受。学习孟郊的唐诗《游子吟》,我指导学生切合实际写作《临行》,而且是反复修改写了三稿;学校"田园"景点独特优美,我布置学生结合写景单元课文的学习,写作《风景这边独好》,而且是一道题多作,写了说明文、参观记和散文三种文体;针对学生不断犯错误,我布置学生结合学习《论语》写作《我思故我在》,让学生自我教育有悔悟;学生一定有取得进步和快乐的时候,我便发动学生写作《开在心里的花》,让他们品赏净化心灵和快乐生活的滋味;为了激发学生珍惜今天憧憬明天的情愫,我要求学生写作《未来的我》,写一封给自己的信,畅想将来,抒发心愿;为搭建师生之心灵的桥梁,我布置学生写作《老师,我想对你说》,写一封给老师的信,敞开心扉,发表心声。为进一步激发学生写作的兴趣,我结合课题研究,突出了写作连载的训练,操练学生写小说写剧本,写经历写生活,用不同的体裁写不同的题材,写一切能写作的东西,其收获是巨大的。如是生活种种作文篇篇,其目的是能真正落实"语文教学之阅读是读书读人读社会读生活,写作是写人写事写生活写人生"的"大语文观",也是能让学生尽情地体会到写作的苦中作乐和对生活的表达享受。我认为作文没有公式,但是有方法,这方法最好的就是快乐写作和享受生活。

八、教材编写与考卷命题

教材是脚本,考卷是纲本。针对内地新疆预科学生,我们的语文教学要努力用好这二本。我校预科语文教材是我们自己编写的,先是古代文选、现代文选、语法等混于一起合为一书,只是按主题分了单元;后来为方便预科学生学习、使用和保存,我们将其分册编写,编写变动很大,既充实了经典名篇新章,又衔接了初高中的学习体系,使其更具有"脚本"价值。我们将《中华字经》、《弟子规》、《论语》编进了教材,并要求学生尽量背诵。《中华字经》是流传于网上的一篇时文,作者是郭保华教授。此文为无一相同的 4 000 汉字,集中华文化之大成,有评论称:"一字可指一物品,一词可指一事件,一句可含一典故,一节可述一历史。"实属奇文,颇能体现汉语学习之精美所在。

编写教材,我们是用心的;命题考卷,我们是独到的。除了体现纲本作用,我们还注重体现考题的人文性、工具性、生活性。例如,根据注音写句子:享受奋斗的过程,过美妙而有意义的生活。例如,名著阅读考查:为了打造绿色精神家园,学校开展了营造书香校园的"名著竞读"活动。请你从《水浒传》中任选一个典型人物,按下面三个栏目完成一期黑板报内容的撰稿:(1)"名著人物"形象栏(写出人名并简介其性格特点)。(2)"精彩情节"大家看(简要概述与此人物紧密相关的一个精彩情节)。(3)"读后一得"交流台(写出你对此人物或此情节感受最深的一点体会)。例如,综合性学习实践与口语交际:最近,新疆预科开展了"综合性学习实践与口语交际"活动。活动前,语文老师出了一系列题目,让学生进行语言表达,以展示他们的风采。这里,我们将其中部分题目留给你,请你作答。① 新疆历史悠久,文化深厚。请你用描写的文字向人们介绍新疆某一种文化。② 盐城是你的第二故乡。请你用抒情的文字抒发自己对盐城的热爱之情。③ 钓鱼岛是中国的领土,可日本却无端挑衅,引起中国民众的强烈抗议。请你用议论的文字发表自己对此的看法。例如,写作表达:(1)离别家乡,来到盐城,还记得当时的情形吗? 请以"临行"为题,写一篇700 字左右的记叙文。(2)日月如梭,你来我校已度过两个学期。一年来,你在考场上先后做过"临行"、"有一种爱叫温暖"、"我在__中寻找快乐"、"心愿"等作文,面临回家的现在,又到了你展示考场作文的时候了,请以"收获"为题,写一篇记叙文,不少于800 字。要努力写好啊! 我们有理由相信,如此考题定能引导学生享受语文生活而努力作题表达的。

教了四十多年的初中语文,积累了一定的语文教学经验,但也仅仅是经验。教了近六年的内地新疆班的预科语文,才让我真正知道语文原来可以这样别开生面地教,也才让我真正感受到语文和语文教学之魅力所在。

(此文参加教育部民族教育发展中心评比)

教学研究

22. 评课是提高教学与教研能力难得的法宝

——全市省级教科研高级研修班上的讲座

从事了四十年的初中语文教学,我最近特别在意回顾总结。在回顾总结中,我越来越觉得是三个惊人的数据逐步提高了我三个必备的能力。其三个数据是上课近 30 000 节、听课近 5 000 节、评课近 2 000 节,其三个能力是教学实践能力、教学反思能力、教学研究能力。对此,我将其数据和能力做个有意的对应链接,又发现主要源于近 2 000 节的评课是提高教学与教研能力难得的法宝。为何如是说? 我以我的实际收获表达我的三点拙见:

一、语文评课者必须具备语文教学的综合素养

语文素养是一种以语文能力为核心的综合素养,其要素包括语文知识、语言积累、语文能力、语言学习方法和习惯,以及思维能力、人文素养等。就语文教学而言,评课者就必须具备如此的语文素养和因教学而形成的语文教学的综合素养。评课者首先要能吃透文本,把握要义;其次要能感知教者,体会学者;再则要能具体分析,整合表述。所有这些,都是要求语文教学的评课,要以语文能力为核心的综合素养作为支撑,通过语文教学化了的语文教学的综合素养来保证实施完成评课任务。否则语文教学的评课者难以承担评课任务或无法胜任评课工作,即便参与了评课,其评课的效应也保证不了。对此,我几十年语文教学生涯和无数次语文评课经历告诉我,我是从后者走过来的或者是从台后走出来的,还不敢说已经走向了前者或者已经走上了前台。

举一个例子说吧,语文教师的语言问题,我在教学中感到有问题存在和在听别人的课中发现了存在的问题而影响了教学效果,于是就认真反思并不断总结出了语文教师的语言要做到"十要十不要",即:要合乎规范,不要出现语病;要通俗易懂,不要深奥艰涩;要简洁明了,不要冗长拉杂;要形象生动,不要华而不实;

要幽默诙谐,不要故弄玄虚;要亲切和蔼,不要粗劣庸俗;要实事求是,不要浮夸失真;要分清对象,不要千篇一律;要注意分寸,不要褒贬不分;要讲究实效,不要马虎草率。不仅如此总结,我还在教学实践和听课评课中以此对照执行来努力提高自我的语言能力。我认为对劲,又将其发表了出去。

现在我深深地感受到,没有语文知识、语言积累、语文能力、语言学习方法和习惯,以及思维能力、人文素养等的语文素养和学科教学实践、教学理论和教学科学、教学艺术而炼就一定的教学本领,评课者是难以登堂入室就语文教学进行"评头论足"的。同时,我又深深地体会到,具备语文教学的综合素养,不是一蹴而就的,而是必须要经历素养炼就的漫长过程,才能真正具备;真正具备了语文教学的综合素养,评课能力也就奠定了坚实的基础,教学与教研的能力也会随之得到提高。

二、语文评课者必须掌握课堂教学的评价标准

评课评课,评的就是上的课听的课。语文评课者只有掌握了语文教学的课堂教学评价标准,才能从教师、学生、文本三者之间的活动中生成评点,才能有的放矢地评得恰到实处好处,才能保证上课的听课的都能有收获有分享。谁都知道语文课人人能听个个能评,可谁知道磨出一堂好的语文课,却比其他任何科目的课来得难;评好一堂语文课,也比其他任何科目的课来得难。这是为什么? 一是因为语文课体例多、形式多、内容多、格局多,即有不同体例的阅读课、不同形式的作文课、不同内容的专题课和不同格局的综合实践课。二是因为语文课比较抽象思维的培养,更加突出培养形象思维和创新思维;比较书面表达能力的培养,更加注重培养书面和口头相结合的语言表达能力。三是因为语文课承担着母语教学,要求用先进的教育教学思想为指导,设计新颖、实用、高效的教学思路,在实施教学的过程中重视运用新的手段,以思维活和教法活的姿态,达成课堂活动内容充实、效果显著的目标,最终实现教育观、学生观、价值观高度统一的好课。带着这样的使命感和高要求,我试就语文好课的评价标准作如下概述:

1. 教学目标设置科学合理,符合实际内容和学生实际,体现重点突出和难度

要求,体现"三维",以实现教学的高效性。

2. 围绕教学目标、重点和难点,精心设计教学内容与过程,体现师生活跃的多边活动,努力创设民主、平等、和谐、互动的教学环境,以促进学生全面而有个性地发展,不仅学会知识,形成技能,也获得情感上的丰富体验。

3. 体现语文教学的综合素养,建立良好的师生关系,真心实意地关爱学生,尤其关注学生学习过程,创设合作、探究、交流、展示的平台,促使学生积极主动地参与学习和良好学习习惯的养成。

4. 高度重视学生学习方式的指导,努力引导学生在实践中体验知识的生成过程,留有一定的时间和空间让学生反思学习过程中的得失,促使学生真正理解知识,掌握科学的学习方法,提高学习效率。

5. 教学方式方法灵活多样,满足不同学生的实际和教学内容的要求,恰到好处地处理教学中的"意外",充分发挥学生的主动性和积极性,让不同水平的学生学习同一教学内容时都有不同层次收获。同时做到既打破固定程式,又体现个性风格,真正能用教者特有的智慧,充分挖掘生成资源,使学生感到终身受益。

6. 有机运用现代信息技术手段辅助教学活动的开展,自如地实现教学内容呈现、学生学习、教师教学和师生互动等方式的多元整合,提高教学的实际效果。

7. 注重学生思维训练,培养学生创新精神,努力使教与学的内容适度拓展,有较大的思维量信息量延伸量,满足学生充分发展的欲望。

8. 整个教学体现内容和形式的有机统一,体现浓厚的生活气息,体现较高的基本素养,有礼有节地评价不同的学生,注重教与学效果的及时调查和潜在反馈。

建立了语文好课的评价标准,每次上课、听课和评课,我都会切实认真地对照之而进行恰如其分地评判之,以使更好地改进自己的课、借鉴他人的课、研究大家的课。对照标准,我对《枣核》一堂公开课做了如下点评:1. 导入的新颖,信息的新鲜,感觉到教者厚积薄发,底气十足。2. 流程的活泼,思维的活跃,感受到师生真心投入,收放自如。3. 内容的实在,训练的实际,感知到学生学得扎实,学有所获。这样评课显得有章可循,而且我还觉得评讲起来能得心应手从容自如。

这让我尝到了掌握语文好课评价标准对于评好语文课被实践证明是行之有效的的甜头。多年前,这一语文好课评价标准也得到了见报发表。

三、语文评课者必须讲究语文教学的研究效能

语文评课者无论具备语文教学的综合素养,还是掌握课堂教学的评价标准,我由衷地认为这都是提高语文教学与教研能力的必然使得。评了近2 000节语文课,我感触最深的是:评课使我的教学与教研能力得以突破、发展和提高。

1. 评中求突破

评课中,我们不少听到大话空话客套话和老生常谈,也不多听到直接要点和击中要害的富有冲击力度的"狠话",因而评课的和听评课的都收效甚微,其研究效应也无法放大。对此,我们一面要解放封闭思想、崇尚教学科研,一面要强化学科素养、落实评价标准,勇于在评课中求突破,勇于打破常规和格局。于是我常常会在评课时带着问题单刀直入,直面教学研究,就其某价值点进行深入剖析,引发大家积极思考并发表不同的观点或改进意见。

阅读与写作教学的结合问题是语文教学最为重大的问题。平时我总会在评课活动中抓住机会,对这一重大问题做突破延伸。我认为阅读与写作教学的结合有的是建立在教学的内容上,有的是建立在教学的形式上,有的同时建立在教学的内容和形式上。评教"母爱"、"师恩"一类的课,总建议写"母爱"、"师恩"的作文;学习送别诗,搜集送别诗,赏读送别诗,习作送别诗。这都是在结合内容上的突破。提出启发性探索性的问题,组织学生讨论交流,然后写成讨论报告;看电视节目,写节目剧本;复述课文,回忆整理别人口述的讲话内容。这都是在结合形式上的突破。要求仿写、缩写、扩写、改写、续写、背书写感受、摹写古诗词中的意象画面、同题文章比较赏析、同题作文习作、一题多作、给佳作点评、开展演讲比赛等等,这些都是在结合内容和结合形式上的突破。诸如此类的突破,都应该呈现在语文的课堂上和语文的评课上。

在大小型的评课活动上,我向上课听课的同仁喊话:阅读与写作就是统一体的两个方面,都是以能力训练为载体的,是在同一载体上进行的丰富积累和积累

运用、形成语感和表达交流、学会多种方法和多种方法运用的双向互动。同样，阅读教学与写作教学也都是以培养能力为宗旨，实践如何阅读和写作的双向发展。语文课堂就是以培养能力为宗旨以训练能力为载体的读写战场，无论双向互动，还是双向发展，它们都会以多维、多元、多样、多彩的面貌来到教师、学生、文本中间。因此，我们语文教师应充分认识到这一点，尽快解放思想，尽快从读的教学和写的教学不相统一、不相结合的误区中走出来，打破陈旧的俗套的传统守旧的思想，开辟阅读与写作教学相结合的新天地。

评课的时间性很强，它不同于报告讲座，不同于百家讲坛。评课时，我们既要围绕主题，抓住要点，评出优劣，又要求得以突破，直接命脉，评出方向，使教学得到改进，教研得以调动。

2. 评中求发展

学习要做到学以致用，评课要做到评以致用。能在评课活动中传道授业解惑，乃至生成问题，形成课题，提出改进建议，从突破走向发展，应该成为评课者的共同追求。这就要求我们增强改革创新的意识，别开生面，评多识广，集思广益，富有启发性、针对性和指导性地将教研请进教学，使教学能力和教研能力互为作用，共同发展。

学习一位特级教师上的示范课《紫藤萝瀑布》，我是这样评中求发展的：有章有法，有板有眼，有读有写，有情有景。但是如果可以的话，用"瀑布"进行富有梯度的造句训练，会更能了解农村学生对"瀑布"情景的认识和由此产生诸多的联想，也会更能促使农村学生对"瀑布"一词的运用和如此修辞载入的深入理解。这是培养学生发展性思维的有效途径。

一堂同课异构的研讨课《窗》，我评出了"三把三少"。"三把"即为：1. 把教学的循序又渐进的原则用到游刃有余的程度。层层深入，步步为赢，使学生认识的能力逐步形成。2. 把文本的挖掘与处理的工作做到了最好的地步。有限内容，有度拓展，使学生思维的空间不断放大。3. 把师生的主导与主体的结合达到了相得益彰的境地。精化主导，突出主体，使学生活动的情景精彩纷呈。"三少"即为：1. 对话交流中生成的火花碰撞少了点。2. 写作层面里对比的作用认识少了点。3. 板书学生上写出的汉字规范少了点。

正因为如此,我从评课中生成了《中学阅读教学与写作教学的结合和创新》的国家级研究课题,并主持三年的研究,取得了具有一定发展性愿景的成果,我的论文《扎下阅读与写作的根》在《人民教育》上发表。

3. 评中求提高

阅读教学和写作教学实际上就是在做着一个如何还原又创新的工作,即如何引导学生体会文本(作者)的体验,同时能把自己的体验写进文章,让人们去体会。这一观点是我在不断的教学实践并结合评课研究中求突破求发展而提炼和概括出来的。对此,我又在诸多的评课中由衷地提出了更具有启发性和研究性的要求:确定"大语文观",以能力为载体组织阅读教学和写作教学,在教学中针对学生的生理、心理以及语言能力的发展的不同特点和不同的教学内容,采取合适的教学策略,促进学生语文素养的整体提高,语文教学才能走向超越的时空。

专题课《狼》,我是这样评的:1. 体现专题的主旨性。要主旨集中,突出重点,切不可节节枝枝,旁生曲多,要使专题系列化,就是在专题专论的路线上了解、认识、掌握有关多方面的知识。2. 体现内容的处理性。教材既是依托,又是拓展的源泉,教师要不为教材所束缚,大胆开放地处理好教材。3. 体现形式的多样性。教师、学生、教材和教学之四者,我们教师施教专题时,应该本着"四位一体"的精神,构建起立体的教学形式,要充分体现活动主元素,要师生互动自由自然,包括师说、生讲、讨论、搜索等。《鼎湖山听泉》一课,我如是评说:在素质教育的旗帜下,实现几个结合,即阅读与写作的结合,宏观与微观的结合,课内与课外的结合,口头与笔头的结合,并且促使形成既常态规范又自由自然自在自愉自乐的自助餐。

基于阅读与写作相结合的研究,我们清楚地认识到阅读教学的重点应是培养学生具有感受、理解、欣赏和评价的能力,写作教学应注重培养学生具有观察、思考、表现和评价的能力。于是我在众多的评课中竭力倡导以读助写、以写促读的诸多做法,使语文教学和研究能力有根本性的提高。我还经常在评课中讲到阅读与写作的环境、语境与心境之"三境";讲到思想态度决定师生关系,师生关系决定合作效果;讲到教学思维的创造,读写教学的有机结合,把握学生的认知、思维规律和语文学习、应试规律;讲到语文课不是思想说教课,不是形式表演课,而是语言文字课,是语言文学课,课上自主学习合作探究等互动的教学方法应该充分得到运用,才能促使授课者受益、听课者收获。得益于评课,我最近几年率领团队致力于省教育科学"十二五"规划课题《阅读与写作教学相结合的可操作性研究》的研究,目前正处于结题阶段。

评课讲究科学性、艺术性和示范性,评课是提高教学和研究能力难得的法宝。四十年教学,近 2 000 节评课,我深深地感觉到一节看好的评课一定是价值取向明确、一分为二求是、定位分析透彻、释放信息能量的科学性评说,一定是深入浅出到位、生动形象激活、生成智慧火花,产生共鸣效应的艺术性提升,一定是思想理念先进、表达言简意赅、解决实际问题、富有引导作用的示范性展现。

(此文为江苏省教育科学"十二五"规划立项课题《阅读与写作教学相结合的可操作性研究》研究成果,并发表于《新校园》杂志)

23. 新理念指导下的有效操作和理性思考

—— 在滨海县教研活动上的讲座

各位校长、主任和老师：

你们好。接受滨海县局领导的安排，尊重同志们的意见，我就围绕新课改、凸显新理念、结合新态势、探讨新方法、争创新效益为宗旨，最直接地谈谈个人认识时的实践和实践中的思考，是毛坯，很肤浅，如有用，求得共勉；如有误，引以为戒。在此我先表示诚挚的谢意。我要跟在座的各位领导和同仁交流的题目是：《新理念指导下的有效操作和理性思考》。

一、新理念的不断凸显与新认识的逐步表白

目前，言必谈新理念，好像不谈理念，便没有理念；无"新"，便失体统。其实不然，理念是事物发展的客观总结，是时代发展的必然产物。它的"新"也不外乎是刷新、翻新和创新。

刷新，就是从国外进口后涂上自己的外表。例如，现在强调的实践是外国教育一贯坚持而让中国人曾一度丢失后感叹的。现在我们的教材变了，变得富于实际、具有实践性了。成长记录与分析，是外国教育一直使用的，用于记录师生教与学之过程的重要评价依据。我们现在提倡使用，觉得新鲜。

翻新，就是借鉴我国古代教育思想和方法而进行的改造。例如，"学而时习之"、"学而不思则罔，思而不学则殆"、"学而不厌，诲人不倦"、"学贵生疑"、"受之于鱼，不如授之于渔"等等。

创新，就是我们自己的发明创造，新的一套是前古和外来所没有的。例如，我们从教学大纲正走向的课程标准，课程标准中炮出了无数新的观点、标准、方法和要求，它突出目标、关注、互动、合作、和谐、优化等等。这是以前不曾提到或很少涉及的，这算是新的创造的。

但无论众多新的理念是刷新进口的、翻新古人的,还是独自创立的,都是因为出了问题、且到了不解决问题不行的地步才应运而生,进而凸显出来的。目前问题多而突出,诸如谈素质教育而更背离素质教育(高、中考唯文化成绩论),减负越减负越重(学生作业多,资料多,活动少),教育各层的唯名唯利现象(名不副实的私立学校的兴办)等等。问题多,研究解决的方法和要求也多,因此无数新的理念也就自然地不断地生发了。目前,教育新理念已到了层出不穷的地步,但归结起来,我想主要有:

1. 教,是为了不教。(叶圣陶)

2. 不好的教师是传授真理,好的教师是叫学生去发现真理。(第斯多得)

3. 教师在师生关系中的地位是"平等"中的首席。(美国·多尔)

4. 关注学生学习的过程与方式是引导学生学会学习的关键。(课标)

5. 知识与技能、过程与方法、情感态度与价值三位统一和素质教育充分体现的真正结合。(课标)

6. 留给学生时间与空间,组织学生自主、合作、探究,培养学生实践和创造能力。(课标)

近几年,为了解决教育教学上有关问题,我在学习和探索的同时,也在不断反思总结,并逐步表白自己的认识。这里也做个归纳:

总述:树立学生观和价值观,用我们特有的智慧,努力改变教师的教育教学方式,努力改变学生做人与学习的方式,最终使学生做人和学习双赢。

学生观:学生是发展的人,学生是独特的人,学生是具有独立意义的人。

学习方式:现在学习方式的基本特征——主动性〈第一性的〉、独立性、独特性、体验性、问题性。学习的方式——自主、探究、合作。

教学方式:主要以活动的形式出现,活动即主要指对话互动。对话或活动的目的在于促进学生的主动发展,即课程目标、内容、结构、实施和评价皆从学生主动发展出发。

教育:

1. 做人是第一的,教好书更要育好人。

2. 教育是金钥匙,但不是万能钥匙,教育是多能的金钥匙。

3. 教育的最高境界是学生的自我教育。

4. "知、情、意、行"存现于学生个体思想品德的外表与内在,因此对学生的教育和管理,尤其是对行为差和学习差的待进生,我们应注重对他们的外表和内在多进行统一性较强的正面教育,使其在"知、情、意、行"上都得以感化,要把他们的正气升华到一定的程度,努力不让歪风邪气插足。

5. 把教育学与心理学结合起来,并统一到点、线、面上,做到软硬兼施,动静相间,张弛结合,多育并举,让学生的思想生发出灿烂的火花。

6. 一次得当的鼓励,胜过十次不得法的批评;同样一次得法的批评,也胜过十次不得当的鼓励。

7. 创造性的工作,不是靠想当然,为标新立异而标新立异,而要合乎规律,植根于科学,这样的创新才是有效的,有价值的。

8. 无个性即无人才,教师最大的难处在于挖掘学生个性化的潜能,教师最大的本领在于培养学生的个性向健康方向发展,并充分地得以张扬。

9. 所有教师必须重点研究这么几个问题:教育与教学的结合,教育学与心理学的结合,教与学的结合;思维的发散与聚合的关系,有意注意与无意注意的关系,智力因素与非智力因素的关系。

10. 反思即回顾,反思即矫正,反思即领悟,反思即提升。

教学:

1. 教师要做到三个重视:一要重视学生学科素养的培养,二要重视学生学习习惯的养成,三要重视学生学习能力的提高。

2. 教师的教是为了学生的学,教学生学好要从学生好学做起。

3. 学生不能成为"死读书、读死书、读书死"的人,教师就不能是"死教书、教死书、教书死"的人。

4. 学生为解决为什么而学,教师为帮助学生解决为什么而教。

5. 教师要设法让学生说出自己要说的话,甚至让学生说出老师说不出的话。

6. 从学会到会学,这靠的是方法;从学好到好学,这靠的是兴趣。

7. 创造是人类发展的灵魂,学生创造得越多,教师的贡献就越大。

8. 面对成绩,要站在数据上分析,又要跳出数据外反思。

9. 课内课外，都要把学生放在心里，要关注每一个学生。

10. 课堂是平台，是师生一起活动、共同解决问题的平台，是师生一起组织、共同对话交流的平台。

11. 把歌声、笑声、掌声、读书声和研讨声汇成心声，融进课堂，让学生做快乐学习和生活的主人。

12. 没有过程就没有结果，重结果更要重过程，评估应从过程走向结果。

13. 管理出效益，不让有效时间浪费，不使付出的劳动无效，保证出高效益。

二、新课标的实际要求与新方法的有效操作

我认为新课程全在一个"新"字，即标准（目标）新，内容（教材）新，方法（教法、学法、考法）新，机制（评估）新，是全新的、全面的、全方位的（学校、教师、学生，教育、教学、教研，家庭、学校、社会）。那么，新的课程标准是什么样呢？它有哪些具体的实际要求？与之相一致的新做法如何操作才有效呢？

我们知道，课程标准是从教学大纲走过来的。教学大纲是教学的大纲，显得直接、具细、死限；课程标准是课程的标准，强调提出国民素质，显得间接、宽泛、灵活。但无论从一纲多本的真正实现，还是从国家课程方案的性质分析，在课程方案中包括进了规定国民素质基本要求的课程标准更为合适，而不应是关注具体教学工作的教学大纲。概括起来，可以从以下 6 点说明课程标准的样儿。

1. 课程标准规定了未来国民素质的目标要求。这是最突出的特征，这是课标与直接指导教学工作的教学大纲的本质区别。

2. 课程标准确定知识与技能、过程与方法、情感态度与价值观三位统一体的课程目标，将素质教育的理念体现在课程标准之中。课标最显著的变化是课程目标发生了根本改变。课程标准中的目标主要是按结果性目标和体验性目标来描述的。课标还提出了发展性目标，为学生的发展提供了空间。（举例比较：(1) 美国和中国美术课上教学生画苹果的不同：美国学生画的是"生活中的苹果"、"自己的苹果"，中国学生画的是"黑板上的苹果"、"老师的苹果"。(2) 外国和中国的几何课的不同：外国绳子的使用，体会图形；中国粉笔的使用，认识图形。）

3. 课程标准突破学科中心,精选终身发展的必备的基础知识和基本技能。（双基——终身、必备）

4. 课程标准改变学生的学习方式,强调学习的过程与方法。要求学生"了解、理解、应用",更强调学生"经历、体会、感受"。关注学生学习的过程与方式是引导学生学会学习的关键。

5. 课程标准提出的评价建议具有更强的指导性和操作性,建议采用多种评价方式,促进学生的发展。比如,成长记录、测验与考试、答辩、作业、集体评议等。"成长记录与分析"提倡学生不断反思并记录自己的学习历程,如最好的作业、最满意的作品、最感兴趣的一本课外书、最难忘的一次讨论等。这就强化了过程评价和评价的教育发展功能。

6. 课程标准统一目标要求,提供多种可选择的设计模式。

这样的课程标准应该有落实它的具体的实际要求,这里也做一些概括,有10点：

1. 教学目标的制定应注重整体,着眼发展。

2. 教学内容的确定应源于教材,优于教材。

3. 教学策略的寻求应主动参与,关注差异。

4. 教学组织的形式应小组为主,交往互动。

5. 教学活动的拟订应突出主体,尊重个性。

6. 活动素材的选取应联系生活,结合实际。

7. 学习方式的变革应自主探索,合作交流。

8. 教学手段的运用应灵活多样,优化组合。

9. 师生关系的确立应倡导民主、平等、和谐。

10. 教学效果的评价应全面考察,方式多样。

面对这些要求,我们如何操作才能行之有效？下面,我从教育、教学、教研三个方面分开来着重谈谈个人的做法和想法,敬供参考。

教育：教师的教育对象是学生,教育学生无非是以做好人和学好习为目的,也可以说就是教学生做人,什么思想好、学习好、身体好、工作好、劳动好、生活好等等,实际上就是人的综合素质好。所以素质教育是新课改的核心之所在。我们做教师的,无论是什么身份,都必须把教学生做人放在第一位。现在以班主任为例,说说如何进行教育操作比较有效。

1. 注重形象塑造,让精神说话。

(1) 塑造为师形象。(2) 奉献至爱精神。

2. 注重正面教育,要正气升华。

(1) 灌输正确理念。(2) 学习先进事迹。(3) 开展教育活动。

3. 注重方法改进,有科学作证。

4. 注重身心关爱,使思想生花。

(1) 分析后进生的不正常心态。(2) 创设后进生的受教育氛围。(3) 编织后进生的教育心理结合网。(4) 专治后进生的突出问题。(5) 增强后进生的人生价值观。

教学:以上以班主任为例,主要谈如何教育,如何感化净化学生把人做好。下面以教师为例,谈谈如何抓教学?

1. 注重目标意识

目标指两方面,一方面是学校给我们老师定的目标和教师与学生定的目标,这是学科目标;另一方面是每节课要达成的教学目标,这是课时目标。学科目标与考试成绩对照,达成了,要鼓励,要修改,要张榜公布,要不断进行目标教育,不断激发学生为目标而奋斗的活力(教育比教学重要)。课时目标,要集体备课定,要努力在课上达成,达不成的,要及时拿出弥补的措施,要放低要求,及时补救,不欠达标的账,这样才能做到课课过关。

2. 明确三者关系

调查学生,得出结论,只要在课堂上学得好,就不愁课后做不好。课堂45分钟,要有效高效地发挥作用,才是师与生、教与学相生相融的宗旨所在。因此,我们万万不能耗了课堂时间,成为罪人(鲁迅讲,浪费别人的时间等于谋财害命,浪费自己的时间等于慢性自杀。)这是一层意思。第二层意思,要想达成课堂教学时间的效益最大化,必须明确课前的备课、课后的反思是重要的。田中初一三个教师的课,大家听了,应该承认,这三节课的课前备课是付出了大量的劳动的。大家也研讨了,作出了成功与不足的总结,这为以后的课提供了一定的参考价值。辛达松的同志课在泰州参加比赛,获得全国一等奖,赛前,他反复试上,我与他反复修改,也证明了这一点。对初一教师的突击视导,发现的问题在课上,但一分析却发现问题都出课前。所以大家要相信一点:课上教学活动的内容和形式的高度统一源于备课时的精心设计和课后认真反思(例如:重点的突出,难点的突破,师生解决的问题,例题的精选,作业的布置,以及信息的搜集等)。这就提醒我们要加强备课,尤其要加强集体备课,形成教学案,使课上的东西成为大家的所共享的。

3. 组织多种活动

课上开展活动,活跃气氛,激发情绪,快乐学习,运用多种方法高效学习,好处多多。教学活动的形式有:对话——师生、生生、生师互动交流;比赛——理科上概念、定理、公式上生成的判断题、选择题,语文上的成语接龙,说一句心里话、发表一点看法、仿造例句造句,英语上的单词背诵;讨论——发表不同意见,集中最佳看法,大家提出问题,共同解决问题;争辩——一题多解,多题一解,个性张扬;展示——单词联系和比较,口语表演,经典课文朗诵,说作文评作文;命题——重组练习;发现——看谁的知识点说得多,看谁的问题提得好,看谁的错误找得对;训练——思维的发散与聚合,科目容易勿视的数学读题、英语会话、语文表达等等。

4. 关注全体学生

目前新理念很多,其中有一条十分重要,就是无爱无教育。这"爱"字是充满感情的,大家千万不要误以认为这仅仅是对学生进行思想教育时而献出的那份爱,其实我的理解,这"爱"的情感更体现在课堂教学的每时每刻、每课每节、每步每序上。

5. 强化反思效应

反思出问题所在:是基础掌握不牢,还是知识的迁移能力差。反思后要做到:重点问题突出解决,普遍问题共同解决,个别问题分别解决。思考决定一切,要十分重视反思工作,努力提高善于发现问题、及时解决问题的反思能力。

6. 重视学生评价

没有过程就没有结果,重结果更要过程,评估应从过程走向结果。

总之,我们要体现这样几个观点:

1. 教育比教学重要,教育要先行。(管理)

2. 把学生放在眼里和心里,要关注每一个学生。(关爱)

3. 要相信自己能教,更要相信学生能学。(自信)

4. 多问为什么,多长知识。(生疑)

5. 提高目标,放低要求。(起点)

6. 少打耗时间的仗,多出兴教研的牌。(45 分钟)

7. 无个性即无人才,教师最大的难处在于挖掘学生个性化的潜能,教师最大的本领在于培养学生的个性向健康方向发展,并充分地得以张扬。(发展)

8. 老教材,新课标,要有机结合,这是不可回避的重大课题。(中考)

教研:教育和教学,都要通过教研开花结果。以学校为例,对教研工作的操作,我有如下想法。

1. 潜心留意,发现整合问题。从教学实践中搜集问题,征集建议,通过问题整合,让先进的教育教学理论、思想和方法尽快走进教师的心灵。

2. 认真梳理,分解落实课题。每个部门和教师都要针对实际问题,把问题变成课题,确定研究课题。各处室、年级组、教研组和备课组都要有切合自身实际的研究课题。教学前沿研究教师角色的转换和综合能力的提高,研究学生"合格＋特长"的成长最大值和培养最高点;教务处研究教学流程的管理和教师教学过程的评估,研究学生成长过程的考核和校本课程的开发;政教处研究精神文明建设和"三结合"教育,研究学生思想行为的净化优化,年级组重在研究全方位落实新课程和学生行为动态管理,教研组研究学科教学整体性和阶段性、综合实践的操作性;备课组研究教学案的形成和实施、教学方式与学习方式的转变和统一,每个教师都要研究教育教学的得与失和师生关系的重新建立与和谐发展。

3. 科学耕耘,研究解决问题。一份耕耘一份收获。课题带动校本研究,解决实际问题,总结有效经验,出台切实可行的考评方案,建立教师和学生档案。

4. 注重专家引领,提升教师素养。新课改要求转变教学方式和学习方式,关键是教师要转换自我角色,合上时代节拍,要不断加强学习,提升自我素养。其做法有:一是请进来,专家讲座;二是走出去,参观考察;三是"自助餐",校本培训。建议：每周定时组织教师教研学习，以起到教师充满睿智的教育灵感、达到虚静灵动的智慧世界、展现超然物外的精神气质的效果。

5. 注重同伴交流，提升对话质量。同行之间的互动交流，取长补短，相得益彰。其做法有：(1) 课例剖析；(2) 专题研讨；(3) 教学竞赛。激活的交流，能提高大家与文本对话、与大师对话、与同事对话、与学生对话的水准，并在构建"自学及其检查、质疑及其共议、架构及其迁移"的课堂结构中，体现教学方式的开放性、参与性、探究性和个性化，体现学习方式的探究性、模仿性、检验性和实践性。要想方设法使课堂成为自主、探究、合作互动的舞台和人文、多样、多元对话的平台，课上要常有碰撞产生、火花生成、亮点形成；课内外要有机结合，在生活中增长知识和才干。

6. 注重自我反思，提升师表内涵。建议：教师要写教学体会，写教学问题，写教学故事，写出色的论文，做到在反思中求得突破，在突破中求得发展，在发展中求得提高。

7. 创造创新，不断开发课程。要一改过去一统天下的课程制度，努力开发校本课程。在校本课程开发中，要坚持一个中心：以学生的充分发挥为中心；两个基本点：弘扬学生个性，突出学校特色；四项基本原则：尊重学生和家长的需要，教师是校本课程开发的主体，学校优势资源的利用，持久的生命力。例如：赏识教育，家庭教育，目标教育，读书教育，对话效应，例子效应，演讲效应，感动效应。

8. 创建特色，凸显研究亮点。例如：诚信、书香、数字、双语、多艺、三讲（名家讲坛、教师讲座和学生讲演）等。

9. 打造精品，追求形象卓越。例如：首席教师，名师工程，学生百星。

三、新层面的问题呈现与新角度的理性思考

出现问题，想办法解决问题，解决了问题，新的问题又来了，而且再出现的问题会更突出更升级。这是规律。正如生病——治病——生新病、难治的病——需要更高明的医术一样。目前，在实施以素质教育为核心的新课程的过程中，出现的问题无非是教学改革上的和教育管理上的。

1. 教学改革上的问题

我做了调研,觉得有五点:(1)课程设计理念与课程实施;(2)教学预设与教学生成;(3)环境创设与知识学习;(4)学习过程与学习结果;(5)重视激励表扬与开展适度批评。具体到学科上,语文、数学、英语等(另见)

2. 教育管理上的问题

(1)素质教育问题上,建议:学校要制定全面素质教育的标准,并明确学生分级努力达成的目标,要建立完整的素质教育的学生档案、教师档案和学校档案。

(2)课堂教学问题上,建议:一要制定提高课堂教学效益的硬行规定,二要明确硬行规定的具体标准,三要拿出执行标准的重要举措,四要建立保证措施得以落实的组织机构,五要组织机构行之有效地开展系列化流程化很强的工作,六要建立课题研究、个人特色等相关档案,七要树立典型,发挥典型引路的作用,要典型有成果作介绍,带动一帮人共同探究,大面积丰收。建议:学校明确十人左右经验丰富的有一定研究能力的同志组成一支精干的课堂教学研究机构,学校成立课堂教学督导机构。研究机构要与督导机构相互沟通,做到研究什么,督导什么;执行什么,督导什么,紧密配合,相互保证。

(3)学生管理问题上,建议:(另见"十要")。

(4)最后对校长说,① 学校要成立研究会;② 学校要成立督导室;③ 学校要成立议事会(其成员七至九名,由最基层的各类教师代表组成,这个组织不同于领导班子和中层干部,唯有校长才能定期或不定期地召集他们对话,听取来自一线的真实情况的报告,反馈各处室、各组织的工作情况和最基层的实际工作情况);④ 学校要成立执(值)检队;⑤ 学校要树各种典型的旗帜;⑥ 学校要健全学生档案;⑦ 学校要成立写作班子;⑧ 各处室、各部门要定期向校长回报工作。

长风破浪会有时,直挂云帆济沧海。新课改刚刚启航,我们只要一往直前,踏着课程改革的鼓点,发扬知难而进、与时俱进的精神,以校本教研为抓手,思想更远一点,步子更实一点,一定会谱写出课程改革的新华章。

二〇〇六年三月一日于滨海

课 题 报 告

24. 阅读与写作教学相结合的可操作性研究
——江苏省教育科学"十二·五"规划立项课题成果推广报告

一、研究过程与过程管理

　　长期以来,阅读与写作两分离的教学,分离了原本统一的教和学、师和生的关系,忽视了阅读与写作二者内在的必然联系,违背了科学规律,滞后着语文教育教学,有悖于新时代新形势赋予语文教育的使命,有悖于语文教育赋予语文教师的使命。《语文课程标准》十分重视在写作中运用积累的语言材料,使课内外阅读与写作相联系、学与用相结合,并提出不同学段的阅读和写作要求。因此,我们明确提出语文教学中阅读教学与写作教学必须有机结合,在结合中必须求创新求发展,以有效的操作推动语文教育教学质量的全面提高。我们于 2007 年申报中语会"创新写作教学研究与实验"课题子课题《中学阅读教学和写作教学的结合与创新》的研究。近三年的研究顺利结题后,我们又于 2012 年组建语文教学科研团队开启了具有连贯性的《阅读与写作教学相结合的可操作性研究》的课题研究。此课题获批为江苏省教育科学"十二五"规划立项课题(编号:D－2013－02－480),历时两年多的研究,于 2015 年 12 月成功结题。

　　两年多的实验研究,我们针对阅读和写作教学中读写分离、技巧至上、读不得法、写无蓝本等现状和问题,坚持问题性、实践性、创造性和操作性等研究原则,突出阅读与写作教学有效结合中的有效操作方法的研究重点,运用文献研究法、行动研究法、问卷调查法和经验总结法等研究方法,有计划、有步骤地进行实践而展开研究,先后走过了具体实施而又富有成效的初始实验、开题研究、研究深化和结题总结四个阶段,基本建立起阅读与作文教学相结合过程中不为模式的立体化可操作性体系,取得了前所未有的研究性成果。

　　历经四个阶段螺旋递进的实验研究,学生真正成了读书和写作的主人,一是学生不但读课外书,读我国的四大名著,懂林语堂、余秋雨、莫言的比比皆是,而且离开老师会读书读好书,师生能在共同的阅读教学中不再肢解整体的作品而拆分文章的主题、结构和语句;二是学生的写作充分印证着鲁迅先生说的"文章应该怎样写,我说不出来,那些素有定评的作品中,就说明这应该怎样写。"由此,我们认为在阅读与写作教学相结合的可操作性问题上展开的研究是切实可行而行之有效的,通过教师有序列、有计划的引导,学生将读写的知识在运用中转化为能力,从而切实提高了阅读与写作水平。

（一）健全组织机构,实行分级管理

为使课题实验真正落到实处,从而使实验过程的科学性、严密性。首先,我们成立了"校领导下的主持人直管——有关处室协管——课题组实施"的三级管理机制,明确职责,将课题的活动纳入规范管理之中。其次,组织全体语文教师于每月一次固定的教研活动时间专门研讨课题实验工作,共同解决实验中的"疑难杂症",并对照规定阶段任务,对实施计划、理论学习、活动要求、读写训练、检查落实、阶段总结、资料数据的收集和整理等作明确的规定。各个年级的实验教师都写出具体的实验计划,分阶段落实进行。

（二）开展研究性学习,培养阅读习惯

为使课题顺利开展,我们建立开放读吧和好书交换站,学校给所有班级装备图书橱,按照我们编列的阅读书目配备书籍供学生选读,要求每个学生购买一本名著让他们相互借阅;学校将阅读课排进课表,开放图书室、阅览室,组织学生集体阅读,引导学生健康阅读,做好读书笔记,吸纳丰富的精神营养。在此基础上,组织学生逛书店,参观展览,进行采访,搞社会调查,让学生走进社会,了解社会,扩大学生信息接受量。让他们了解时代的潮流,了解社会的脉搏,感悟生活,评价生活;让他们读书读人,感受人间的爱与恨、美与丑。让学生走进大自然,培养他们健康的情感和良好的观察品质。突出的是我们每学年都组织学生开展读书报告会和诵读经典比赛活动,分享阅读成果,提升阅读价值。

（三）创设写作平台,开展系列活动

我们在"大语文观"的理念下,引导学生走进走出文本,并用好奇的眼睛面对大千世界,去直面精彩纷呈的生活场景,把写作训练引向广阔的社会生活大课堂。在实验中,教师和学生一起积极参与生活,体验人生,关注社会热点,激发学生的写作欲望;一起根据写作的需要,去搜集素材,改变写作方式。教师加强集体备课,共同研讨,确定主题,同时还一起解决实验中出现的各种新问题,不断创新。特别强调鼓励学生自由地表达、有个性地表达、有创意地表达,尽可能减少对写作的束缚,为学生提供广阔的写作空间。

我们一面编列初、高中读写目录,展开读写结合的比较性创新实验研究,课题组教师相互观摩实践,共同切磋提高,以使在教学中不断优化,一面组织开展丰富多彩的阅读和写作活动。在活动中让学生了解文章写的是什么、怎么写、为什么这样写。重视学生的积累,积累是吸收知识,丰富语言,而写作则是应用知识,应用语言。在阅读中,教师始终围绕"有效操作"下功夫,形成了让学生"读中品,品中悟,悟中练"的训练方式;在写作中,始终把握以现实生活为突破口。编辑优秀作文,要求学生将自己或同学的文章加以整理,按照要求进行加工,汇编成册。交流学习成果,让学生在活动中分享写作的快乐。更为重要的是引导学生把看到的、听到的、感受到的活生生的社会内容带到自己的课堂,写进自己的文章,从而把生命的内在的需求转化成一种生命的表现形式,即精神产品。

(四)开辟写作阵地,展示学生风采

我们给学生提供了大量的展示自己写作的舞台。学校建有"语文社团",成立了记者站、校园广播站。每班都开展课前三分钟演讲,每年还举行一次主题演讲比赛等等。好文章由老师向各种报刊杂志推荐发表,或组织参加各级写作比赛。最为显著的是我们开创的写作连载之先河,收获多多。

(五)加强研究力度,培训骨干力量

为使实验真正落实到实处,使实验过程做到科学性、严密性,我们定期开展写作教学研究活动。一是上好作文与口语交际课。训练学生语言运用能力,引导学生抒写个人体验感悟,表达创新思维。(1)营造具有开放参与、合作竞争的气氛,融洽学生情感,催化学生激情,触发写作与说话的潜能。(2)品读经典。引导学生积累语言,深切体会经典著作语言的妙处,总结写作规律,掌握写作手段。（3）注重积累，促成创新。强调说真话，述真情，写真事，状实景。可以虚构想象，开启创新的闸门，培养发散思维品质和能力。每一次研究课，先由实验教师上案例教学实验课，研究评讲方案，同年级全体教师参加听课，然后大家坐下来分析研究这节课的成功与不足之处，提出改进措施。二是不定期开设写作论坛，请专家讲述写作动态。特别是将"写着练——评了改——升上格"三者结合起来，提高学生写作能力。三是举行教师写作教学经验交流。学校还多次派语文教师到其他学校学习经验，参与相关培训等。

二、多个层面的研究成果

1. 整体层面

此项课题研究，突出阅读与写作教学有效结合中的有效操作方法的研究重点，一切从问题和实际出发，十分注重实践和理论结合性研究，扎实有效地寻求操作方法的新途径，取得"四个三"的收获，即三个报告（开题、阶段、结题）、三项活动（调研〈现状与进展〉、实验〈读写结合的操作〉、社团〈比赛与讲座〉）、三本集子（作文〈成品与修改〉、论文〈研究与发表〉、教案〈实验与示范〉）、三大创新（阅读与讲演、写作与连载、课题与升级），最终达成了预期的"读写结合，以读助写，以写促读"的研究目标，师生层面均有突破且创造性的收获。

其中比较突出的活动成果有：

（1）**建设书香校园**。在研定编列阅读书目的基础上，开展一系列阅读活动。**建立"书香角"**：由班级定期张贴"好书推荐""名人名言""好书大家读""读书感悟""读书心语"等文章，由同学们自己介绍自己看过的新书、好书，交流自己在读书活动中的心得体会，在班级中形成良好的读书氛围。**建开放书吧**：让学生有比较充分的读书时间。学校开放式书吧，增设开放图书室、阅览室，让学生随时可以阅读。**建立交换站**：为了有效发挥三级书库的作用，在同学与同学之间，班级与班级之间可建立"好书交换站"，定期举行"好书换着看"的活动。**制作手抄报**：手抄报是培养综合能力的好办法。学校每学期组织一次学生读书手抄报比赛，把自己读到的好书、感想介绍给同学们。或手工抄写，或电脑打印；或个人独办，或分工合作。获奖作品张贴于专门为读书开设的长廊内,使读书、爱书的氛围更浓厚。**举行报告会**:组织班级、年级、学校读书报告会。在班级、年级组织报告会的基础上,近三年来,学校组织两轮大规模的读书报告会,营造了强烈的读书氛围,起到很好的推动效果。**开设阅读课**:初一、初二、高一、高二基础年级每周开设一节阅读课。每学期各年级开出必读书目,按计划进行阅读,期中期末考试书面考查阅读内容。**评选双明星**:"书香明星个人"和"书香明星班级"。表彰在阅读中表现较好与进步较快的学生,并授以"书香明星",同时,每学期还要在各年级中评选"书香班级"。通过评比,在校园中形成一种浓烈的阅读氛围,让更多的孩子们与书籍走得更近,形成一种健康向上的阅读场。

(2)**制定"写作目录"**。针对目前普遍存在的作文教学缺乏系统随意性大的问题,我们根据学生的认知和发展规律、《语文课程标准》及现行语文教材,从初一到高三编制了一套作文写作目录,包括命题范围、提示语言、常规要求、写作指导和学生例作。其材料 80％是原创,贴近教材,贴近生活,贴近实际,突出各年级的写作教学重点,构建系统的写作序列,通过系列化训练,最终实现教学目标的达成。目前,写作目录已作为写作训练校本教材在试用。

(3)**设计训练形式**。读写结合训练的形式很多,教师应根据学生的认知水平,结合学生的实际需要选取恰当的训练方式。尤其要关注训练点的衔接,不要零碎进行,要通盘考虑。关注训练内容的多样化,做到与学生生活相联系,提高练习的兴趣;此外,要及时跟进点评反馈,让学生享受成功的快乐,保持浓厚的学习兴趣。常见的训练形式有:扩写、缩写、续写、改写、仿写、连载。我校主要采用续写和连载两种形式进行写作训练。**续写训练**:续写是属于供料作文中的一种构题方式,而又不同于材料作文,因为它所提供的材料不完整,或缺少故事的结局,或缺少议论的结尾,或仅仅开了一个头等等,需要根据原材料的行文脉络延续完篇。这种训练方式,不仅有利于培养学生记叙、描写、说明、议论、抒情等语言表达能力,而且也有利于训练审题立意、选材谋篇的思维能力。续写训练,是一种培养学生创新能力的好方式,有利于点燃学生的思维火花,激发学生的创作热情。如《七根火柴》、《老山界》、《草》、《木兰诗》等改写成叙事诗和叙事诗改写成故事,《孔乙己》、《范进中举》、《最后一课》、《窗》等的续写,古诗词意象画面的再现摹写,与课文同题作文,学范文仿写,听读佳作回忆整理,一题多作,作活动纪实,搞调查报告(民情风俗、名胜古迹、门牌文化),做梦境记述,写节日随想等等,可谓名目繁多,异彩纷呈。这样读写紧密结合着训练,既促使学生留意阅读生活和文本,又能促使学生用心写出真切感人的内容,相得益彰,快速见效。**连载训练**:则完全由学生确定主题,构思谋篇。我们侧重训练小说连载,从人物、情节、环境三要素入手写作,学生的即兴发挥有时能得到意想不到的收获和结果,不用再漫长等待小说的完结,而可以马上阅读到最新的小说章节。同学之间共同体验小说的乐趣,也有利于同学间共同探讨、碰撞,提出对小说建议,完善小说内容,同学间互动即是连载小说的乐趣所在,写作水平也在不断的提高。从初一开始,我们倡导学生试着写长篇连载。指导学生自定主题,确定人物,选择环境,想写时就写。可以是三口之家、师生之间、街坊邻里、社会一角,可以是古今中外、道听途说、奇思妙想、千怪百态。起初只要求能努力把句子说通,反映生活就行,后来强调源于生活,高于生活,体现艺术性。结果不到一年,人人都能捧出一部几万字的连载来。

2. 教师层面

形成了浓厚的科研氛围。在研究过程中,全组教师刻苦学习教育理论,互相协作,共同研讨,新老教师"联"起来,骨干教师"亮"起来,全体教师"动"起来,老师们逐渐由"经验型"向"科研型"转变。教师的作文教学观念得到了更新,作文教学和指导水平上升到一个新的台阶。教师改变了以往的作文指导形式,形成了"以读助写,以写促读"的作文指导方式,随时随地进行作文指导。在研究中产生了许多精品课例。教师们伴生共读,与生共写,使语文素养、文学积淀、文字的驾驭能力和文学创作能力有了极大的提高。尤为突出的是近三年教师发表了50余篇有关研究论文,学生的阅读与写作能力也提高显著。

3. 学生层面

(1)学生的阅读量普遍增加。经过调查反馈,课题研究实践以后,学生在阅读兴趣、阅读自主性等方面都有较大的提高,学生课余阅读更为积极主动。一年时间,摘抄积累达20 000字,背诵15 000字,阅读量可想而知。并且学生勤写读书笔记,在阅读欣赏的深度与广度等方面得到进一步拓展,对文章的欣赏能力和欣赏水平明显提高。经过课堂观察，学生在阅读中对语言的直觉思维、联想和想象、发散思维、求异思维、创新思维以及对文学作品科学辩证地鉴赏和评价能力都得到了一定的提高。

（2）学生的写作能力有较大提高。学生由看到作文就害怕的心理中解脱出来，逐步变为喜欢写作、愿意写作、习惯写作的良好现象；由看着作文话题无处下手，不知所措的尴尬，变为习作准备充分、有法可依、有章可循，写起来得心应手的轻松愉悦；由习作时语言空洞、选材陈旧、千篇一律、矫揉造作的惨劣状况，变为内容丰富、语言灵动、有真情实感、有个性独创、佳作连连的可喜面貌。

（3）学生独立写、自己改的良好风气已经形成。学生是学习的主体，也是作文教学的主体，学生作文能力的培养是通过学生的历练和内化完成的。独立写，放手让学生自己去历练，训练形式可以是写日记，观察笔记，读书笔记，以及各种形式的练笔。自己改，改作文不完全依靠教师，而是让学生学会自己独立修改文章，进而较快提高自己的写作水平。训练形式可以是自己改自己的文章，也可以互相批改；可以在教师的指导下自改，也可以是在教师批改的基础上修改。因此，在作文教学中充分发挥了学生学习的自主性、能动性和创造性。学生在省市诸多的读书、演讲和写作比赛活动中有近二百人次获奖，也有学生在报刊杂志和网络上发表作品。

4. 社会层面

此课题被市确定为精品课题，并纳入建设推广规划。我们已将有关成果在省内市内外通过讲座进行宣传推广，效果显著。

三、理论观念与实践认识

1. 核心概念：读写结合　有效操作

近三年的研究，我们以研究的理论引导实践，又从研究的成果中证明了我们的理论是符合规律又是切实有效的。

阅读与写作和阅读与写作教学都没有公式，但是都有方法，好的方法就像是公式，阅读与写作教学相结合的可操作研究，就是探究其切实的有效方法。在其研究中,努力达成"以读助写,以写促读",并且努力追求"一篇作文,就是一次创造和一项发明,具有专利性"。

阅读教学和写作教学实际上就是在做着一个如何还原又创新的工作,即如何引导学生体会文本(作者)的体验,同时能把自己的体验写进文章,让人们去体会。我们引导学生翻新续写,就源于此。

阅读与写作就是统一体的两个方面,都是以能力训练为载体的,是在同一载体上进行的丰富积累和积累运用、形成语感和表达交流、学会多种方法和多种方法运用的双向互动。同样,阅读教学与写作教学也都是以培养能力为宗旨,实践如何阅读和写作的双向发展。语文课堂就是以培养能力为宗旨以训练能力为载体的读写战场,无论双向互动,还是双向发展,它们都会以多维、多元、多样、多彩的面貌来到教师、学生、文本中间。我们引导学生泛写连载,就源于此。

阅读和写作在于序列化而不在于系列化,阅读教学和写作教学既在于序列化而又在于系列化。我们为学生编列年级阅读书目和写作训练目录,就源于此。

(1)读写结合

阅读是阅读主体主动地有目的地从书面材料中获取信息的过程,这一过程中阅读主体会依托自己的知识、阅历、经验、情感等对阅读对象进行再思索、再整合、再创造。因此阅读的过程是一个伴随着思维活动的重新创造过程。

写作,就其本质而言,应是一个人的精神世界的表达过程。优秀的写作者既要有丰厚的精神世界和对现实世界的深刻思考,又要有高超的表达能力(即驾驭语言文字的能力),两者缺一不可。

朱作仁教授在其著述的《阅读心理》中,曾把阅读定义为"一种从书面言语中获得意义的心理过程",并指出:这种"意义"不但指阅读材料内说的"是什么",对于学生来说,更重要的是作者"如何表达",阅读不仅是自外而内的意义吸收过程,更是写作的基础。

心理学研究也指出,阅读是内化的吸收,是对基础知识加以理解的过程;写作则是外化的表达,是运用基础知识的过程。通过阅读积累,表达才具有心理前提;阅读可以为写作提供范例,提供技能模仿运用的直观形式。从这一意义上讲,阅读是写作的基础,写作则是阅读的延伸。当然,写作也可以激发学生产生模仿的心理需要,从而带动阅读、促进阅读。可以说,阅读与写作是相互促进、相互补充、相辅相成的。读与写,存在着一种有机融合的客观基础。

阅读与写作教学相结合,语文教育理念的源本更新。新形势下的阅读与写作教学就源本的理念作了宽泛的更新,以多维、多元、多样、多彩的面貌来到师、生、本中间,开辟了阅读与写作教学相结合的新天地。

阅读与写作教学相结合,"大语文观"导向性的集中体现。义务教育和普通高中语文课程标准都将阅读与写作融为一体,符合中学生学习语文的心理特点和学习发展规律,充分体现了"大语文观"的导向性。

(2) 有效操作

我国的语文教学,有着丰富的传统经验,诸如熟读、精思、博览等。其中,著名特级教师斯霞说过:"阅读为作文提供了知识和技能",一定程度上揭示了读对写的支撑。叶圣陶先生指出:"读写是两种能力、两种活动,相辅相成","所谓阅读教学,本身自有其重要性,并非作文教学之辅","教材无非是个例子……阅读和写作,吸收和表达,一个是进,从外到内,一个是出,从内到外","倾吐能否合法度,显然与吸收有密切的关系","阅读得其方,写作的能力亦即随而增长",这些话语准确地诠释了读写关系——以读促写的自然结合型到读写既有联系又有区别的相辅相成型。著名特级教师丁有宽曾发表专著对读写结合进行了全面、深入的探索和研究,他认为:"读写结合是中国语文教学发展的一条普遍规律。"他曾提出七条"读写对应规律",为学生的读写结合训练创造条件,使读写之间的"学习迁移"更具有稳定性,克服了长期存在的读写分离的弊端。这些经典的语文教学理论为我们指明了建构读写融合教学有效操作模式的的价值方向。

教育家叶圣陶说:"阅读是吸收,写作是倾吐。"阅读与写作是整个语文教学两个最重要的方面,强调以阅读与写作为重点的语文教学,就是要让语文教学回归到学习语文的"原始目的"阅读与写作相结合;研究阅读与写作教学相结合的可操作性,就是要让语文教学回归到语文作为语言学科的工具性和人文性相统一的本质属性,为语文教学开创学生阅读美好人生、写作多彩生活一个崭新而可操作的思路。

阅读与写作教学相结合的有效操作,语文创新教学的广阔天地。创新是语文教学不断进步的灵魂。创新写作,一是内容新,反映时代生活,贴近现实需要,具有新的见解,具有现实和历史价值,至少能给人以某种启示;二是材料新,不是陈旧老套人人都熟知的东西,这当然不排斥是历史的,但不是人们熟知的东西;三是语言新,这当然不是违背语言规律生造听不懂看不懂的词语句子,而是寻找最具有表现力的与内容配合恰倒好处的语言;四是运用最好的表达技巧,包括文章体式、语言风格、修辞方式等。在结合中求突破,在突破中求发展,在发展中求提高。例如:仿写、续写、写作连载等。

阅读与写作教学相结合的有效操作,学生创新能力的巨大突破。写作是最能表现学生个性的创造性活动,一定要切实培养学生的创新能力,即努力引导学生扩展阅读,感悟生活,生发写作灵感;努力培养学生发散、求异等创新思维的能力;努力训练学生多角度思考问题,求得多种设想、方案或结论。例如:同一文本异样解读、同一题目多种作法、同一材料不同体裁写作、同学作文大家评判修改等。同时所有行动策略,在《语文课程标准》的指导下,进行基础理论研究,把实践者变成研究者,使课程改革的新理念落实到教学行动上,着重解决写作教学操作层面的问题,突出写作教学行动的合理性和有效性,切实提高学生写作水平。

2. 理论支撑:课程标准 建构主义

一是语文课程标准。《语文课程标准》对阅读和写作的训练目标要求很明确,甚至作了量化。尽管表面上没有明确的融合的提法,但只要细心阅读就会发现,在有关"阅读鉴赏和表达交流"的要求中,二者都强调积极主动的思维和情感活动,强调阅读思考和情感体验的表达。这种融合当然不是简单的折中,而是以学生思维和读写能力的提高为基础目的的一种策略。我们立足于读写各自的特点,立足于语言思想和语言思维的训练,尤其是转化为笔端语言输出的表达性训练,以此融合阅读教学和写作教学的关系,润滑阅读输入与写作输出的关系链条,使之相互促进。在阅读和写作的双向交流中,学生的分析、综合、判断、推理等能力得到提升,阅读和表达能力得到提高,语文能力得到长足发展。这可能是语文教学的一种有效趋势和积极思路。对未知世界始终怀有强烈的兴趣和激情,敢于探异求新,走进新的学习领域,尝试新的方法,追求思维的创新、表达的创新。在探究活动中,勇于提出自己的见解,尊重他人的成果,不断提高探究能力,逐步养成严谨、求实的学风。书面表达要观点明确,内容充实,感情真实健康;思路清晰连贯,能围绕中心选取材料,合理安排结构。在表达实践中发展形象思维和逻辑思维,发展创造性思维。力求有个性、有创意的表达,根据个人特长和兴趣自主写作。在生活和学习中多方面地积累素材,多想多写,做到有感而发。

二是建构主义教学理念。(1)学生是教学情境中的主角。传统教学偏重教师的教,现代教学则重视学生的学。学生是学习的主体,教师不能代替学生学习,所以,教师不是教学的主体也是不言而喻的事情。因此,教学情境中要尊重学生的主体性,学生只有在成为教学情境中的主角以后,才会积极主动地参与教学过程。(2)教学激发学生建构知识的过程。既然知识是学习者自我建构的结果,那么教学就不是传授、灌输知识的活动,而是一个激发学生建构知识的过程。阅读与写作教学就是要创设或者利用各种情境,帮助学生利用先前的知识与已有的经验,作文训练就是要激发学生的创新想象、不拘一格,展示出学生的才情和学养。(3)学生的学习不仅限于教科书。传统中,教学就是教师教授一本一本的教科书。但既然学习是一种积极、谈及的知识建构过程,教学就不应该仅仅局限于教科书或相关的辅助材料,整个社会文化以及学生在生活中的所有问题和情境都有助于学生的学习和知识建构。当然,更有助于学生的作文创新写作。

3. 实践认识:观念更新　作为创新

我们认为课题的研究方案具体详实,目标重点明确突出,计划步骤安排合理,内容措施落实到位,既具有实用性,又具有操作性;既具有科研性,又具有创造性。我们认为研究成果中的编列写作目录、泛写连载、翻新续写和建立开放书吧与好书交换站、举行课前讲演与读书报告会、必读必记与生作互改等方式方法是传统方法的创新作为,贴近教材、贴近实际、贴近生活,具有系列性、原创性、时效性,开创了读写操作的新天地,具有一定的服务教学的推广和使用价值。我们还认为在提高学生语文感悟能力和语言表达能力上,尚要做一定的深层次研究,以求理论支撑更得力的创新突破。

（1）**正本清源，改变现状，创设读写结合新局面。**

阅读与写作就像隔着的一张窗户纸，只能想象得到，却抓不住本源。我们变换一下角度和方式，剑走偏锋，以奇兵致胜，就会取得意想不到的效果。千方百计激发学生阅读的兴趣与动力，最大限度地挖掘教材的资源，使学生阅读由课内深入到课外，使阅读与写作同步提高，从而走进"大语文观"的教学体系中。

（2）**传统方法，创新作为，开创读写操作新天地。**

以读助写，以写促读，是传统方法，我们用新思维、新举措使其生发全新活力。语文教师就应调动一切手段促进学生主动走进教材，并带着浓厚的兴趣去阅读和写作。我们着力编列写作目录、泛写连载、翻新续写，开创读写结合性操作性很强的新天地。

（3）**强化阅读，提高素养，建设"书香校园"新文化。**

围绕建设"书香校园"主题，有计划、有目的、有指导性地既轰轰烈烈又扎扎实实地开展全校性形式多样、内容丰富的读书活动，营造勤奋读书、努力学习、奋发向上的校园文化新环境，培养学生博览群书的好习惯，形成热爱读书的良好风气。建立开放书吧和好书交换站、开展学生课前讲演和读书报告会，提高学生的读写能力，打造学生的人生底色；努力建设师生的精神家园，全面提升师生的整体素质，从而提高教育质量。这将成为学生的终身营养，也就是语文素养的重要构成，激活后会产生综合效应，极为有利接受和表达能力的整体提高。

四、当前困惑与今后打算

总结我校"阅读与写作教学相结合的可操作性研究"课题的研究和实施，我们的主要体会如下：

一是科研离不开领导的重视和支持，离不开上级课题主管部门的帮助。我们组织"阅读与写作教学相结合的可操作性研究"的课题能够取得这些成绩，是学校领导高度重视和支持的结果。同时也离不开省市教科研专家的支持和指导。

二是研究与实验活动，在学生和家长中引起了强烈的反响，给了我们极大的鼓舞和鞭策,给我们增强了勇气与信心。我们的这一课题被市确定为精品课题,并纳入建设推广规划。

三是我校实验教师不怕困难,勇于探索,积极研讨,团结一心,严谨的教研精神和明显的实验效果推动了学校整个教学改革的步伐,同时为学校营造了浓厚的教研氛围,提高了学校的声誉。这说明只有依靠集体的力量,才能成就一番事业,个人的力量只有在集体中才能发挥作用。

体会也是收获,收获之际,我们当前仍然有不少困惑有待解决:

1. 重记忆轻应用

积累的主要方式是抄抄写写,切断了记忆储存与理解、感悟、鉴赏的联系,使积累变成了孤立、机械的记忆活动,很大一部分都变成了无效积累,读与写联系不够密切,少数学生书读了不少,但写作能力没有相应的提高。

2. 重内容轻态度

积累指导偏重内容的扩展,忽视了自主积累意识、能力与习惯的培养,更缺乏方法的引导。读书面太窄,古今中外的经典作品读的量还不够,读书缺乏思考和体会,读书缺乏积累。

3. 重阅读轻写作

阅读与写作教学结合度还有待提高,尤其课本中的文章都是专家遴选的具有丰富的人文内涵和写作技巧的美文,教师重阅读理解内涵,而对赏析艺术技巧减而淡之。学生的写作能力写作技巧无从学之,有学生连最起码的模仿都不够到位,很难创新。

4. 重应试轻素养

应试教育的影响依然存在。所谓的质量检测,质量评估,制约语文教学健康发展的瓶颈。教师教学自然还得跟着评估跑,很难顾及到学生读和写的素养的和谐发展。

因此,如何在语文课堂教学中高效地促进每位学生能力的提高,从操作性策略上升到有效性策略方面还有很长的路要走。

总之,阅读和写作教学研究是一个长期的过程,必须有计划、有目标、系统的进行,深入到学生中去查漏补缺,有序整改,只有这样,才能做到有的放矢。"根之茂者其实遂,膏之沃者其光晔。"在以后的教研工作中,我们将继续加强阅读和写作教学可操作性研究,进一步夯实阅读基础,培养写作兴趣,使学生真正爱上阅读,主动写作,阅读和写作协调发展。同时我们将选择与之相关的课题继续进行深化研究,并为课题成果推广和研究不断推出新成果,不断取得新成绩,而风雨兼程,甘之如饴。

二〇一五年十二月

同 仁 共 勉

25. 教师语言"十要十不要"

——在语文教师教学研讨会上的专题讲座(提纲)

语言的优劣,直接反映着人们文化素质的高低。教师同学生用语言打交道,首先应该讲究语言,应担负起面向学生,面向社会,面向未来而传授"大众化"语言的重任。教师的语言要做到"十要十不要":

一、要合乎规范,不要出现语病。即语句通顺,讲究语法和逻辑。

二、要通俗易懂,不要深奥艰涩。即面向大众,使人容易接受。

三、要简洁明了,不要冗长拉杂。即明快精练,流利畅达。

四、要形象生动,不要华而不实。即讲究修辞,既活跃内容,不致空洞、枯燥,又不失实在性。

五、要幽默诙谐,不要故弄玄虚。即含蓄风趣,耐人寻味,避免转弯抹角。

六、要亲切和蔼,不要粗劣庸俗。即态度温和,避免发生暴躁、嘲讽、恶意伤人,或低三下四等无礼现象。

七、要实事求是,不要浮夸失真。即按实际情况表明是非,合情合理地作判断。

八、要分清对象,不要千篇一律。即区别对待男女、老少、干群和上下级,区别于不同的场合,忌一式打扮。

九、要注意分寸,不要褒贬不分。即表扬批评时,能有限度,使人适应,以免偏左极右。

十、要讲究实效,不要马虎草率。即平素上课,主持会议,作报告,谈心说家常都要认真对待,以免浪费时间,效果不佳。

（此文发表于《教研通讯》）

26. 新课程对一堂好课的评价标准

——在射阳县洋马中学教学开放评教活动上的讲座（提纲）

新课程与旧课程都要求课堂教学体现新、活、实，但新课程更强调用先进的教育教学思想为指导，设计新颖、实用、高效的教学思路，在实施教学的过程中重视运用新的手段，以思维活和教法活的姿态，达成课堂活动内容充实、效果显著的目标，最终实现教育观、学生观、价值观高度统一的一堂好课。带着这样的高要求，笔者试就新课程对一堂好课的评价标准作如下概述。

一、教学目标设置科学合理，符合实际内容和学生实际，体现重点突出和难度要求，体现"三维"，以实现教学的高效性。

二、围绕教学目标、重点和难点，精心设计教学内容与过程，体现师生活跃的多边活动，努力创设民主、平等、和谐、互动的教学环境，以促进学生全面而有个性地发展，不仅学会知识，形成技能，也获得情感上的丰富体验。

三、建立良好的师生关系，真心实意地关爱学生，尤其关注学生学习过程，创设合作、探究、交流、展示的平台，促使学生积极主动地参与学习和良好学习习惯的养成。

四、高度重视学生学习方式的指导，努力引导学生在实践中体验知识的生成过程，留有一定的时间和空间让学生反思学习过程中的得失，促使学生真正理解知识，掌握科学的学习方法，提高学习效率。

五、教学方式方法灵活多样，满足不同学生的实际和教学内容的要求，恰到好处地处理教学中的"意外"，充分发挥学生的主动性和积极性，让不同水平的学生学习同一教学内容时都有不同层次收获。同时做到既打破固定程式，又体现个性风格，真正能用教者特有的智慧，充分挖掘生成资源，使学生感到终身受益。

六、有机运用现代信息技术手段辅助教学活动的开展，自如地实现教学内容呈现、学生学习、教师教学和师生互动等方式的多元整合,提高教学的实际效果。

七、注重学生思维训练,培养学生创新精神,努力使教与学的内容适度拓展,有较大的思维量信息量延伸量,满足学生充分发展的欲望。

八、整个教学体现内容和形式的有机统一,体现浓厚的生活气息,体现较高的基本素养,有礼有节地评价不同的学生,注重教与学效果的及时调查和潜在反馈。

（此文发表于《教育大观》和《新校园》）

学习指导

27．学会学习　走向成功

——升国旗仪式上的专题讲话（提纲）

1．成功理念

习惯决定成败。

适合自己的有效方法是最好的方法。

2．总体方法

独立自主，合作互补，钻研探究。

3．学习流程

课前认真预习，试着做题，提出问题。

课上认真听讲，参与活动，解决问题。

课后认真复习，独立作业，巩固提高。

4．几项要求

① 执行规范，严格自律。

② 制定计划，步步为赢。

③ 明确目标，展开竞比。

④ 用心回忆，坚持整理。

⑤ 积累错题，不断矫正。

⑥ 树立信心，战胜自我。

28. 奋战期中考试　实现自我价值

——升国旗仪式上的专题讲话（提纲）

考前，同学们要追求既定目标，加强知识回顾，重温错题关键，调整心态进取；要像过硬的军人练就本领那样，顽强拼搏，一着不让。

考试，同学们要严守考场纪律，争做诚信考生，认真严谨答题，实现自我价值；要像高明的医生手术救人那样，争分夺秒，一丝不苟。

考后，同学们要及时总结反思，吸取经验教训，严格修正过关，加强成功教育；要像伟大的专家创造发明那样，不言困苦，一路享受。

同学们，请记住：无穷尽＝无穷大，苦功＋巧功＝成功。比，向先进看齐；学，向困难挑战；赶，向目标迈进；帮，向师生请教；超，向自己要成绩。

最后，我衷心祝愿同学们宁静致远超脱自我，出类拔萃创造奇迹，努力奋战期中考试，真正实现自我价值！

29. 追求目标　实现价值

——在滨海县大套中学初三学生月考表彰大会上的讲话

老师、同学们：

你们好。今天是好日子,神舟6号载人飞船上了天,全国十运会晚上开幕。在这双喜临门、举国同庆的美好时刻,我们初三师生欢聚一堂,开展"追求目标,实现价值"主题教育活动,意义重大而深刻。首先,我问同学们:你们想幸福,要快乐吗? 再问你们:女同学们想美丽,男同学要潇洒吗? 好! 我告诉你们这些从哪儿得来? 想幸福,要快乐,就得苦本领,有了本领,有了价值,就幸福、快乐了! 女同学因勤奋而美丽,男同学因刻苦而潇洒。这就是你们追求目标,实现价值的精神所在。今天,我要跟初三同学说说有关心里话。

第一,目标。同学们,我曾多次问你们将来干什么? 你们回答大多是"说不上""不知道"。对此,我认为你们在糊里糊涂地学习,糊里糊涂地生活,缺少一股股热情,缺少奋斗前进的目标。你们想,你们家长还打算今年买什么、明年制什么,他们还有目标呢。老板也好,企业家也好,他们都计划一月份生产多少、二月份创收多少,他们的指标非常明确。国家的领导人就更有方向了,5年一个宏伟规划,一年一个奋斗目标。因此,我要跟你们说,要明确目标。那么,你们现在的目标是什么? 现实地讲,简单地说,就是做人和学习,学习上就是掌握知识的考分和升上什么学校。

明确了目标,就要追求;追求目标,要有冲动,有热情,把压力变为动力;有了动力、活力、兴趣就自然而然产生了,活力一产生,就什么都不怕了。但在追求目标的过程中会出现若干困难,面对困难,需要什么呢?

第二,自信。就是要相信自己。如何建立自信心? 先是寻找。怎么寻找? 你们想啊,你们曾经做成功什么事? 怎么做成的? 例如,胆小的同学第一次跟老师讲话,参加过运动会的同学第一次参加比赛,没上过灶头的同学第一次煮饭烧菜……

想想这些成功的事,总结一下,你们就知道自信是什么和自信是怎么来的。

找到了自信,还要不断增强自信心,增强自信心为的是增强追求目标的精神和战胜困难的能力。如何增强?办法是:同学们相互鼓励,老师给同学们激励,自己常在镜子里说**"我能行!成功就在眼前!"**,说**"我很优秀!我很棒!"**,说**"我要追求目标,我要实现价值!"**。好,现在大家试一试,跟我齐声朗诵这些增强自信、富有力量的口号。(齐声诵)是不是精神就不同了?

第三,**勤奋**。中国人以勤劳取胜,外国人也不得不承认这一点。我夫人去英国培训,好多英国人对她说,要不了十年,中国在世界上就是强国了,因为中国人勤劳。无论到那一天,勤劳、勤奋的精神和品质不能丢,不可少。学习知识,掌握科学,要日积月累,积累就靠勤奋。世上天才有几个,但人才、名人很多,靠的就是勤奋。农民不勤奋,没有丰收;工人不勤奋,没有产品;解放军不勤奋,没有本领;科学家不勤奋,我们今天连电视都看不上,就更谈不上"神6"升空飞行了。电灯是怎么发明的?发明的过程中,失败了多少次?不勤苦,不坚持,行吗?名人说得好:"天才在于积累,聪明在于勤奋。"(华罗庚)"人生在勤,不索何获。"(张衡)现在,我们面对的是中考,要勤于奋斗啊!

要知道,勤奋没了,懒惰就来的。我说,**无穷尽=无穷大;不以勤奋,何以收获**。道理就在这。这里,我要对学习不求上进的同学说两句;**"你皮,你聪明;你不笨,只是你没学。""地球上有你一点坐标,你勤奋,你就能找到与这点坐标相对应的 X 和 Y。"**说到底,勤奋要靠刻苦顽强、坚持拼搏。

第四,**竞比**。有些同学学习总是一般化,上不上下不下。我说这些同学缺少竞比精神。同学之间要竞争比赛啊!企业之间比不了,就有破产的危险,下岗职工就增多。不比就落后,这是再简单不过的道理。如果还有同学想混混过一辈子,那就更要不得。如何竞比呢?就是我在开学典礼上讲的五点:**比,向先进看齐;学,向困难挑战;赶,向目标迈进;帮,向师生请教;超,向自己要成绩**。中考就是一场大赛,谁胜谁负,明年6月见分晓。同学们,赶快加入竞比的队伍中来,你会出类拔萃的。当然,我说的竞比是良好的,与企业间的比拼是有区别的,更不是那种相互斗争,相互伤害。

　　第五，合作。有了目标，多了追求，建立了自信，加上勤奋，又参加了竞比，这该行了吧？不，还得有合作。现代的这个时代，合作太重要了。举例子说，一架飞机6 000多零件，几十个厂家共同合作生产才能完成。一个家庭要生活得好，父母的合作以及父母和子女的合作都少不了。世界之大，竞争之激烈，国家之间还在不断寻求合作。要统一思想，统一行动，要齐心协力，形成合力，要团结合作，共同努力。同学们，学习也是如此啊。道理就不多说了，就说如何合作：**一是与老师合作**，要热爱老师，喜欢老师，体谅老师，与老师合拍。例如上课老师提出问题，你们要积极思考，踊跃发言；老师组织活动，你们要积极参与，踊跃投入。**二是与同学合作**，要相互帮助，取长补短，要相互勉励，共同提高。**三是与自己合作**，要相信自己，要培养良好的心态，不要与自己过不去，犯思想毛病，做伤害自己的事。合作了，集体荣誉感就增强了，班上开展活动，就组织得好；参加比赛，就能取胜；同学们的学习成绩就更能提高。

　　第六，价值。鸡鱼肉蛋疏菜水果有营养，人类需要，它们有价值。人自一出生，就有了生命。生命的质量就是价值。因此，谁都有价值，但要看你能否实现价值。医生能治病救人，他们有价值，但他们不治病救人，就没了价值。因此，价值又要靠奋斗实现。财富，即价值。财富不是天上掉下来的，要付出劳动和汗水。对于你们，要把做成功每一道题，考成功每一场试，办成功每件事，搞成功每一次活动，都要视之实现价值，获得财富。面对这些，你不叫苦，你就在享受快乐。送你们一句话：**不要父母留下来的财富，要把自己变成财富**。把自己变成财富，就是要靠明确目标，追求目标，建立自信，增强信心，勤奋刻苦，顽强拼搏，良好竞比，共同合作，实现价值。同学们，为取得明年中考辉煌的成绩，努力奋斗啊！明年的6月份，我要喝大套中学的庆功酒！

　　最后，再送你们几句话：

1. 苦功＋巧功＝成功。
2. 你付出，你就有收获。

3. 投入慢,效率低,也是罪过。

4. 你放了时间,就是放弃了生命;你丢了知识,就是丢掉了财富。

5. 你一帆风顺,你就不会是勇士;你一蹶不振,你就不会是好汉;你一往直前,你就不会是吃后悔药的人。

6. 追求目标,实现价值。

我的讲话到此结束,谢谢。

二○○五年十月十二日

30. 宁静致远超脱自我　出类拔萃创造奇迹

——在滨海县大套中学初三学生会议上的讲话

老师、同学们：

你们好。今天这个会非同一般，为什么？因为在座的同学都是奋斗出来的佼佼者，都是老师、家长、学校、社会的骄傲。明年 6 月你们将代表大套乡四万多人民挑战中考，夺取胜利。今天，我有幸面对你们，更觉得你们充满灵气，充满活力，充满青春，充满希望；更觉得你们无比辛苦，无比艰难，无比踌躇；也更觉得你们可亲可爱，可歌可颂。如果这个时候，我问你们想什么要什么，你肯定会说，你们想好好活动，想美美休息，想自由自在，想游山玩水，想美丽潇洒；要老师理解，要家长支持，要大家帮助，要中考取胜，要上好学校。不过，作为你们的老师，你们的长辈，你们的朋友，我要告诉你们一个道理，就是：**时候的关键谁能宁静致远超脱自我，关键的时候谁就出类拔萃创造奇迹**。这里，我想对此做个简单的解读。

一、宁静致远超脱自我

同学们，不知你们总结过没有，干大事、出奇迹的人都是耐得住寂寞的。远的如马克思（《资本论》）、毛泽东（研读古典）、安徒生（168 本童话、没结婚），近的如无数科学家、少林寺里的和尚，他们都是在静中取胜的。你们应该有体会，平静时，人的内心是那么透明、空灵和清幽。可你们知道：平静时，人是自由的，能量是最大的，能产生无比智慧。因此，安静是一种境界。这种境界就是修炼。修炼，可以是坐禅，可以是学习。静坐如禅，是积聚生命潜能的最佳态势；那么静修学习，是积聚知识并发挥潜能的最佳状态。可以说，内心的平静释放出的巨大能量，足以使人宁静以致远。因此，安静又是一种风度。一个内心安静的人，能成就自己，能感染别人。我们不是常说要战胜自己嘛。不错，自己是最难战胜的。

谁能宁静致远,谁就能超越自我。超脱自我,战胜自我,就能全心投入,潜心学习,积蓄力量,决战中考。同学们,你们是百强生,是大中的百强生,要相信自己,又要不满现状,你们不能浮躁,要看到滨海县的百强生,全盐城市的百强生。山外有山楼外有楼嘛。要静下心来,好好修炼,进入一种境界,变成一种风度。孟校长的儿子孟苏那么优秀,最大的特点是好静。作家写文章时要静,医生手术时要静,同学们考试的时候更要静。静下来,才能好思考,好总结,好钻研,好回顾,好固化。现在的学习就需要大家静下心来,钻进去,而不在于要老师拼命地讲,拼命地压,拼命地做。同学们,你们说对不对?对,就一起来说:宁静致远超越自我。这样,才能取得最佳的效果啊。这里,我送你们一句话:**养成"三心"境界,你就是好样的**,这"三心"就是:**心情愉快地生活,心平气和地交流,心静如水地学习**。

二、出类拔萃创造奇迹

同学们,能静,态度就不成问题,态度决定一切;但要付诸行动,行动才能证明一切。你们是百强生,就要有强者的品德、精神和强者的风范、成绩,要真正的出类拔萃,要创造奇迹。有的同学也许要说,奇迹不是谁都能创造的啊。什么是奇迹,科学家的发明创造是奇迹,航天飞行员上天又下地是奇迹,做一篇自己的作文,用几种方法做出了一道题,这也是奇迹。明年中考,你取得最理想的成绩,这就是奇迹。现在要的是一静二拼。**人来到世上,首先不是享受,而是奋斗。**奋斗,就能出类拔萃;出类拔萃,才能有更大的希望。出类拔萃,将来有理想工作,将来贡献就大;不能出类拔萃,将来工作就可能不理想,贡献相对来讲就小。南通启东教学质量高,出类拔萃的多。一对双胞胎,双双考入清华大学,一个是全省第八名,一个是全省十八名。一个姓李的人家四个儿女,三个读了博士,两个在英国攻科学尖端。江阴市华西村原书记吴仁宝率领华西人一年创收300亿。这都是出类拔萃创造的奇迹。也许有同学说,行行出状元,非得书中求吗?可我要说,行行出状元,更要知识作基础。我常说:无穷尽=无穷大;苦功+巧功=成功;投入慢,效率低,也是罪过。我还说:比,向先进看齐;学,向困难挑战;赶,向目标迈进；帮，向师生请教；超，向自己要成绩。同学们，你们要相信自己，要学会投入，学会调节，学会合作，你们每个人都能创造奇迹。我要说：**今天你迎着困难上，说我能行！明天，你就能站在胜利的顶峰，说我成功了！**

　　最后，我祝同学们做人和学习双丰收！还有一天就是元旦，祝同学们节日愉快，期末考试出类拔萃，中考创造奇迹。

二〇〇五年十月十二日

读写导航

31. 读书为做人 做人才作文

——在江苏省连云港市新港中学师生大会上的讲座

谢谢校长！开讲之前，我先征求一下同学们的意见，你们喜欢我叫你们孩子还是叫你们学生？……好，那我就叫你们现在喜欢叫的。

孩子们（同学们），你们好！在秋风送爽、桂果飘香的时节，我深感我们花果胜地的连云港市更加温馨芳香，依山傍水的东港中学更加辉煌灿烂。为此，我向你们表示最诚挚的感谢，感谢你们把美好的时光送给我，感谢你们用无限的热情欢迎我。

孩子们（同学们），你们都知道孔子、毛泽东和雷锋吧？孔子是我国历史上第一个伟大的思想家、教育家，毛泽东是我们崇拜如神的共和国缔造者领袖，雷锋是人们心目中最无私奉献、最助人为乐的好榜样。你们听说过俞敏洪、马云、田晓菲吗？他们三个都是学西语的，俞敏洪考了三年大学上了北大，马云考了三年大学上了一般大学，田晓菲十三岁就上了北大，后来俞敏洪搞了新东方，马云做了阿里巴巴，田晓菲成了文学批评家。你们听说过安徒生、爱迪生、比尔·盖茨吗？安徒生是丹麦的童话作家，写了 168 本的童话；爱迪生是创造了近 2 000 项的发明家，其中有一年就发明了 141 项，平均近两天半就有一种专利诞生；比尔·盖茨是软件创始人。你们听说过张海迪、海伦·凯勒、陈燕吗？她们都是残疾人，都是从残疾的女孩子长成为成熟成功成就卓越的女人，她们挑战了不可能，她们认为唯有读书使人健全。你们听说过高尔基、保尔·柯察金、贝多芬吗？他们都出生于贫困的家庭，都是 11 岁步入社会。高尔基是俄国著名作家；保尔·柯察金是苏联作家，全身瘫痪，双眼失明；贝多芬是德国音乐家，双耳失聪。下面我们如数家珍：古代的，唐朝最著名的诗人李白和杜甫，一仙一圣，都是神人；宋朝大诗人陆游，留下大约 9 300 多首诗；宋朝词人苏轼，琴棋书画无不精通；明清朝的小说，吴承恩的《西游记》、施耐庵的《水浒传》、曹雪芹的《红楼梦》、罗贯中的《三国演义》、蒲松龄的《聊斋志异》（有一个学校从初一到高三语文课就教国产四大古典名著,成绩突出;有一个学生就靠精读《三国演义》51遍,考出了高考语文状元)。现代的,冰心、艾青诗人,吕叔湘、叶圣陶语言学家教育家(吕叔湘,《现代汉语词典》主编第一人,58年编辑,78年出版),鲁迅、巴金、茅盾文学家,华罗庚、陈景润数学家(《哥德巴赫猜想》,1+2=?),莫言、屠呦呦正宗国产诺贝尔奖获得者,范曾、易中天文化名人。还有《三字经》、《百家姓》、《八礼四仪》、《中学生守则》、《中小学生日常行为规范》……我没有按序列集合而随意罗列出来的这些人、这些事、这些书和这些文字,要告诉你们的是,想知道其中究竟,就得读书、读人和读事,读人之书和读书中人;这些书得靠人写,这些写书的人和书中所写的人都是做人成功的人。好,今天我以一个普通教师的身份,跟你们讲"读书为做人,做人才作文"这个话题。希望你们能喜欢。

一、读书为做人

举一个富有对比性的环境造人的例子:在英国有一个爱德华家庭,是真正的书香门第。老爱德华是个博学多才的哲学家,为人严谨勤勉。他的子孙有13位当大学校长,80多位文学家,60多位医生,1人当过大使,20多人当过议员。同样在英国,另一个珠克家族,与之相比则大相径庭。老珠克是远近闻名的酒鬼和赌徒,浑浑噩噩,无所事事。这个家族至今已传下八代,其子孙后代中,有300多人当过乞丐和流浪汉,400多人酗酒致残或死亡,60多人犯过诈骗或盗窃罚,7个杀人犯,整个家族没有一个人有出息。不同的家族造出了不同的人。他们不同的是非观念、善恶标准、为人原则,影响了他们不同的人生。这就是英国两个家族留给后人集团性做人的启示。

一个家族集团(相当于学校)教育做人的例子,是我读书读来的,现在你们听了,我要你们从做人的角度作如下判断:你们喜欢矫揉造作、装腔作势,涂脂抹粉、喷油焗膏,讲究排场、注重摆阔,蛮不讲理、胡搅蛮缠,怨声载道、叫苦连天,唠里唠叨、啰里啰嗦,游手好闲、好逸恶劳,不思进取、不学无术,家庭不和、不善团结等等行为吗?反之,有正确的价值观人生观,懂得审美、憎恶丑陋,精打细算、勤俭节约,任劳任怨、吃苦耐劳,勤快有加、勤奋刻苦,敬老爱幼、待人礼貌,认真学习、读书看报，家庭和谐、和睦相处等等，这些你们喜欢吗？好，喜欢什么与不喜欢什么，同学们分得很清楚，不糊涂。这就是读书做人。北京四中有一句话，即"以行为影响行为、以理想树立理想、以人格塑造人格"。我们东港中学就是这样一所影响你行为、树立你理想、塑造你人格的让你们读书做人的好学校。国家教育部颁布的《中小学生守则》的 9 条 282 字，就是通过文字要求你们把人做好的准则。其中，我要突出告诉你们，**尊敬师长，喜欢老师，非常重要。因为喜欢老师和喜欢读书学习有密不可分的关系，喜欢老师和读书学习，才更能提高成绩。**敬师即学习，做人有成绩。这是硬道理。这里，我还要突出告诫你们，千万不要成为电视迷、电脑瘾、手机控、早恋王。有了电脑瘾，沉浸虚拟世界，精神出了问题，就伤了精气神。伤了精气神，非下大功夫改不可，否则后果不堪设想。**玩物丧志，玩人伤心，玩心丧气嘛。**追根溯源，是不读书啊。

　　读书长知识，长知识即为做人。我告诉你们，每个人，都有特点，特点是好的，就是优点，特点是坏的，就是缺点。同样，一件事，是好事，坚持做，就养成好习惯，是坏事，坚持做，就养成坏习惯。见贤思齐，最聪明的孩子（学生）会向周围的人学习他们每个人身上的优点；读书为人，最智慧的孩子（学生）会从书本里探究人之事和事之理。当然，允许你犯错误，但要看你犯的是什么错误，是怎样犯的错误，更要尽快改正错误，不再犯类似的错误。改正错误，是非常痛苦的事；改正了错误，又是非常了不起的事。低头思过，抬头做人。同先进比，你就先进；向落后看，你必落后。遇见逆耳忠言的人，要感谢；听到热忱批评的话，是幸福。这些是我说的，书里也都有类似的。"良药苦口利于病，忠言逆耳利于行。"这就是读书做人。

　　孩子们，你们认为做人和学习哪个更重要？做人。你们认为人生健康成长过程中什么最重要？习惯。你们认为学习好一门功课首先要能做到喜欢什么？老师。好，我们把几个答案拿出来，就是：习惯，做人，老师，读书。我们必须在老师的引领下把读书作为做人的好习惯建立起来并坚持下去。著名教育家叶圣陶先生所说："什么是教育？教育就是养成良好习惯。"好习惯，就是好的素养，有了好的素养，就是人做好了。阅读和与阅读有关的倾听，应该成为我们的第一好习惯。

1. 读书长知识

一个常人的大脑记忆可以容纳 1 000 万本 1 000 页的书。我们每个孩子要相信我们大脑的储存能量。书"读得越多,你就觉得知道越少",也就越觉得有更多问题要解决。(前一句是伏尔泰说的,后一句是我加上的)。世界上最聪明最有智慧的人是犹太人,犹太人平均每年读 60 多本书,中国人平均每年读不到 6 本书。《红楼梦》有 400 个左右人物,人世百态,世间万象。你读了它,会认识多少人知道多少事。有一篇文章叫《13 岁的际遇》,作者田晓菲,13 岁时以优异成绩考上了北大。你想,她首先要读完高中课程的。非北京大学不上的俞敏洪,高考考了三年。在北大,他为自己读了 780 多本书(也有说 400 多本),才有跟同学交流的尊严,才知道很多不知道的东西;帮舍友打了四年的茶,才结下了同学之间的深厚友谊,才组建了他的团队"新东方",并且成功打拼至今。读书的同时,更要读人。大家听说过这样一句话:"**读一本好书,等于和高贵的灵魂对话。**"大家应该还听说过这样一句话:"**与君一席谈,胜读十年书。**"每天读一首古诗词,你**就是一个有内涵有修养的人。就是说,读书,不仅提高人的阅读水平,而且提升人的精神境界。读人更是如此。读书,读书中人;读人,读人之书。不读书的人,是可怜的人。唯有好好读书,才能让人聪明起来。好好读书,还能让人美丽起来。**鸟美在羽毛,人美在学问嘛。读书,修身养性,人自然就美好啊。

请听邹爱华写的《**有书的天空**》:

书,是一轮明月,照耀着我前进的道路,直达灵魂的故乡。

很小的时候,就听爷爷念着这样一句话:"有书作伴好还乡!"那时的我还不懂事,爷爷为我解释了很多遍,我仍只是摇着头,一个劲地说:"不懂,不懂!"于是,从那时起,我就开始接触大量的书,像是走进了书的海洋一样。

书,确实是一个好伙伴。当你孤单时,它会在你的身边为你解闷;当你失落时,它会用"失败乃成功之母"来安慰你;当你迷醉时,它又会为你捧上一杯浓浓的"茶",消解你的醉意。

古语有云:"书中自有黄金屋,书中自有颜如玉。"我爱读书,但决不是冲着这话来的,而是冲着"有书作伴好还乡"的。杜甫敢说"青年作伴好还乡",而我说"有书作伴好还乡"。

　　我读《西游记》,认识了唐僧,结识了孙悟空、猪八戒、沙僧等人,他们领着我走进了一个又一个神话般的世界;我读《史记》,观看了一个又一个英雄的伟绩,我被那些感人的人、事深深地感动过;我读《钢铁是怎样炼成的》,开始把保尔·柯察金当作榜样,我不以这为羞耻,不认为这是跟不上时代潮流的举动,保尔的精神是我应该学习的,也是我们中国青少年应该学习的,我认为这不是赶不上时代潮流,相反,这恰是真正的历史时代潮流。

　　《家》《春》《秋》三部曲,让我深深地认识到,旧社会的黑暗;《女神》让我看到了希望,看到了中华民族是有希望的;《格林童话》让我看到了世界的美好;《飞鸟集》则又让我了解到泰戈尔的聪慧……

　　书犹药也,曾经医治了我几多的愚昧;书如酒乎,它们让我醍醐灌顶。书,像一面明镜,像一轮明月,照耀着我前进的道路,引领着走向知识的海洋,精神的渊薮,灵魂的故乡。

　　辩论赛上,我可以滔滔不绝地说出一系列有关的知识,让老师和同学们大吃一惊,刮目相看,我感到很自豪很高兴;与同学聊天时,我可以扯出很多话题,让同学们又吃一惊,我同样感到自豪。我知道,这一切都是书赐予我的厚礼。

　　孤单时,想到"天涯共此时",我知道我不是一个人,有人在不远处默默地关心着我,我的孤独感便烟消云散去;失落时,看到"少年辛苦终身事,莫向光阴惰寸功",我很快就又从失落中走了出来,继续向前方迈进;高兴时,读到"人生得意须尽欢,莫使金樽空对月",我又会觉得世间是如此美妙,处处充满阳光。我知道,这一切都是书的天空给予我。

　　好书作伴好还乡。我兴奋,因为我有了自己的另一片天空;我自豪,因为我在这片天空下痛苦着自己的痛苦,快乐着自己的快乐,幸福着自己的幸福。

　　2. 读书要专注

　　专心致志,专一无二,注意重视,注重有意,硬道理呀。走上岗位,参加工作,聚精会神,全神贯注,才能成就。医生手术,不能专注,分神马虎,心猿意马,会出事故。课上听讲,三心二意,学习作业,心不在焉,怎能行呀?专心注意,耐心恒心,定力毅力,心神精神,一起养成。读书学习,更是如此。

3. 读书要博解

"读书百遍,其义自见。"多读多理解;"读书破万卷,下笔如有神。"多读多能写。"学而不思则罔,思而不学则殆。"处理好读书学习与思考理解的关系。读着玩味多好啊。

谈读书,自然就要提到倾听。孩子们(同学们),你们喜欢听故事讲道理吗?我喜欢《朗读者》、《百家讲坛》、《开讲了》、《一站到底》、《职来职往》、《超级演说家》、《中国诗词大会》等电视节目。这些节目,你听读的都会是活生生的人讲的活脱脱的事情和道理。其实听说话,即倾听也是读书。

二、做人才作文

古今中外,要求和熏陶我们孩子和学生把人做好的书籍和条目多得不计其数。不过总结所有书本说的,我认为就两点,就是:一要养成好习惯,二要学会能生活。

上面讲了读书为做人之好习惯,下面讲做人才作文之能生活。能生活,就是有能力生活,有了生活的能力,就生存无忧了。这里,我选择写作的能力和与写作分不开的演讲能力讲一讲。

首先讲演讲。这是一个说的能力。人们生活在社会上,非得说。打仗前就靠说,谁正义谁厉害谁赢,说不了才动武打。历史上说赢的"仗"可多了。晏子使楚、邹忌讽齐王纳谏等,足可见说的功夫了得。哑巴不能说,好难过。演讲,要就题即兴发挥,进行有关信息搜索,同时还要思考分析筛选整理,最终要能有条不紊地晓畅精彩地表达出来。做到了,不容易。领导做得好,他(她)首先肯定能说。我们完全可以说,好领导就是靠说好又将说的落实得好。我们千万不要忽视演讲这一说,要用心说话,尤其不要放弃课堂发言和活动表达的机会。现在公考招聘,都要进行面试的,而且面试的分值占到50%。面试,就是说呀。阿里巴巴的红火,与创始人马云那么能说的宣传是分不开的。你们说演讲这个能力的培养重要不重要?有好多人从娘肚里接受胎教开始到上完大学走进社会25年左右的时间,都没有把话讲好。《开讲了》、《超级演说家》等电视节目,为我们放了好样子。北大女生的"你养我长大,我陪你变老。"等多个演讲,真正震撼人,传递无数正能量。我们相信,**语言的力量是巨大的**。我们甚至可以相信,说话的表达与活着的生命同样重要。

接下来讲写作。说和写是不可分的。能说的人,肯定能写;能写的人,不一定能说得好。无论如何,能写是能说的基础。能写又能说,固然好极了;若是说不行,那就更要练写作了。能说,不是要你做演说家;能写,也不是要你当写作家。我们要德才兼备,更要具有写作帮助生存而提高生活质量的能力。文如其人,做人作文。我们要关注生活,写好作文,享受美好。

1. 作文,就要关注生活

我的作文语录:

(1) 写作文,就是写生活;生活多彩,作文就多样。

(2) 作文素材源于生活,作文表达高于生活。

苏珊的《爱只是一根线》,毕淑敏的《世界上最幸福的人》,就是写作者自己的生活。同学们的成长经历,我母亲在生命的最后时候让我儿子放大画照片。这些就是作文的素材。我一个同事的儿子叫童锐,他十岁时被父母送到北京,跟围棋大师聂卫平学习了三年围棋,回来没上五、六年级,就直接上初一,做了我的学生。记得当时他的作文是"一穷二白",后来我引导他写围棋生活,结果一发不可收。有时就是一个人物,一个情景,一句话语,一个动作,一点思考,你注意了,就有东西写了。举个例子来说,一位狗主人,遛狗时为了训练狗,将牵着狗的绳子栓在路边磴上,装着欲离开的样子,狗便叫开了,然后狗主人解开绳子,蹲下身子,用手摸了又摸狗的头,并跟狗说了一席话,狗摇着尾巴乖乖地跟在主人后面走。对此,我很好奇狗主人他说了什么话。其实这里大有教育学与心理学相结合的方法可言。由此可以写一篇文章。观察生活,搜集材料,用心思考,文章天成,妙手偶得。

2. 作文,就是创造发明

我的作文语录:

(3) 从不同的角度观察,从不同的方面思考,从不同的层次表达。

(4) 作文没有公式,但是有方法,好的方法就好像是公式。

（5）一篇作文，就是一次创造，就是一项发明。

（6）关注生活，放大细节。

（7）有意义＋有意思＝有价值。

3. 作文，就是享受美好

我的作文语录：

（8）作文的切入角度要小，要能在小小的切入口通道上铺陈事件，刻画人物，抒发情感，揭示主旨，使之处处结合，点点闪光，就像把玩万花筒，让人透视到五彩缤纷的世界，享受到生活的精彩美妙，快乐无比。

（9）作文时，片断的叙述如放电影一样，一幕一幕，一个镜头一个镜头的展现；词汇的运用如数家珍一般，一点一点，一个组合一个组合的呈现；情感的抒发如掀海涛一样，一个波澜一个波澜的涌现，让人感到痛快淋漓，快乐无比。

（10）作文的过程是完整的美好的享受过程，其间有无数片断描述，更有突出而又放大了的细节描写，错落有致，就像观赏一片天空，其中有无数星星闪烁，更有一轮明月朗照，相映生辉，让人感到美妙绝伦，快乐无比。

三、读写要结合

读书、做人与作文，扯到一块来，似乎牵强附会了。我说"不"。阅读与写作的关系非常紧密，必须相互结合，才能相得益彰。阅读和写作实际上就是在做着一个如何还原又创新的工作，即学生体会文本（作者）的体验，同时能把自己的体验写进文章，让人们去体会。基于这样的认识，我们要努力做到以读助写，以写促读，使读写结合的双翼在语文学习的天地里飞出效益。

1. 规范行为与广读名作

好学生有好的学习习惯，语文学习行为必须要严格而持久地规范。阅读，要多读名著，多读美文，要提升品味，升格阅读。国内：《论语》、四大名著、鲁迅作品、《读者》刊物、一本诗集、一本美文集等，国外：四部以上代表作品，其中包括犹太智慧书一本。阅读后要进行汇报、交流，要在有关的活动中互通有无。写作，题目要新颖别致，开头要引人入胜，主体要真情实感，结尾要耐人寻味，表达要简洁晓畅,书写要工整认真。

2. 边读边写与泛写连载

使用好文本,不放过文本中任何一个可读可写的机源,诸如《七根火柴》、《老山界》、《草》、《木兰诗》等改写成叙事诗和叙事诗改写成故事,《孔乙己》、《范进中举》、《最后一课》、《窗》等的续写,古诗词意象画面的再现摹写,与课文同题作文,学范文仿写,听读佳作回忆整理,一题多作,作活动纪实,搞调查报告(民情风俗、名胜古迹、门牌文化),做梦境记述,写节日随想等等,可谓名目繁多,异彩纷呈。这样读写紧密结合着训练,既促使我们留意阅读生活和文本,又能促使我们用心写出真切感人的内容,相得益彰,快速见效。这里,我要特别推荐写作连载。从初一开始,试着写长篇连载(小说为主)。自定主题,确定人物,选择环境,体裁不限,想写就写。可以是三口之家、师生之间、街坊邻里、社会一角,可以是道听途说、古今中外、奇思妙想、千怪百态。起初只要求能努力把句子说通,反映生活就行,后来强调源于生活,高于生活,体现艺术性。相信不到一年,人人都能捧出一部几万字的连载来。

3. 搜集素材与组织活动

要解决阅读时没材料,写作时没素材的问题,就要在平时多做浏览选择和积累记录的工作,把阅读和写作的素材存于库中,随用随取。写作素材分为常规素材和灵感素材,常规素材来源于平时看、听、做、想,来源于家庭、学校、社会;灵感素材来源于某特定时刻、特定环境、特定事件的触发而生成的独到想法。素材搜集,工作量不大,每个材料 50 字左右即可。(学校文化长廊办得很出色,我组织学生集中阅读,摘抄经典,以便写作《名在何处》;学校“田园”景点非常别致,我组织学生参观三次,每次都做笔记,结果写出了《风景这边独好》同一命题同一素材的不同文体不同写法的三篇文章来。)初中要写这样几个命题的作文:《临行》、《美的瞬间》、《蓦然回首》、《名在何处》、《风景这边独好》、《开在心里的花》。阅读也好,写作也罢,成立相应的组织,开展多样的活动,能产生便捷、示范、高质的效果。成立阅读小分队,可集思广益,提炼精品,资源共享;成立创作小分社,可以激发热情,快出精品,带动大家。(阅读小分队征集了来自同学们阅读到的有关父爱母恩的文章近百篇,并装订成册,在班上传阅;创作小分社自创互改自编互评了又篇又一篇作文,也装订成册在班上传阅。)

同学们,"做人与读写"这个话题,是永远讲不完的。由于时间关系,我应贵校要求简简单单地讲了"做人与读写"这个话题,希望你们能从中受到一点点启发。好,我喜欢送同学们一些话。今天第一次照面,先送给你们我的一些语录:

1. 无穷尽＝无穷大。

2. 养成"三心"境界,你就是好样的。这"三心"就是:心情愉悦地生活,心平气和地交流,心静如水地学习。

3. 同先进比,你就先进;向落后看,你必落后

4. 我是最优秀的,我又不是最优秀的。

5. 低头思过,抬头做人。

6. 改正错误,是非常痛苦的事;改正了错误,又是非常了不起的事。

7. 忍耐会避免犯错误。

8. 我不要伤害自己,我要实现自我价值。

9. 行动是最好的见证,时间最能考验人。

10. 胜利的赢家,是关键时候能把握自己的人。

11. 习惯＋能力＝成功。智慧＋勤奋＝成功。苦功＋巧功＝成功。

12. 人来到世上,首先不是享受,而是奋斗。

13. 世上没有绝对的完美,但如果放弃了对完美的追求,那就更增加了缺憾。

14. 人必须有理想,有目标,有追求,否则你就没有前行的动力,但是理想不能唯利是图,目标不能好高骛远,追求不能腾云驾雾。

15. 改变不了现实,改变自己。

16. 干自己愿意干的事,换活干就是休息。

另外,我还习惯于把我的话写在卡片上,赠给你们。今天也不例外,我赠送的第一批学生是每个班级的语文课代表,是哪些? 收好,作为书签,并好好读,好好想,好好照着做。你们想找全我的卡片,就努力得到它,把我的话抄在一起,这

是很有意义的游戏。

　　最后,我祝老师们身体健康,工作愉快,合家欢乐满幸福! 祝同学们学习进步,全面发展,做人读写双丰收!

　　校长、老师、同学们,我的讲话到此结束,不到之处,请多指正。谢谢大家!

二〇一五年十月二十二日

32. 关注生活　写好作文　享受快乐（中考前沿话作文）

——新疆等省市多校多次初三学生作文专题讲座提纲

同学们：

你们好。距中考还有整整 30 天时间的今天，我们把大家集中起来，由我代表初三语文老师，跟你们谈谈中考作文，时间一个半小时。我希望我 90 分钟的讲座，能给大家不断的启发和一定的收获。你们信吗？好，下面开始。

有道是："一失足成千古恨"，意思是说，人犯了不该犯的错误，会永远遗憾的。可我要说，一失手也会留下诸多遗憾，就是说，奋斗了九年，迎来了中考，中考最大的考题 60 分的作文，一旦失了手，也够后悔的了。因此，中考作文要认真对待，不可有半点懈怠。那么，怎么做才不致后悔呢？

一、写作要求

1. **题目：新颖别致**（抢眼、修辞、流行、设疑、虚拟、反向思维）
2. **开头：引人入胜**（不绕、题记、引用、渲情、倒叙、直入、悬念、伏笔、铺垫）
3. **主体：真情实感**（动情感人、一波三折、对比反衬、放大细节）
4. **结尾：耐人寻味**（不拖、留空、点睛、呼应、名句、升华）
5. **表达：简明晓畅**（善用比喻，透出灵气；化用诗文，增强底蕴；创设妙句，展示才情）
6. **书写：工整认真**（横平竖直、不大不小）

这几十个字，没有不理解的，记住它，并照着做。大家记住了？好，背诵一下：题目——新颖别致，开头——引人入胜，主体——真情实感，结尾——耐人寻味，表达——简明晓畅，书写——工整认真。

至于如何才能达到这些要求，我下面讲第二点，作文方法。我说，作文没有公式,但是有方法,好的方法就好像是公式。我认为,救急的作文重在三块:1. 材料,2. 构思,3. 表达。我就从这三块讲三点方法。

二、常规方法

1. 注生活,巧选素材

围绕中心,以小见大,新颖独特,真情实感,精心选择,移花接木,做好嫁接。

2. 讲究章法,注重构思

一条龙 ,二重唱,三部曲,四分法,多样式(题记式、后记式、标题式、镜头式、日记式、书信式、倒顺式、忆插式、二分式、三段式、排比式、对话式)。

3. 紧扣主旨,用心表达

通顺、自然、连贯、简洁、明快、真挚、优美、准确、动人、照应。

下面,我就这三点方法讲具体些。

1. 关注生活,巧取素材

临近中考,关注生活,就不多说了,现在关键是素材的选取要巧。

首先,选择的材料要围绕中心,以小见大,新颖独特,真情实感。不围绕中心,就偏了题了;以小见大(惊人的东西写不了,也不多),把小的放大写;独特,就是不同一般,有新意;真情实感,其实就是一个“真”,发生在我们生活中的原汁原味的叫“真”,经想象会发生的也叫“真”。

其次,同学们要精选3—5个作文材料,这 3—5 个材料要来自于生活的不同方面,即家庭的,学校的,社会的……,要有代表性、典型性。例如,让人动过情掉过泪的……。记住:材料不要大,但要能放大,以小见大。例如,我在母亲生病的时候为母亲洗头;三轮车颠簸得厉害,我让母亲坐我腿上。例如,残疾人帮助人……。材料不能旧,但要新得诱人。像地震、奥运会、水污染、小学故事、叫苦的学生生活,坚决不写。说选材料,倒不如说做材料。这个工作,明后天就做,做好了,给老师过关。

再则,移花接木,做好嫁接。做好几个材料,作文时要设法派上用场,要能根据考试作文要求,灵活地做好移花接木的工作。通过拉一拉、靠一靠的方法,达成一样的材料、别样的效果之目的。举个例子说吧,《开在心里的花》,可以移嫁到心愿、滋味、阅读、免费、师生之间、爱是什么、润物细无声、有意思与有意义、我的青春我做主等命题的文章中去。

2. 讲究章法,注重构思

章法就不讲了,构思要重点讲。我说,一篇作文,就是一次创造,就是一项发明。创造出来的好作文,材料新,构思巧,表达好。尤其是考试作文,好的构思,就显得更为重要。这里,我总结出一些,给同学们借鉴:

一条龙:一个人物,一个事件,一个情景,一种感情,一个过程,一贯到底,凭动人取胜。例如,小说《变色龙》和《窗》,散文《背影》等。

二重唱:一分为二,两大块。例如,鲁迅的《从百草园到三味书屋》、老舍的《在烈日和暴雨下》等。

三部曲:三段式,金三点,三标题。例如,我最近写的《开在心里的花》、《光荣榜前》、《最后一堂课》等。

四分法:排比成序,镜头组合。例如,魏巍的《我的老师》、于漪的《往事依依》等。

多样式:题记式、后记式、标题式、镜头式、日记式、书信式、倒顺式、忆插式、二分式、三段式、排比式、对话式等。例如,苏珊的《爱只是一根线》、毕淑敏的《世界上最幸福的人》等。

记住:构思的前提是,出乎意料,又在情理之中。

3. 紧扣主旨,用心表达

要在通顺、自然、简洁、明快、真挚、优美、连贯、照应、准确(词语和标符)、动人(自己动情,才能感人)等等方面下功夫。最重要的是,要用好五姊妹的五种表达方式,即叙述(过程完整)、描写(精彩感人)、抒情(激发升华)、议论(突出主旨)、说明,努力做到以记叙为主,夹以描写、抒情和议论。

这里再突出点击几点:

(1)**通顺**。要自然顺畅,尽量不要出现病句。

(2)**真挚**。有"我"——做一个观察生活的体验者;有"物"——寻找感情的承载物;有"境"——在情景中触发情绪。感情真挚是文章的血脉。

（3）优美。用好修辞：比喻、排比、拟人、引用。用好成语。

（4）照应。题目，要扣紧；主旨，要突出；首尾，要呼应。

（5）亮点。有特点，就有亮点。其亮点的生成点在题目、开头、材料、结构、结尾、语言、书写等等方面，但不能面面俱到，都顾及到。这就要我们取长补短，即避开短处，发挥长处，把最擅长的方面展现出来，并进行精加工，就足以了。例如，材料的"尽量唯一，与众不同"，结构的"凤头——猪肚——豹尾"，构思的"出乎意料，又在情理之中"，开头的"别开生面，引人入胜"，修辞的"出奇的比喻，别致的排比"，表现手法上的"欲扬先抑，对比反衬，正侧结合，动静相间，情景交融，放大细节"等等。

总之，现在同学们要做到的是：三个好材料，两个巧结构，一种语言风格。在这个基础上，再加上如下作文考试技巧，就能使蹩脚的作文有改观，就能使好作文更精彩。

三、特别技巧

1. 围绕中心，材料唯一，设法点题。

2. 开头不绕，结尾不拖，前后照应。

3. 至少要使用两个独到的修辞语句。

4. 要分步运用十个左右抢眼的词语。

四、例文评析

例文：《爱只是一根线》、《光荣榜前》、《他们》，评析从略。

五、训练内容

1. 和：和谐、我们、我和你、一家之主、因为有了你、我这一家子。

2. 生活：临行、开始、付出、追求、考试、考验、成功、享受、品味、那一天、忘不了、乐在其中。

3.心声：目光、对话、希望、渴望、心愿、未来的我。

4.亮点：榜样、风景线、美的瞬间、开在心里的花。

5.心存＿＿＿＿：爱心、感恩、约定、孝顺、关注、热爱、幸福、信任、信念、阳光、虚拟。

六、作文语录

1. 写作文，就是写生活；生活多彩，作文就多样。

2. 作文素材源于生活，作文表达高于生活。

3. 从不同的角度观察，从不同的方面思考，从不同的层次表达。

4. 作文没有公式，但是有方法，好的方法就像是公式。

5. 一篇作文，就是一次创造，就是一项发明。

6. 关注生活，放大细节。

7. 有意义＋有意思＝有价值。

8. 作文的切入角度要小，要能在小小的切入口通道上铺陈事件，刻画人物，抒发情感，揭示主旨，使之处处结合，点点闪光，就像把玩万花筒，让人透视到五彩缤纷的世界，享受到生活的精彩美妙，快乐无比。

9. 作文时，片断的叙述如放电影一样，一幕一幕，一个镜头一个镜头的展现；词汇的运用如数家珍一般，一点一点，一个组合一个组合的呈现；情感的抒发如掀海涛一样，一个波澜一个波澜的涌现，让人感到痛快淋漓，快乐无比。

10. 作文的过程是完整的美好的享受过程，其间有无数片断描述，更有突出而又放大了的细节描写，错落有致，就像观赏一片天空，其中有无数星星闪烁，更有一轮明月朗照，相映生辉，让人感到美妙绝伦，快乐无比。

同学们，教育家叶圣陶老先生说："阅读是吸收，写作是倾吐。"吸收量大，才能大量倾吐。写好作文，非一日之寒的功夫。它要我们多读、多写、多思，它要我们多关注生活、多观察事物、多积累素材，它要我们多体验咀嚼、多举一反三、多反复修改，如是等等，好作文便自然生成。但是现在临近中考，要求多少，也无济于事，唯有从实际出发，突出重点，抓住技巧，强化训练，努力做出事半功倍的成效来。因为时间有限，就一个半小时，我只能讲到这里。我希望同学们能有启发有收获，哪怕有一点记住并能用上，我也就心满意足了。最后祝同学们中考作文创佳绩！

习作天地

33. 开在心里的花

（爱是什么、师生之间、阅读、润物细无声、

我的青春我做主、滋味、心愿、免费、有意思与有意义）

晴天霹雳，霹雳晴天。物理课上，正神游的我被老师突然叫起来回答"运动——"的问题。我傻了。

我傻了，老师火了："这堂课，你给我站着好好听！"站着听？我一个女孩子家面子往哪搁？愤愤不平之后，我索性摆出了站着不听的面谱。老师便也没怎么的，让了我一节课。我发懵了。

我发懵了，老师又来了神了。第二天的物理课上，我装出一副满不在乎的样子坐着，似听非听，继续着昨天的故事。谁知，老师悄悄地来到我身边，跟我耳语："这堂课，无论你坐着还是站着，但要好好回答我'杠杆——'。"怎么着？明知山有虎，偏向虎山行了？我来了个腾地站起来，又呼得坐下去，横竖不听讲，也没有回答问题。可老师笑了，笑得那么开心："很好，你用行为语言不仅告诉了我，还告诉了大家，运动——杠杆——。"这下，我发了呆了。

我发呆了，老师可发难了。一连几天，我静静地坐着，静静地听着，可老师就是高兴不起来。为啥？他讲到"动力——"时，认认真真地告诉我们："运动——，杠杆——，动力产生于压力。这是物理知识，更是人生哲理。"下了课，老师又将我留下，语重心长地讲了一席话："没有思维的运动，没有平衡的心态，没有压力的动力，不应该发生在你身上。青春期？逆反？那有怎么样？好好思考你应该怎么样？……"是啊，我应该怎么样？我心动了。

我真的心动了，动得我静心而又专注了，动得我更青春而又不逆反了，动得我健康而又苗壮地长大了。不是吗，前天在结束初中物理的最后一节复习课上，我看到了老师良苦用心、辛勤付出后的幸福。

● 点评：

　　行文五段，穿珠成串，按"我""傻——懵——呆——动"的心理变化自然形成完整的结构，通过"我"四次逆变行为，将"我"对师爱的理解开出的花寄于其中，其人物的语言、动作、心理、神态等戏剧性的细节描写星布文中，使行文活泼动人，让人感受深刻。

34. 心　愿

（心声、力量）

　　去年暑假，我们照例回了老家。老家虽不比以前，不见了昔日的杨树成林，花花草草，但如始般地有着一股甘甜，有着一种简单。

　　那幢长长的六间红瓦房内住着我年迈多病的爷爷奶奶。时间一长，总觉得房子就是二老，二老就像黄昏下的红瓦房，暖暖地活在我心里，像个传说，像首翰咏，像杯老酒。

　　我是学美术的。爷爷奶奶总是当着外人面打趣地说咱大孙子是个未来的画家，当时的我好一阵诚惶诚恐。要回来学画，就没多呆在老家。临返程时，奶奶拄着拐塞给我个黄纸包，像护身符似的。我打开一看，里面是二老的一寸彩照。我看着奶奶上气不接下气地说："好好学画，给爷爷奶奶的照片放大。"我一声不吭，以示答应。爸爸以为奶奶又给我钱了，问是多少，我仍一声不吭，以示拒答。不过我感到心里沉甸甸的。奶奶真厉害！

　　回来后，我把奶奶的黄纸包放在书桌的抽屉里，时常拿出来看，时常想完成任务，但总觉得还不成熟。暑假后来的时间里，我学画很刻苦，进步也很快，常常画出让老师惊叹的作品。四个多月过去，美术统考了，我也不记得是怎么考过去的，总之考得不错。二老也乐呵了，电话那头，爷爷咳着说"那个好"，奶奶补充道"不要忘了放大照片"。这时爸爸才知道"黄纸包"的真相。

　　放寒假，自然要回老家过年。老家的屋上结了层霜，红瓦房不那么红了，而屋内仍然是那么温暖。奶奶因天冷病情加重，已不能走动，蜷缩在被窝里。她看见我，瞪大眼睛，慢慢地伸出手抓着我，又慢慢地拉我往她被窝里去。被窝里不怎么暖，但我觉得热流传播全身。爷爷又马不停歇地去厨房准备午饭了。哈，二老乐坏了。

　　过了年，我们得回来。奶奶坚持要起床送行，爷爷给她拐杖，搀扶着她。爸爸看着，旋即红了眼眶，转身对我说："回去把照片放大，加快画了吧。"

　　但随后,我一心学文化,画画的事又搁着了,即使有时想着完成,可又懒着动笔。直到昨天,高考前一天,我突然觉得很不安:奶奶的心愿不了,高考不踏实。于是我没有去球场,没有登 QQ,没有看电视,没有休息,四个小时的"沙沙"声后,我一气呵成地完成了二老的画像。长舒一口气,我小心地放好"他们",收起了照片。我简单地想着,高考后把放大的画连同大学录取通知书一起交给二老。爸爸在一旁说:"这是奶奶要留给我们好让我们思念的礼物啊! 你圆了他们的心愿。明天好好考,也圆了你美好的心愿!"

　　现在,我在考场上感谢奶奶的伟大! 我想,今年的夏天是一个又长又短的夏天,奶奶定会自如地下床走动,爷爷还会做那香喷喷的黄油蛋,红瓦房将重回到我们身边……

(此文与儿子杨锦文合作)

● **点评:**

　　写人,写事,写经历,写生活,写出真情实感,自己动情,才能感人。

　　记住:1. 写生活,要写出对生活的热爱。

　　　　　2. 以小见大,以情动人。

　　　　　3. 要创新,在写生活的基础上进行编造加工,但不能胡编乱造。

35. 我 们

我坐在浸光泽亮的藤蔓椅上,捋了捋长长的胡须,点燃了一支烟,往事如烟,想起了那些时代的"我们"。

18岁懵懂的我,上高二。一次体育课的初遇,眩晕的黄昏。那次回首,让我陷入了她的泽地。我冲动地抓住她双手:"相信我,我们一定会幸福的!"然而在一切开始前,她却一下子消失得无影无踪。那时我懂得了两个人≠我们。

28岁时,我戴上了博士帽,导师为我精心地打好领结,台下的掌声让我陶醉。我毕业了。那晚,同窗的弟兄们大设宴席,热泪眶横,碰杯的声音撞击得我们从没沾过的白酒到处飞溅。明天,我们将各奔前程去奋斗!热血的青春,我们的明天!那晚,我们都像李白一样,醉倒在了酒家。

38岁时,我是家外企的副总监,春风得意,马蹄轻盈。我所接手的小组屡次受到领导的嘉奖。大伙们整天激情洋溢,我虽是他们的头儿,更像他们的战友。我为我这一生有这样的伙伴而庆幸。在年度总结会上,我们小组成了企业的"金班底",我们自豪,骄傲。记得那次大会后,我们拥抱成一团,泪流满面。我们会更好。

48岁时,儿子上高三。他很不听话,整天浑浑噩噩,不知所为。我为他精力耗尽,他依旧我行我素,上网玩游戏,甚至为那些我听不懂的歌曲,夜半狼嚎。我从他身上一点看不见我年轻时拼搏的精神。终于,我们彻底决裂。但后来,他的高考也算不错,我便不怎么说他了。也不知怎的,才上大一的他暑假回来,抱着篮球与我说了句"爸,我们一起打球吧。"那一刻,我们热泪盈眶。

58岁时,我和夫人见证了我们的儿子步入了婚姻的殿堂,我们真诚地祝福他们一生平安。

68岁时,我参加了老年舞蹈队,那里曾有我年轻时的梦想。从那时起,我结识了许多热爱舞蹈的伴儿,我们跳得很快乐。我们正年轻。

78岁时,我见证了北京再一次举办的奥运会,我感谢上苍,让我们中华民族又一次巨龙腾飞。

98 岁时……

118 岁时，但愿还可以到那时候说吧，再把那支舞来跳，把那支我们的歌翻出来吟咏。我一生有许多遗憾，曾经想到了用死去了结一生。我是个只有半个灵魂的人。但因为有了他们合成了我们，我的人生得以完整。

发白的胡须旁的深深的鼻唇沟向两侧伸开，我笑了，我仿佛看见年轻的我们……

（此文与儿子杨锦文合作）

● 点评：

从"我到我们"变化着人的一生，演绎了人间的真实、真情、真谛，主题积极。

结构，虽似曾相识，但有所创新，也能有突破，让人能接受。

题记，删了，以后慎用，高考阅卷不算字数，弄得不好还影响得分。

书写，不认真不行；错别字，一个扣一分。

记住：选取积极、新颖的材料加工时，一定要选定制高的切入口和出新的角度。

36. 见　证

　　有事没事，几个人会到地摊上吃上一吃，于是我们便认识了学校后门口摆摊卖肉串的他。

　　他铁砣似的手动作麻利，一手握着铁签儿不停翻转，一手轻快地洒着调味粉。他面对着我们，看上去像个大师在完成作品。不一会儿的工夫，冒着滋滋油泡的肉串摆在我们面前。大伙们你一根我一根吃得好不快活，个个都红了脖子，爽！这时的他还是对着我们，默默地吸着香烟，望着不远处的校门。肉串里渗着股辛辣、老成与不知明的等待。

　　几次一来，我们成了他那儿的常客。每每付钱时，他总是含首微颔，以表示谢意。我还不经意地发现了他胸前一枚军章。呵，还是个有故事的人呢。

　　一次，我们几个在他那吃肉串，照旧点了几份。一声清脆的"爸！"在我们身后响起。寻声望去，我们惊呆了，那不是四班的班花吗？怎么坐在轮椅上了？这时，"黑仔"冒出了一大句话："好像听说她一次帮父亲收摊，当时大雨倾盆，一个不慎滑进了小河里，那可是个大冬天，第二天一条腿没了知觉。""回来了啊？"大汉的板脸上像开了一朵花，附着身像个侄儿似的调皮地在他女儿鼻尖上勾了一勾，父女像一盏灯。这一刻，我与伙伴们共同见证。

　　之后，我们才发现，他的目光不是对着别处，而是对着校门。那不是一份凝重的见证吗？

　　又一次，我们从学校出来，直奔他的小摊。他破天荒地与我们说上了一句："看见我家小秀没？"我们一时不知如何回答是好。确实没看见，不过我们还是说："刚放学，一会儿就到了，放心吧。""好，我先给你们烤肉串吧。"我们默默地坐了下来，不知怎的，大伙像都有份责任似地盯着校门。好一会，还不见小秀的踪影。大汉急了，猛吸了两口烟，啪啪地跺脚。这时，小秀终于出现了。"怎么到现在？"大汉略带愠怒。"噢，有道题不会，问老师去了。迟了，不好意思啦，老爸。"小秀说着，拿了根肉串吃了下去。"真好吃！"小秀叫了起来，大汉竟呵呵地笑了起来,大手抱着小秀的头,像抱着块宝似的摸了又摸。

"爸,我先回去做作业了,你快点回来。"说完,小秀便推着轮椅,在我们的目光中走去。

我们分明看见大汉胡须上的一滴眼泪。他目光灼灼,望着小秀身影。狭窄的街道被父女俩相依为命的共同见证填得满满当当。

(此文与儿子杨锦文合作)

● **点评**:

细节描写生成动人的情景,这是最可取的。其次是详略得当,过渡自然。再则语言晓畅、有效,尤其是几个比喻句增添了美感。另外主旨的确定和结尾也不错。 你在创作!

注意几点:1. 开头删了,是因为多余又生硬。2. 错别字要扣掉 10 分,太可惜了。3. 标点符号的使用不够讲究。4. 书写是问题。

记住:1. 书写——横平竖直 2. 消灭——错字别字 3. 时间——一个小时

37. 守　望

　　宏鹰掠过苍穹,插入深涧。云端深处,住着一户人家。已是日落时分,那户人家燃起了炊烟。

　　确切地说那是个村落,但早已是人走房空。那里仅留着的一户人家中住着位长者。看到了我们的到来,脸上挂满了惊喜,手舞足蹈地像个娃娃。他用一盘子水汪汪的蜜桃招待我们。说话间,他得知我们是学生族,正值"五·一"放假出来踏青的咧。老人目不转睛地盯着我们说话的嘴唇,像要硬生生地把每个字都塞进心房似的。

　　老人把我们带出屋外,看了看屋前的两棵高杨,顺着望去。老人的眼神仿佛穿透了云层。老人顿时不说话了,眼中渗着一种执拗,一种守望。

　　我正要询问老人为何独居大山、村民又去了哪,同伴的催促声又不得不让我向老人告了别。我们顺着山路一直向北。又过了一个山头时,我们惊呆了,眼前是一大片的青青草原,大伙欢呼着。折腾了一阵,大家支起了帐篷,生起了炉火。月亮如约而至,而且太亮以致于看不见星星。本是深夜的此时却像极了初冬的早晨。我们背靠背享受着这一切。不经意间,我发现对面的山头一屋金亮儿,那是老人的油灯吧。我的眼泪不禁流到了嘴边,咸咸的。月光洒向老屋,那是守望的味道。

　　清晨,草地上沾上了露水。我被一群尖叫声叫醒,钻出帐篷一看,草地上竟停着上百只各种各样的鸟,我看呆了。昨晚的残骸成了他们今早丰盛的早餐。我们美极了,坐在鸟儿们的中间。我不想走了,亦若像老人。

　　时间的压缩,我们不得不收拾了行李向山下走去,才发现今天的山路好走了。大家正奇怪了,不远处看见了老人,拿着镰刀,说:"知道你们今儿走,给你们做做义务劳动吧。"我们一时不知道要说什么。

　　我忍不住问了一句:"大爷,那些村民呢?""呵,他们可出去赚大钱哩。""哪您儿女呢?""他们都有份好工作,要我搬那儿去住。""那你怎么不去呢?""我活在这七十多年了,哪里舍得走啊!我守在这,指望着儿女学了本领,赚了钱回来,把这穷山村变富了!"我愣住了。

在下山的路上,我想着老人的守望和那份孤独,我对老人肃然起敬,那只是一个人的守望吗?

(此文与儿子杨锦文合作)

● **点评：**

太好了!好在:1. 没有了昨天作文的开头,多了今天作文的结尾。开篇点题,结尾照应又相称。2. 往细处写,写出了景,写出了人,写出了情,写出了事,写出了味,写出了道。3. 描写、叙述、抒情相结合得较自然,语言也有美感。4. 字数控制得较好。

但有几点要注意:1. 要写生活,写出对生活的热爱。2. 要创新,在写生活的基础上进行编造加工,但不能胡编乱造。3. 以小见大,以情动人。4. 字要横平竖直,消灭错别字。

记住:题目——新颖别致;开头——引人入胜;主体——真情实感;

  结尾——耐人寻味;表达——简洁晓畅;书写——工整认真。

记住:有趣味＋有意义＝有价值   希望:佳作不断问世!

38. 光荣榜前

快放中学时,学校光荣榜前。一位身着酱紫色上衣的中年妇女,手拎两只布提袋,眼睛不停地在榜上搜寻着。肯定是学生家长在找孩子的名字,我便凑上前去,关心地问道:"您是家长吧? 找到孩子名字了吗?"她憨厚一笑,告诉我:"找到了,成绩又上了一点。""祝贺您啊! 下午开家长会呢。"我替她高兴,她急于告诉我:"认不得几个字,在青岛打工,接到儿子电话,直奔学校来了。""辛苦了! 先歇会儿。"我忙宽慰她,她却很快乐:"不碍事,儿子上了光荣榜,我正高兴着呢。"这时,我认真地看了看她,四十岁左右,中等身材,脸上满是皱纹,比酱紫色上衣淡一点的皮肤带着笑容像一朵开在秋天的成熟的花,开裂的双手一手拎一只大布袋,地道的农村妇女,满身写着纯朴、勤劳和期望。不知为什么,我被深深地感动着。

下午刚上课,学校光荣榜前。一群身着不同颜色衣服的家长挤在一起,寻找着各自孩子的名字,进行着同一个话题的交流,有几个在用手机拍摄着光荣榜。这时,我又发现了那位穿酱紫色上衣的妇女。看她那样儿,神情专注,默不着声,头在从上往下移动着,像是在重新找着儿子的名字,在倾听着大家发出的不同语音,在思想着有一天儿子是榜上第一。这是开家长会前摄入我眼帘的动人的又一幕。

放晚学之后,学校光荣榜前。"酱紫色"又出现了,她的身旁站着一个穿学生服戴着眼镜的男生。他们应该是母子,我分明见着母亲在指指点点,又分明听到母亲在努力嘱咐儿子:"你爸病倒了,靠奶奶照应着,我在外面多吃苦,撑到今天,就盼着你能学出头。老师说你知书达理,学习用功,省吃俭用,很懂事,表现好。妈妈很满足了,也没有什么要求,只是想你在这光荣榜上再往上爬,能爬多高爬多高,拿奖学金读大学,将来有出息,让你奶奶多活几年,让你爸爸身子好起来,也让我……"一声不吭的儿子听着妈妈的这番话,一边连连点头,一边擦着眼泪。是啊,儿子说什么好呢? 我又一次被深深地震撼了,我又能说什么呢? 这位母亲诠释得还不够吗?

● **点评**：

　　文章用标准的三段式结构，将同一人物在同一地点不同时段的心理期值三个镜头更替迭加又递升的折现，使一位地道的农村妇女骨子里所体现出来的平凡见伟大的内质，足以让人感动和佩服。文章朴实无华，但真实感人，其主旨十分明确可感，外貌、语言、心理、神态等放大了的细节描写均起到了恰到好处的效果，且与读者能产生共鸣。

39. 蓦然回首

溪水西流，人生不老，只愿在灯火阑珊处，蓦然回首。

——题记

不知曾几何时，我从无知走向了有知，从幼稚走向了成熟，从吮着食指的小孩走向了满腹心事的少年。回首间亦梦亦幻，又是真真切切，刻骨铭心。

小时，邻家的小哥哥是我崇拜的对象，他可以游泳几小时不累，可以爬十几米高的大树掏鸟蛋，可以把流浪猫养在床底下一个月不让他妈妈知道，总之无所不能。我呢，在镇里某小学读书，无忧无虑，也是孩子王，常常在爸妈加班时溜出来找伙伴活动，捉迷藏是我的绝活，常常吓得大人叫小孩哭，自己也跟着哭，也常常被罚了跪，可上了床又躲在被窝里偷偷地笑。唉，那时真无邪，好美好，又失去好多。

后来，我随爸妈进了城，上中学读书。时间一溜烟过去了，成长的印迹更加明显，做事也大胆了，整个人发生了巨大的变化，无论是生理还是心理。然而，成长突然令我畏惧起来，有时有遁世的念头，还想回去，却发现身后早已没有路，向前还是没有路，过去与未来同等悠邈，不可触及。这种痛苦的感觉令我生厌，我会无缘地向别人发火。唉，想起来真后悔。

落叶归根，落红落地。放假了，我可以回乡了，但此时令我难受：乡人的纯朴去哪了？清澈的河水呢？大哥小妹怎么以畏惧的目光注视着我？我曾崇拜的对象和我多了城乡的隔膜，过去的"小谗猫"已是亭亭少女，相遇时少了一份纯真，多了几份别扭。我的天啊！我刚要喊叫，却又咔在了喉里。为啥？我见着奶奶依然慈祥地微笑着，倚在门堂边，静静地凝视着我；我听着爷爷在里屋叫着我的名字。这让我无比的温馨，无比的亲切。我立马整下衣领，俨然一个男子汉，边答应着，边走进老家的门，与二老攀谈起来，谈爷奶的身体，谈爸妈的真好，谈我们的学校,谈自己的学习,谈现在谈将来……谈得我们快快乐乐,谈得爷爷连声夸我:"我家孙子长大了!"

　……

　噢,蓦然回首,我明白了,这就是成长,这就是成熟,这就是万物代谢之产物,生灵造化之结果。

（此文为儿子杨锦文所作）

40. 坚守信念

人站着就是一道风景，就是一种信念。

小区内有相当一部分老人，大多是退休的老教师、老干部。大伙儿对这部分人多少敬畏。其中与我们一家关系比较近的是一位姓严的老职工和他的老伴，因为父母刚到城时，没有人帮助，反倒是这两位老人十分关心，得到重视。现在，父母把他们当做恩人看待，逢当过节，都送些补品礼物给他们。二老十分感激。我每每出小区门，老远看见严大爷站在不远的街头散步，便叫着问好。严大爷高兴，逢人夸好。

严大爷是有散步的喜好，有时黄昏日落，便与老伴一同出来站会儿。有时放学看见他们，觉得他们很可爱。附近有位老人在家拉二胡，严大爷站在那儿门外，听着，微微点头，手不时比划着。接着严大爷会散步到鸟笼下，站在那儿逗会儿鸟。有时一屋子人在家打牌，严大爷笑呵呵地站在窗外看，那家人要他进屋，严大爷忙着挥手。

最近一阵，看不见严大爷了。几次一来，才听说严大爷生病了，再见到严大爷那会儿，他手里拄着拐杖，一步一瘸，在老伴搀扶下艰难站立。我忙上去问他好些了没，严大爷说没事，人老多病正常。

一个冬天，大雪，我放学回家，看见严大爷一个人站在风雪中慢慢前行。我忙上前说："严大爷，天冷快进屋吧，容易感冒。""没事儿，孩子，放心，我想站会儿，站着多好，站着不倒下多好啊！"对，站着不倒下。老人的眼中盛着一股倔强，一种信念，而他则将会用行动去坚持。

早上起来，没见人出来，打开窗帘，走到阳台，我一下子看见了严大爷，他的拐藤被丢在一旁，双手撑着围墙，喘着粗气，已是夏天的现在，他却穿着黑大袄。他双手扶墙，汗流满面，一步步向前迈进。是的，他老了许多，他艰难站立。

我的眼泪不禁流到了腮唇，他缓缓的消失在我的视线。我赞叹这样一位老人，人站着就是道风景，站着不倒就是坚守信念。

（此文与儿子杨锦文合作）

41. 一道风景

人站着，就是一道风景。

公交上总是很拥挤，到了市区，路段复杂，开开停停，站在过道的人叫个不爽，我也在列。因为与辅导老师有约，两点半得赶到他家，加上我本来就晕车，一股恶心从胃从咽喉往上泛，呕了一身，心中的不爽成了一团怒火，和着别人的谩骂，也噼里啪啦地乱说了一通。这时，一站到，座位上下来一个女的，我瞅准目标一个箭步坐过去，打开窗玻璃，一股冷风吹得我顿时好舒服。

也在这时，上来了一个老头，他一手拉了个小孩，一手还拿着一只大红包。小孩贪睡，被夹在了老人的两腿之间。老头四下张望后，选择了站到我身旁。不知怎的，我一下子脸上红得发烫，便看着窗外。老人一边说"别睡了"，一边把包往下提，以免洒落。我感觉到别人都看着我，可我环顾四周，没人看我。不知怎的，我一下子站了起来，让老人坐下。我舒服多了，一身的不自在顿时跑散了。我此刻看见小孩在老人怀中睡得更香了。我觉得站得对，值，青年人就应该站着，那是一种风尚，一道风景。

小区里，有位退休老职工严爷爷。我爸妈特别尊敬他，包括我。上学放学每逢看见他，我都上去叫严爷爷好，次数多了，严爷爷总用方言夸我"杨静文，好了不能。"好一阵看不见严爷爷了，有一次看见他，他变瘦了，满脸老人斑，走路病快快的。我急忙上去问了问，原来生了场病。我让她多保重，他点了点头说好。从那时起，我叫他们多了些凝重，生怕每次叫他是最后一次。不过从那时候起，他总是坚持在小区走两圈，日复一日，从未间断。虽走得很慢，但每一步都有内容。

一次，刮大风，下雪了。我放学回来，看见了他还在走步。我上去叫住了严爷爷，说："这么冷，还不回屋暖和暖和，防止感冒了。"

他说："多走走，多站站，提神；站着不倒下，多好。"他笑了。我看着他在风雪中慢慢远去的背影，坚定不移。对啊，站着多好！不倒下，就是一种精神，人站着，就是一道风景，美不胜收。

到了家门口。严爷爷叫开了门，老伴拍了拍他身上的雪。"回来了。"的声音在风雪中暖暖的有力的被我听见。

我又在风雪中站了一会儿……

● 点评：

1. 往深处写了，也是生活的，积极的。但是表达不流畅，句句都要修改。

2. 文中两件事，不在同一道风景上，应就一件事往深处加工，更好揭示主题才对。

3. 不认真不行。给你指出的问题，你要认真对待，并改正。

（此文与儿子杨锦文合作）

42. 寻找快乐

快乐其实很简单，纯粹着去做一件事，并且坚持到底。

还有一个月就省统考了，老严在广播里吼道："你看看你们现在什么状态，工具工具不准备，水粉、铅笔要什么没什么，作业不完成，老师做范画，不是睡觉就是讲话。"完了，便打摄像机对着一个同学，他正在沉睡，全然不知自己已经被放大在大屏幕上现场直播了。同学们笑得前俯后仰。这时，老严一脚踹开了门，大家不觉为这一震吃了一惊，身体不由自主地猛颤了一下，心脏超负荷。这就是老严，不高，尖眉，三角脸，眼神犀利，让人胆寒。只见他三步并着两步直挺挺地向那位仁兄走去，大吼一声，如雷霆万钧，神鬼未问。再看那位仁兄，早已傻了。一如惯例，老严拎着他的画架……噢，这次不是扔到门外，他径直走到了窗户口，用力一掷，两秒后，听见他的画架从四楼摔地的粉骨之声。大家无人敢言，大咽吐沫。

不禁问，此何乐也？快乐在哪？难不成幸灾乐祸？于是我四下寻找真正的快乐。

不急。这可是老严见有人不守课律才下此毒手，平日里，他帮我们改画，谈笑风生，大有郭德纲的架势，和那被改画的人调侃，众人常笑得前仰后合。不过真正的快乐在我们作品中，望着自己的作品大有交织知己之味。就我而言，快乐在于作画的过程，从一张 4K 白纸到一个泻厚生动人物的演变，从一个大致轮廓到精彩具体型，再到深入刻画，每一步都是对自己的一个肯定，一种认可。有时画得正带劲，老严过来，竟会骂你一通，说你这个那个不好，本以为自感好了不得了，如春风得意时，却被倒了一大盆冰渣水。这时，各位一定要挺住，我就是这么过来的。一天只睡五、六个小时，画画时早就力不从心了。这么一来，你完全可以当着他们老师在激发你，憋足一股劲，效果不强烈不收手，不画到完美不收手，艺不惊人死不休。此时，人的潜能就会爆发，常常会画出连老师都无法下手的作品。这就叫与自己的意志斗，其乐无穷；有困难，战胜它，更是快乐百倍。

看着自己的作品被选出来挂在了墙上,那何尝不是一种快乐。像打篮球,被对手封了一个大帽,之后在对手头上扣了篮,赢得畅快淋漓,大呼快乐。

与人斗,其乐不穷;与天斗,其乐不穷。快乐便从中而来,其实很简单,想着一个目标,为之打拼。我会的,像一句广告词:I can play(我可以的,尽在掌握)。快乐会随之而来,寻找之路会更惊奇。

(此文为儿子杨锦文所作)

● **点评**:

看得出一气呵成,但缺乏深度,原因是寻找快乐的过程不够深入,不够品味。应该写如何拼搏,如何快乐地拼搏,如何化苦为乐、苦中"行"乐,并使之升华成一种境界。

一篇文章,要有好的材料、好的结构、好的语言、好的主旨,并生成亮点,才是好文章。

"新奇—快乐—平淡—不快乐—寻找—快乐",这样的结构怎么样?

43. 欣赏的味道

（挤、陶醉、发现、寻找快乐、习惯之后）

读高二的时候，我学了美术，成了人们口中的"艺术生"。在别人看来，我们似乎走了条捷径小道，便很少被欣赏，也很少尝到欣赏的味道。

学素描，学色彩，学速写，我很努力，面对老师苛刻的要求，我能挺过来，因此取得的成绩也很显著。好一阵子，我沉浸在自己的世界里，总觉得甜甜的。老师似乎看出了这一点，每次走到我身旁，都横竖挑出几个毛病来，有一次还当着全班同学的面，拍着我的肩膀，大声戏说："你画的不是人不是物，倒像鬼了。"当时的我愣住了，感到无地自容。怎么办？认真刻苦呗。几天过去，安然无恙，自觉又有长进。可谁知，一个炎热的午后，老师推门进来，重步踱到我画架前转了转，猛地撕下我的画，嚷了起来："没有理解，不能深刻，画出来的像模型，无欣赏价值可言。"两个多小时的辛苦，毁于一旦，脑子里一片空白的我面对空白的画板，只想哭诉："我认真了！我用功了！我不错了！"但我没有，有的是炎热逼着额上的一滴汗水滚落了我的嘴里，我在体会它的味道。

国庆节那天，街上人山人海，我背着画具到商场买画笔。出了商场，一中年妇女帮过路人钉钮扣的情景摄入我的眼帘。我突然觉得这是素描的好材料，于是挤在人群里，架好画架，夹好画纸，边解读赏析眼前美好，边运笔素描人物形象，不到半小时就完成了平时近三个小时才能完成的画作。我随即把画送给老师修改，老师一看，惊讶不已，然后喜笑颜开，品味开来："此画轮廓分明，线条流畅，明暗处理自然，粗细恰到好处，特点也很鲜明。妙哉！此作如何完成？"我听着我尝着欣赏的味道，也跟着开起玩笑："天然画室，自然完成。"

打那以后，我增强了兴趣，找到了感觉，不但每天超负荷地画上十几个小时，还经常利用节假日走街串巷，画乞丐，画交警，画高楼大厦，画……画到效果不强烈不收手，不画到完美不收手，艺不惊人死不休。欣赏，至美啊！

打那以后，我很喜欢老师改画时我静站一旁慢慢欣赏着无二的感觉，我更喜欢自己作画时尝尽无数酸甜苦辣之过程。不是吗？从一张 4K 白纸到一个泻厚生动的人物形象,从大型到具体深入的精彩刻画,每一步都是对自己的一个肯定,一种认可。因而,我常常会把千万次摆动的手臂当成是在跳舞,常常会画出连老师都无法下手的作品,常常会看着自己的作品被选出来挂在了墙上做示范,常常会产生要成为出色的设计师的冲动。欣赏,快乐啊!

打那以后,我无比享受因欣赏而来的味道……老爸帮我整理画作时认真地说:"时机成熟,开个画展,让大家分享。"

● **点评**:

一篇文章,要有好的主旨、好的材料、好的结构、好的语言,并生成亮点,才是好文章。

记住:有趣味＋有意义＝有价值

44. 活着的价值

（见证、风标、信念）

在我的心目中，小区里的严爹爹活得最精彩、最有价值。

小区小，只有几十户人家。几十户人家，数严爹爹活得最开心。你看，每天早晚，年逾八十、偻腰、方脸、白稀胡的严爹爹总是站在小区门口，与上下班的大人们和上学放学的孩子们热情地打着招呼，还时不时地送上几句顺口溜，让人们来去开心笑不断。从我记事时起，他一直保持着这种自己快乐人也快乐的风范。你听，靠路口的平房里适时地传出时而苍劲时而悠扬的二胡声，那是严爹爹给拉的。星期假日，他的身边少不了有几个学二胡的小徒弟接受他传道授业，他全当爱好。严爹爹慈爱仁和，很爱与小区的少年攀谈，时常指点一二，帮助少年少走弯路，有人家的孩子年轻逆反，家长都会请他为其说教，开导立志。平时，严爹爹的家仿佛成了公共场所，大伙有什么事总爱跟他扯扯。是啊，他似乎珍惜着身边的每一个人。

小区老，还有一方蔬菜草卉园。这园的主人是严爹爹和老伴。园子只有十几平米，可品种也有十几样。二老虽已上了年纪，但总是闲不来，在自家的山墙头上种上了蔬菜和花草，分门别类，让你看了舒心。夏春时节，花香满园，蝶舞蜂飞，谁见了都神怡。可外人不知道，付出心血的二老把他们的劳动成果都分给了左邻右舍；逢年过节，二老把蔬菜扎成捆当作礼物免费赠送。这件事感动着小区里的每一个人。可严爹爹怎么说："我们运动了，你们健康了，大家都过上绿色生活了。"是啊，活着的价值在于快乐自己，帮助他人，乐善好施。

最近时日，不见了严爹爹站立小区门口时的音容笑貌，不见了严爹爹屋里传出来的二胡声，不见了严爹爹赠送"菜礼"的身影。逢人问起，方知严爹爹病了，而且得的是癌症，终日卧床。一个星期日的上午，我们一家三口带上营养品去看望严爹爹。可一见到蜷缩在床上的严爹爹，我们大惊失色，偻腰、方脸、白稀胡的他已经瘦得不成样子，蜡黄的脸上只剩下两只无神的眼睛。见到我们，他微微地笑了。谁知道,他却吃力地说:"生老病死,正常。活了八十,值了。你们工作,不易。明天,让严奶奶给你们送菜。"这让我们震撼,我们一时语塞,无地自容。严奶奶小声泣咽。父母感谢二老平时对我们的好。是啊,严爹爹从学校后勤退休已二十多个年头,他们从没闲过,总是忙着在院里寻找快乐,为邻居排忧解难,帮别人多做好事。

回到家里,我感触良深,反复思索着人活着为了什么,索取? 利益? 权位? 打开窗户,看着那畦菜园,我想尽情奉献,快乐自己,快乐大众,不畏困苦,帮助别人,珍惜生命,重视身边每个人,积极面对人生,大方德重,这才是生活的真谛。二老用他们的一生诠释了生活的价值。

另一家屋里传出了一个小孩拉起的二胡声,那曲调是严爹爹的最爱……

● **点评**:

多观察,多积累,多体会,多写作。

写作时,要做到:题目——新颖别致;开头——引人入胜;主体——真情实感;结尾——耐人寻味;表达——简洁晓畅;书写——工整认真。

45．致徐畅同学的信

徐畅友：

　　近来可好？身体快恢复了吧？当时得知你的事，谁都不敢相信。我想这是老天对你的不公。然而你很坚强的，没有消沉，终于挺了过来。你知道吗？你在昏迷时，全班同学都在为你揪着心，朱晨打了电话，盐中的杨鑫到我们班了解情况，有人问老师、问班主任、问你同桌，大家的眼中、脸上分明写着对你的担忧，今天我选择写信给你，这或许更能表达我内心的情感。

　　开始，听我爸爸说你已度过危险期，于是我迫不及待地却又悄悄地告诉了同学们，大家听着无不喜上梢头。随后有几次，我打算要去看看你，但是一直没有时间。你在南京时，我爸爸打算要去那里照顾你，但那一段时间忙于学校"四星"创建，工作任务繁重；二来那时他的头一直疼得厉害，还到医院拍了片子做了检查。我们虽然没能到你那儿看你，但我们都在为你默默祈祷。

　　现在一切都好了。处于恢复阶段的你，要以积极的态度面对挫折，更应重视和保护好自己的身体，才能尽快得以康复。每个人都有一只苹果，上帝更加喜欢你，才多咬了一口，使这只苹果的缺口大了些。贝多芬紧紧扼住命运的咽喉而成了世界上伟大的音乐家。海伦·凯勒的事迹不知激励了多少世界少年。张海迪高位瘫痪，但欲振高飞，即使翅膀断了心也要飞翔。拒绝堕落就必须飞翔。对于风雨，你逃避它，就只有被卷入洪流；迎向它，你却能获得生存。你应当越挫越勇，让困难在你面前退缩。我看你做到了，困难一个个离你而去。你出院了，我们都很高兴。班长朱晨及时告诉了大家，教室内一下子像注进了新的血液，气氛活跃了起来，每个人都像是雨后绽放的花，阳光且灿烂，就连每天下午第一节课打盹的薛婧也提了神，有问必答。这时我感叹同学间友谊的力量之强大。

　　徐畅，你知道吗？我小时候也曾经历非同一般的不幸：生下来6个月，就因为好玩却被大人们玩成了肠套迭而动过手术急救。连续的打针吃药，对于一个才到世上6个月的婴儿是多么大的磨难！我是在死亡边缘被救世主救过来的，我的身上有爸爸输的血。历练成就英雄。我爸常说"伟人必定经过磨难"。我们虽然不是什么伟人,也都不愿意要如此磨难,但是它无情地降到我们身上,我们只能承受。让我们笑对人生,让困难在笑中顾风而逃。

说真的,你很优秀。前几天,听爸爸说你小学时钢琴就过了十级,真是了不起。可以弹一手好的钢琴是我做梦都想要的。不仅如此,你的学习十分认真踏实,球场上表现出你的坚毅品质,医院里拒绝特别照顾的坚定信念,更值得我学习。

徐畅,千言万语,只汇成一句话:愿你积极乐观,活力四射,永不言弃!祝你幸福无边,快乐永远!徐畅,让我们从好友的台阶上更上一层,成为知己,成为兄弟!我盼你早日返航,再一同启程,向更远大的目标迈进!兄弟,相信自己!加油!

Anything is possible so we must keep moving and try our best!

祝早日康复,全家幸福!

2008 年元旦(此文为儿子杨锦文所作)

46. 语文,让生活更美好

语文,让生活更美好。

语文,这个我们都不陌生的朋友,伴我们走过绚丽多彩的花花世界。但它究竟是什么呢?有人说是整天的题海战术,有人说是老土的八股文,有人说是深沉无味的唐诗宋词……语文难道仅仅是我们成天做题或一学期捏着鼻子写几篇应付考试的作文吗?不,对于这一问题的答案,我们应到大自然的细节中去找。

天空中一丝云儿飘过,淡淡的,自由自在的仿佛沐浴在幸福的阳光里。你觉得真好,这就是语文;东方的朝阳光芒万丈,你觉得生机勃勃,似乎刚从沉睡中苏醒的愣小子,这就是语文;如血的残阳映红半边天,让人无限留恋,恰似一对情侣难分手,当然这就是语文。

语文给予我们聆听流水无形音乐的耳朵,给予我们欣赏身临其境不足美的眼睛。当你听到一首天籁般的歌时,你觉得这词很美,想很久记住它,Oh,这就是语文。当你看到一幅钟情的画时,即被其中的景象深深吸引,于是想用华丽的词藻描绘它,当然这也是语文。语文——生活中无处不在。

语文是那巍巍泰山,是那荷叶上久久不肯滴落的露珠,是古城旧都中国色天香的牡丹。语文是那无声的冷月,是静谧的荷塘,是那晴天里的一行白鹭,是那沉舟侧畔的万点白帆,是那山重水复的柳暗花明。古吟道:"大江东去,浪淘尽,千古风流人物。"语文从那些谦谦古人的文篇中漫漫道出:语文被桥头暴野的张飞大声吼出,语文在大乔琵琶弦上悠悠回荡。从古到今,语文伴着时间的脚步,寻觅了几千年,依旧难舍人世间。

语文可带你到天山老仙人洞体验神气,到景阳冈体验武松打虎的惊险,到撒哈拉据掘生命之源……她让我们深深体会到了"逝者如斯夫"的无奈与感慨,好似"对酒当歌,人生几何""秋阳不散霜飞晚,留得枯荷听雨声"。语文似乎让你无法浸透,只待滴滴斟酌,慢慢品味,方可深长也……

　　这就是语文。语文，让生活更加美好。只有细节于生活，心灵的完美，拥有品味真善的大脑与欣赏美的眼睛，才可以体会到。生活从此会因语文而美好，语文也会因生活而更加绚烂。

（此文与儿子杨锦文合作）

荐贤赏文

47. 认识两位友人

——一致读者

　　古廉与光亚为六十年代同窗好友,如今皆逾七十古稀之年。他们当年均才华横溢,古廉考上大学,步入仕途;可光亚身体不佳,居乡从教。他们虽相隔千里,但感情笃深,一直如兄若弟。他们不断传递真爱,相互勉励进取,值得当下崇尚。如此情谊,于光亚《难忘那油菜花飞黄的五月天》文中足以见得。

　　清廉与光亚,一是人之品德,一是持有此品德之人。光亚怀有清廉品德,一为读书养成,一为亲历形成。如此诠释,于光亚《我读清廉》文中足以见得。

　　我为光亚同仁,曾一度同事于盐阜黄尖老家,虽年龄相差一小辈子,但关系亦如至爱亲朋。我常因光亚兄终年抱恙工作而心疼不已,又常因仰慕光亚兄才气而自觉惭愧。今阅仁兄《难忘那油菜花飞黄的五月天》和《我读清廉》,感叹倍加,并油然而生敬意,情生之中特推荐大家赏读,好为作者满怀生的希望和爱的力量而加油,也好为自己养友情胜亲情之气。如是,我则心安!

推荐人:杨天成

附文一:

难忘那油菜花飞黄的五月天

——致古廉

　　常常想起你,想起你,便想起十多年前那个油菜花飞黄的五月天!

　　那天午后,我正在床上假寐,忽听得有人叫我。尽管母校县中洒泪而别,一别二十年没通过话没见过面,只靠雪片似的书信传送心音;尽管二十年风雨霜雪,早已把凤鸣鹊啼砥砺成鹰啸鹤唳,但灵犀相通,我还是从一声接一声的叫唤中听出了牵挂,听出了关切,听出了那是你的叫唤!

廿多年前,在县中校园我听到了你第一声叫唤。杨柳依依,溪流淙淙,俩漫步捧读的少年溪畔相撞,弯腰为对方捡起被撞落的书,不觉莞尔:都是屈子,一本楚辞,一本话剧! 你瞅着书上签名,轻唤我。·

从此,我的生活开始有了斑斓的光彩!

我成了你小小书斋的读书客。恣意浏览,随心借阅。粗心的借书人常常把书弄得面目全非,甚至严重残疾;嗜书如命、连购书发票都一张不落夹在书页间的书主,却熟视无睹,常常戏谑道:"为识书之人作些许牺牲,乃书之大幸也!"

我成了你的车座客。每逢长假结束,跋涉在八十里返校长路上的我,一边在落日余晖中辨识里程碑,一边百无聊赖地数步数,计算着剩下的七八里要用多少步才能跨完。这种时刻,总能见到你裹一身风尘骑车迎来。我激动得举双手嚷嚷:"启明星亮啦!"

我成了你们家的节假客。每逢节假日,妈就让你把我这个幼年丧母寄人篱下的住校生接去。你和爸妈弟妹挤满一桌,喝稀粥就咸菜;我被"逼"到小桌子上吃蛋炒饭,独享你从熏烧摊上买来的肉品。对于常常食不果腹的我,这不啻一次次过大年! 可是妈妈,那一顿顿美餐,我是一口口和着泪水咽下的呀! 融融春晖何以报? 未及报! ……

廿年过去,弹指一挥。那张涵蓄了太多刚烈和坚韧的脸,那部泼墨一般蓬蓬勃勃的头发,那双总是闪着凝重而不可逼视的火花的眼睛,依然一见便让人信心火烈力量飞溅吗? 来不及细想,起床,开门,但见你大步流星跨到门前。亢奋未已,颇感惊诧:你简直与廿年前一般无二! 细辨之下,才在眼尖、额头和鬓角寻觅到了岁月和思索的流痕,身材则更显修长。

顾不上落座、捧茶,便从家前转到屋后,问家庭,问健康,问工作……面对开得狂放、黄得挠心、香得沁肺的油菜花那滚滚滔滔的潮涌,你不由得朝田间深走几步,任由花粉在风衣上随性渲染。见我笑了,你说:"我一走进大自然,一种天人合一的感动就油然而生! 在跟共和国一同遭难的日子里,我整天泡在天地之间,有不便问人的,就默默无语地问天问地问花树麦粟……问号甩了,怨气泄了,胸头吸足了松柏气息! 你要多到田园树林里走走,这对康复身体陶冶心志大有裨益啊!"言者有心,闻者知音,我重重点了点头。

送你上路,按预约就近考察一家乡镇企业。踏上一拱小石桥时,你止住了脚步。夹岸的绿树和绿树间时隐时现的红瓦黄瓦,在河面上历历斜映;几只白鹅红掌轻划,曲项长歌;明镜似的止水,渐次变成和风中的苏绸。你连连赞道:"小桥流水人家,苏北小江南啊!"一声长叹后,又说,"可惜我们那里太少了!"你这是为自己任职的皖地抱憾啊!我的心不禁为之一震。翻卷的风衣,牵动了一河江南,也牵动了你沉重而纷飞的思绪!

上车了,你摇下车窗,我也缓缓抬起手来,霎时心动眼热。你这位省府要员,在全国上下忘情于山川名胜的长假里,驱车数千里,回故里,拜娘亲,访旧交。为寻我这个在基层工作的昔日同窗,不辞徒步五六里!此情此景,任是木石也动情哪!可是,眼眶里的那滴泪没有滚落。你在小石桥上的那一声浩叹,你以私带公觅他山之石攻玉的独辟蹊径,向我昭示:你心里固然依旧有故人故土,更满满当当装有"我们那里"几十万平方闹复兴数千万之众奔小康的那一番鸿图伟业。对皖地的尽瘁之意,已刻在你心上,融进你血液,须臾也无法割舍了!你胸中别有天地,为我原先所不知道的。"无为在歧路,儿女共沾巾",古廉不相信眼泪!

目送你远行时,眼前惟有灿烂阳光,和阳光般灿烂的花潮!

(李光亚)

(作者附注:古廉,即周古廉,江苏射阳人,时为安徽省人民政府副秘书长。)

附文二:

我读清廉

我爱读书,尤爱读清廉。掐指算来,早在我还是髫龄小儿时,我的心中便种下了清廉的种子。常常是在月朗星稀寒蝉鸣的晚上,我用小手托着下巴,入神地听妈妈柔声细语的讲述。听着听着,铁面无私的包大人,为民请命的海青天,敢冒天下之大不韪的于成龙,那一个个清官廉吏的圣洁形象,就栩栩如生地耸立眼前,潜潜无声地扎根心头。幼年的我就这样开始了阅读——用耳阅读。当胸口飘拂起火炬的春苗,我开始了文字的阅读。依然钟情于清廉,清廉的人物清廉的细节:朱德的扁担;邓奶奶为周总理补睡衣;小平同志穿补丁裤赴庆典。而人民领袖毛泽东为革命献出六位亲人,更是令山河垂泪草木动容,使清廉有了气薄云天的神韵!

不经意间,眼前亮起这样的诗行:

　　一个声音高叫着

　　爬出来吧给你自由

　　我渴望自由

　　但我深深地知道

　　人的身躯怎能从狗洞子里爬出

读着这血火交响的生命之歌,不由想到:一个当官只图捞贿赂、置别墅、包二奶的'革命者',当他遭遇这种'自由'的诱惑,许以高官厚禄金钱美女,他会拒绝从狗洞子里爬出吗?

读清廉并非必得打开书报,亦无须每每叩问历史。十三年前我亲历的一桩事就同样让我铭心刻骨。那天草色迷蒙天阴沉,抱着去改写身患绝症这一诊断的企图,我南下申城,却鬼使神差地中途下车来到昆山一院。然而,期望未及,反被告知急需手术。不幸中的万幸,是巧遇院长为我主治。说是万幸,不只因为他妙手回春的医术足可救治我,而且因为他以润及肺腑的关切鼓舞我。要不是他安排术后返岗的护士现身说法宽慰我;要不是他启动献爱心活动让花样年华的白衣战士以花篮的长龙温馨我;要不是他在我资金不到位的情况下一路绿灯周全我,即使最终进了手术室也必然错过最佳救治期。

滴水之恩当涌泉相报。何况是救人一命的大恩大德;何况受恩者与恩人素昧平生。出院后我叫家人送一份千余元的礼物聊表寸心,却被婉拒了。如今我好想见他一面,却不知见了面该说些什么。溢美之词?谢忱之意?似乎都不是恩人所爱听的。那就只告诉他这一句:"手术后我又活了十三年零两个月,而且现在依然健康地活着。"说这一句我会说得泪流满面,但是,也许唯有这一句才是院长最爱听的。因为——廉者无我。

(李光亚)

(此二文经推荐曾分别发表于《盐城晚报》和《昆山日报》等)

48. 赏美文　赞丽人

——二致读者

　　小作者李佳轩为我仁兄李光亚先生次女。其父女在盐阜黄尖老家皆堪称才子佳人。当其时,李先生清平低调,德艺双馨;李佳轩孝顺有加,好学上进。现如今,他们乔迁苏州昆山定居,父亲终日养病,常怀旧情;女儿缘于亲情,勤奋工作。这可从李佳轩的《我的中国移动情缘》见得。此稿行文畅达,情真意切,字里行间无不洋溢着祖孙三代的亲善,即奶奶的懿德善行、父亲的昭示大爱和自己的倾国关爱,可谓一气呵成,别有洞天,感人至深。我为有如此一家三代人传承无私大公和无疆大爱而震撼不已,我更为有如此青年小姑娘李佳轩满怀一腔热血、寄爱"移动"、但求奉献、不贪索取、踏实青春第一步、走好人生每一步的博大情愫而呼唤叫绝。另附《唱给向日葵的歌》,亦足见李佳轩的才情、诗意和正量。为此,特推荐大家尤其是当代青年共赏奇美文,同赞佳丽人。如是,我则心欢!

推荐人:杨天成

附文一:

我的中国移动情缘

　　常常有人问我,你一个学金融的,好端端的银行不进,证券公司不上,会计行业不涉,怎么"移"到中国移动来了呢? 我会心一笑,答曰,因为爱好。爱好? 对方更是一脸茫然。是的,是因为爱好。言之凿凿的回答。

　　准确地说,我之所以学金融而不搞金融,转而投身中国移动,的的确确是因为与众不同的爱好。我爱通讯事业,爱中国移动,而且是铭心刻骨地爱!

　　我对通讯事业的挚爱,缘起于孩提时代爸对我讲的一则奶奶的故事。早年,因为奶奶思乡心切,早已落户大上海的祖父母两代人,从霓虹灯闪烁的大都市回归到苏北的故乡热土。与白发娘亲重聚的热泪滚滚,抵挡不住滨海小镇的寒潮连连,奶奶突然病了,是极普通的感冒。当时,奶奶身边的唯一亲人是她的髫龄小儿,已在沪上成家的姑妈和正在远海作业的爷爷都无法联系。愚昧闭塞的小镇,只求神不信医。吃斋念佛的七姑八姨们,小心翼翼地护卫着一碗浑浊浊的香灰水——"香头"在神佛面前求来的"仙水",半哄半逼地按着奶奶灌下。几天后,靠"仙水"治病的奶奶,在高烧不退的昏迷中,被强制灌下了最后半盅香灰水后,撒手人寰……

在闭塞与愚昧合谋下,奶奶被褫夺了正值英年的宝贵生命,空留下一双乌溜溜的睫毛很长的大眼睛,时时从面园窗子的上框上俯视我,似乎有说不尽道不明的哀怨,要向我诉说……从此,我脑际便刻下生命与信息畅通休戚相关的印记;心头便种下去畅通信息,阻断奶奶那样惨绝人寰的不幸的种子!

时过境迁,我们家在滨海小镇的第一时间,先后拥有了红得喜庆的电话机、亮得晃眼的手机,交流家事时事,只需转瞬。扭转乾坤的时世,使奶奶的悲剧定格成永不重演的谢幕。但是种子入心要发芽,填写大学报考志愿时,我选择的第一志愿还是与通讯相关的专业。只是因为所属大学排位过高,终于失之交臂,留下遗憾。

时光荏苒。我捧上学士证,在某银行市支行面试。支行行长当即承诺:只要你考试过关,就录取支行本部工作。兴匆匆进书房温课,却见爸爸新近发表的散文《超越生死的拉手》正摊开在书桌上。这显然是爸着意让我看的。文中记叙了奶奶爱子女胜于爱自己生命,爱别家孩子胜于爱子女的桩桩件件。特别令我唏嘘不已的是,幼年丧母的邻家男孩阿林,遭遇车祸失血过多急需输血;正在为宝贝儿子哺乳的奶奶惊闻此事,立即放下怀中小儿让他姐照料,风风火火赶往医院无偿献了血……奶奶啊奶奶,您竟然是这样的人,昊天一样博大的胸怀啊,碧海一样深沉的爱!

我恍然大悟,在这样的时刻,爸爸向我昭示奶奶的这一人生断章,这不是在激励我学奶奶的榜样,健全一颗大爱的心,但求奉献,不贪索取,踏实青春第一步,走好人生每一步吗?奶奶是在通讯荒原悲情谢世,假如我专注于通讯而不求他职,尽管早已错过在通讯荒原上兴建通讯大厦的浩大工程,总还可以为辉煌它的明天尽心尽力,奉献才智呀!这样做,对奶奶不是更有纪念意义,也更能警醒我传承奶奶的懿德善行吗?

赶紧上网,一个个名闻遐迩的通讯集团闪电般掠过,最后在"中国移动"留连……好一个"中国移动"!"移动",多么生机勃勃而气宇轩昂;"中国"俩字,则是不一样的庄重、恢宏,置身该职场的士卒将帅,谁能不为之既自豪满满又自重刻刻!"乡情网"、"家庭网"、"国内亲情网"、"关爱卡"、"幸福卡"……这一长串绚烂多姿的个性化服务,正如彩蝶乱舞,翩翩飞向不同阶层、不同年龄、不同性别、不同关联的群体,怎能不激荡起亿万人心那海洋深处的浪花层层,促情侣携手、知己交心、代沟填平、成长茁壮、干戈玉帛、天下和谐?!款款项项总关情,都是爱啊!

我扬起头,面窗而立。胸中一阵阵风起云涌过后,心比铁坚。奶奶啊奶奶、明天,我就到中国移动求职,去演练快捷、熟练、便民的身手,沟通情,传送爱。您会在天上凝眸远眺我走进中国移动大厦的那一刻吗?我想,一定会!

哦,我的中国移动……

（李佳轩）

附文二:

唱给向日葵的歌

一

东方龙

威赫赫的铠甲

黄日头

憨敦敦的浅笑

南天柱

挺倔倔的脊骨

绿了春风

润了秋月的大手

你扬起头

岂只为向东天

歌漫天恢弘

当暴风雨

舞犀利的爪

扯你鞭你撼你

你踮脚颔首

似凝神颙望

一片晖万道霞

烈烈虹霓

当令人窒息的暮钟

催墨涌的潮

漫你浸你淹你

你静若处子

似屏息谛听

渺邈山村

大白天下的长啼

煌煌的梦啊

从不染一丝惆怅

半毫忧郁

啊　漠漠阡陌

浩荡荡雁阵横斜

你擂几多铿锵

你撒几多温煦

二

山丹丹红飚

令东海浊涛

北疆寒雪

西域黑沙

南国淫雨

携雷带电直逼

待海天曙色齐飞

的东方龙

侧目斜瞅的头颅

你龙的铠甲啊

怎能不

任红彤彤嚣啸成

黑不溜秋的伊丽莎白皇冠

黯然坠地

你黄日头的憨笑

灰飞 烟迷

横烛金光道的草们

便顶礼膜拜

将照遍全球的红日

穿红 着丹 戴赤

三

大泽豪雨

汇数千载滔滔碧血

冲弯了的九曲大河

疆场白骨

敛多少代磅礴英气

耸莽了的擎天昆仑

奶了中华

这黄土地红土地黑土地

悠悠运命啊

峥嵘年华

血运旺盛的大地胸口

你有多少簇

剪不断的血脉相依啊

你有多少群

驱不散的幽灵附攀

当十月热雨

那飞流直下的狂瀑

遍拍九州关山

你不屈的魂魄

怎能不去拥抱

复苏的绿原

当南国古莲

润亘古未遇的甘霖

神奇地勃发成

笋林摩天

你怎能不

以每一息呼吸

每一击脉搏

生生死死编织

翠的礼赞

金的希冀

当复兴之歌

一次次一次次

响薄东天

声震环宇

你怎能不

一支支一支支

从暖风鼓荡的心头

将情炽似火的小号举起

亿万支小号忘情狂歌

啊 那万马奔腾的晨曲

那春红不谢的旋律

（李佳轩）

（此二文经推荐曾发表于《昆日日报》等）

师 生 信 函

49. 与孙玲学生的通信

亲爱的杨老师：

　　您好！

　　人生天地之间，若白驹过隙，忽然而已。在耕耘与收获拥抱的教师岗位，我想您一直都是默默付出与奉献的角色担当。我忽然发现，从初一有幸做您的学生到现在即将进入中考的冲刺时期，都已经快三年了。

　　记得您教我们的第一天时走进课堂对我们说的第一句话。您说：希望在今后3年的初中学习生活里，我作为你们的语文老师，更能成为你们的朋友。何其幸运，我做班长的同时又做了您的语文科代表，成了与您走得最近的一个小朋友。其实，从小到大，语文的写作一直是我最烦恼最头疼的事情，可就在遇见了您之后，我那扇丰富多彩的文学大门却被打开了，我喜欢上了语文。初二的时候，学校的写作比赛里，我的文章被评选为优秀，有机会参加盐城市的作文比赛，那天您牺牲了中午休息的时间帮我培训写作的技巧，还告诉我注意事项，虽然最后没有带回荣誉，却还是得到了您的鼓励和赞许。

　　学校的每一次演讲比赛，都是你帮我一起修改稿子，帮我矫正语句的节奏和感情，在我反复到口干舌燥接近崩溃边缘，却看到您还在认真推敲着用词的合适与准确性，甚至我上台之后的每一个动作是否得当。或许也是在那一个瞬间，我才真正学会了什么叫耐心与负责。我初三的时候，您外出支教了，而我依旧还是班里的语文课代表，依旧还是努力做着您教导的认真严谨的学生。只是越是临近中考，我内心的担忧与迷茫也越是强烈。我们努力地学习，疯狂地做题，是为了考取一所理想的高中，是为了打下未来高中三年的基础，更是为了那个大学梦。可是，到最后呢，这样无数轮回的考题和负担压制下，我们却一点点没有了人生真正的方向，突然不知道我自己的人生目标在哪里，以后应该做些什么了。此时此刻，我是多么盼望老师您现在就回来就出现在我身旁帮我一把啊。

　　亲爱的杨老师，盼您的回信给我带来希望的光芒！

　　敬祝

身体健康，工作顺利！

您的学生　　孙　玲

二〇〇六年三月十六日

孙玲同学：

　　你好。你的来信已收到。我现在还在滨海这里支教，这里虽然远没有城区的繁华热闹，却难得地享受到了纯纯的阳光、空气、水和食物，让我相信，像农民一样付出汗水，躬身劳作，总能得到丰厚的回报。

　　其实，有情绪是本能，管理情绪才是本领。就像人经常会感冒咳嗽一样，我也会遇事觉得迷茫困惑，沉不住气。可是想想教过我的每一位老师，他们的每一句教诲，所以老师现在也在坚持着自己的梦想，竭尽全力为学生更好地坐在课堂中央而去努力。

　　老师很庆幸地看到，在任教你们的两年里，你在不断地改变和进步。中国的应试教育是一个大环境，每一个学生都应该学会在这个大环境中适应和提升，这是一种缓慢而不断受挫的旅程。适者存也。摆正好自己的心态，给自己一个缓冲的时间去思考自己未来的梦想是什么。你觉得在人生的旅途中，你做哪一些事内心是充实而快乐的，那就朝着那个方向去努力。其实，所有的遇见和经历都是上天赠予你的礼物，只是看你怎样分析和对待。机遇总是留给有准备的人的，就好比喜欢演讲的人，如果肚子里没有"墨水"，从何谈起演讲稿里所想表述的思想呢。

　　也许是现在即将中考，你面临着很大的压力而短暂迷失了方向和目标。老师认为，所有多余的思想都是对于自己的负累。老师希望你，能保持一颗平常心，学会善待和保护自己。老师建议你，选择一本对路的书坚持看下去，这是缓解压力的好方法。毕竟，今天获得好，才会天天都好，及时调整自己的状态，努力向前奔跑。

老师相信你可以做到战胜自己，期待听到你中考成绩的喜报，加油！

祝

尽快驱散"雾"云，走出一片新天地。

杨天成

二〇〇六年三月十八日

（孙玲同学大学毕业后在某钢铁厂负责财务工作）

50. 与陶阳学生的通信

陶阳同学：

　　因为很忙，最近没开机。两次来信，均已收悉。谢谢你的真诚和信任，谢谢你推心置腹的倾吐。回复晚了，很是抱歉。想不到，却又在预料之中，一个暑假，你如此充实，如此进步！我很看好，我很欣慰！我想我们将会开始更多的交流。可我要问你来了二中怎么又要走还住校？

杨天成
2009.8.30.23:15

陶阳同学：

　　刚准备回家，不由自主地又打开电脑，想来你肯定来信了。

　　知道你去了"水往高处流"的一中，我要说你"志当存高远"；知道你第一周过得很充实，我要说你这就是成功的开始；知道你不服输又能正视自己，我要说你真正找到了你人生的坐标。还知道你今年生日与国庆 60 大典同一天，我要由衷地祝福你生日好快乐，辉煌到永远！

　　陶阳，愿你翱翔得更快！高好！更强！

杨天成
2009.9.7.

陶阳同学：

　　时间过得就是快，大半个学期已经下来；苦并快乐着，成绩也就获得不少了。老师为你高兴，为你祝贺，为有你这样的学生而感到自豪！这就是享受！

　　一切皆有可能。一个人的潜能是无限的，在于积淀之后的挖掘。你在不断努力奋争，你在不断积极进取，相信你会不断获得成功！给自己不断播下美好的思想、行为和品德的种子吧,你会收获命运中最大可能的成功!

祝

更上一层楼!

杨天成

2009.12.06.

陶阳同学:

一年,交流一阵子之后,你不停地学习,我不断地工作,咱们收获知识,收获成果,也有过失和教训。就这样继续前行,生活也就这么过。

面对分科,总有矛盾,但如果兴趣非常突出,那就把兴趣变为对理想的追求吧。以后的工作,就看你如何为兴趣、为追求的理想而执着地奋斗。抓住语、数、英上总分,突出兴趣进高门,今后干公务,搞管理,做学问……同样大有作为。你说呢?命运掌握在你自己手里啊!

杨天成/2010.8.18

陶阳同学:

上两次来信,收到时都很高兴,可一再耽搁没有及时回复,抱歉。

陶阳,你知道吗?当你与我商量后选择了文科,我就对你充满了无限的希望,我就相信你一定能成功!现在事实也足以证明,你各科成绩很优秀,还有几门第一,而且全面发展,德才兼备,你是好样的!现在的你不怕做不到,就怕想不到,可以断言你学什么就成什么。不过,这个时候我要提醒的是千万不能急于求成或急功近利,要防止欲速则不达的现象发生。要进步,不要太在乎名次;进步能成就人,名次能毁了人。其实提醒也是多余的,因为你不会有这种现象发生。还知道吗?我还常常向我现在的学生宣传你的进步事迹呢。

陶阳,同学倪珊珊、吴茜他们怎么样?关心关心,一同进步啊!

杨天成

2011.3.29.

243

陶阳同学：

你好！怎么会不记得呢？只是高三学习紧张，我舍不得耽搁你的点滴时间。现在好了，你努力收获累累硕果后享受着安静与闲适，我努力为你加油后分享着快乐与欣喜！

真的很快，三年一晃而过。中考的失利激发了你，高考的胜利回报了你，这证明成功属于永不言弃的人。可你为未过本一而感点遗憾，这又正是你更好更快更强地前行的助进剂。也正如你所说"努力了，无怨无悔！"其实本一本二没有多大区别，关键要靠后来的再努力。人的潜能无法预测，何况陶阳呢。"守得云开见月明"，"谋事在人，成事在天"。这是你成熟而理智的感悟。你知道了什么是自己想要和追求的，知道了什么是自己的选择和挑战。我真为你感到高兴和自豪！

一年来虽未曾交流，但一点也不生疏。三年前的情景依然历历在目，以后会有更多的时间交流与分享。有机会一定到学校或我家来玩。不知倪珊珊、李琦等考得怎样？做老师的没有多大奢望，只求学生个个都好！学生的每一个佳讯就是老师的最大的幸福！

祝前程锦绣！

杨天成

2012.7.7

（陶阳同学本科毕业后考入华东师大攻读硕士研究生）

51. 与洪力学生的通信

杨老师：

　　您好。上次提到连载，这次专门谈谈连载。

　　在一开始搞连载的时候，老师您让我们随便写，什么题材都可以。因为是第一次接触这个，大多数的同学是抱着新鲜的心情去做的。一段时间之后，老师发现有很多同学写得不切实际，比如言情玄幻等等类型都有，决定将之前将倾的大厦推倒重来。在规定了实事求是的内容之后，大家才开始了有思考有针对性地写，写自己身边的生活，写自己的真实感受。

　　有些同学在初中的时候就迷上了网上虚幻的小说，杨老师您的此举，或许会让一些人感觉那些虚幻的连载不过如此，那些看起来华丽的情节在面对真实时是那么不堪一击。

　　对我而言，掌握对身边生活的表述能力是最大的收获。这让您在匆忙的尘世之旅中驻足下来观察周围的一花一草，观察周围人的一颦一笑，观察虚伪与真诚的云泥之别。初二时候，我无意之中在订阅的英语周报上看到了一则手机原创的广告，因为有了在学校写连载的经验，抱着试一试的心情，我也注册了一个帐号，在业余时候，在其他同学做着其他娱乐活动的时候，我都一头扎在文档里埋头苦干。

　　不得不说，当努力和比赛结合起来，就有了一种动力，当排名一步步上升，自己的乐趣也在一步步增加。这样也让自己在日常的学习生活中多了一点动力和较劲的想法，所以在写连载的同时，学习成绩也在前进着。

　　中考结束，有编辑找我签约那本推理小说，虽说清楚自己处女作的文笔有多稚嫩，但是希望给自己一个把事情做完的压力。在中考结束的暑假，把那本十几万字的推理小说完结了。上了高中之后，因为不想影响学业，就不再写了。但是我明白，自己作文的屡次脱颖而出，写作文时那种从未僵滞的思路与文笔，让我饱尝写连载的个中益处。

所以我希望杨老师能够把这个项目继续搞下去，如果方向正确，能够适度遏制现在文学普遍的假大空的现象，我相信，真正的好文学是生活是真实感受。回看之前作品的稚嫩，我相信经过不断尝试会越来越成熟的。希望连载也能越搞越成熟，受众越来越广。

随信，我附邮与编辑签约的那本推理小说的样本，请杨老师斧正。

祝老师一切安好！

学生：洪　力

洪力同学：

收阅两封来信，一为连载的感想，一为连载的例文，甚为高兴。你是完全领会我进行连载训练的初衷意图和终极目标的学生，你是真正尝到连载甜头并享受其过程的行者。我为你感到骄傲和自豪！希望你有更多的有关来信来稿，更希望我们师生共同努力，为开创学生连载训练之先河并走出作文教学之困境且收获读写结合之成果而奋斗！

杨天成
2014.7.

敬爱的杨老师：

您好！

光阴飞逝，转眼间，美好的初中时光已经过去五年了。回忆起五年前您对我们谆谆教导时的种种场景，好像还历历在目。虽说这几年和您也有过几次联系，但是由于各自忙碌，通信极少。最近听闻老师一直在自己所热爱的领域里不断有所建树，心里由衷地为您高兴。今天写这封信，是想让您知道，您用言传身教和潜移默化，真的让作为学生的我们学到了很多东西并且能够得到长久的受益。

最让我印象深刻并且对我影响最深的，是您在教育上的不断创新。记得在初二，您第一次提出把连载和日记当做每天的固定语文作业时，底下一片"哀嚎"。"哀嚎"的一方面是:把写日记当成作业常见,但是大多老师是布置周记,很少有每天都写的;另一方面是:写连载就更稀奇了,当时是互联网还没有那么发达的 2G 时代,网络连载也不像现在那么普遍。让作文一般都在 600 字左右的初中生每天写出前后情节连贯的文字,确实也是有难度。

但是,当时听到您说"尝试一下"的时候,我却是眼睛一亮的,因为这段时间正好在尝试写一点东西,这正好是找到一个让自己坚持下去的理由的好契机。也许有些同学会觉得是负担,对我来说却是一件很享受的事情。

如果没有因此尝到了个中乐趣,就不会有足够的勇气在之后在英语报上看到小说原创的板块的时候,去尝试开始在公众平台上写文章;就不会每天抽出半个小时到一个小时的时间进行写作,日积月累,让写作成为生活中如吃饭睡觉一样必不可少的存在;也就没有机会在那个美好的初中时代断断续续,用稚嫩的文笔写出一篇十万字的中长篇推理小说。无论什么时候回想起那段时光,都是一个十分美好的回忆。这个持之以恒的经历,也锻炼了我的恒心、耐心以及做事的计划性。

高中之后由于学业,我也就没有继续写下去。但是初中那两年写作经验的积累,也让我在高中写作文乃至大学写论文都没有什么难度。高中时也曾获得过省级的作文奖项。在这些时候,我都会感激之前写作的经历和您对我们的循循诱导。

您从不吝于和我们分享自己的经历。比如,自己名字的由来——"文章本天成,妙手偶得之。"再比如,秋季的语文课堂里,会突然提起以菊花闻名的家乡射阳。还有您是怎么从十六岁开始在教师的生涯中摸索和前进的。至此,每当我听到那句"文章本天成"的诗,想到菊花,想到写作甚至想到要不断突破的时候都会想起您。

除了对教学的创新和对我们学生的真诚,让我最有感触的就是您的坚持。在每天日记和连载试行之初,其实并不顺利。状况其一,并不是每一个同学都那么喜欢写东西,所以他们把这件事当作负担,每天敷衍了事。状况其二,确实有对连载有很大热情的小部分同学,但是他们写的大多是一些言情、玄幻等当下所称的快餐文化。状况其三,大家想得最多的是,为什么其他班不用写,我们班却要写?

这个时候,您下了狠心把原先的连载全部推翻,重新开始写。这一次,规定了什么样的不能写,建议怎么写,当然除此之外就没有太大约束。当大家看到老师下定决心推行这件事的时候,也就相对重视了起来,也许渐渐也意识到了其中乐趣。我也相信,如果认真对待这件事了,对大家以后的道路多少都是有助益的。这多也归功于您对此的改进和坚持。

不断尝试和创新、为人做事真诚、对待目标坚持并不断修正。这是您身体力行,并对我此后的人生道路造成深远影响的,没有任何语言可以表达这种学生对老师的感激之情。在此我只能恭祝您桃李满天下,并且能够长寿健康,一直永远保持那颗不断求知追梦的赤子之心。而我自己,也会不断为自己的人生努力,继续走好以后的路,不因忙碌劳累就丢掉手中的笔。不忘初心,方得始终。

敬祝

安康

您的学生:洪力

2016 年 10 月 22 日晚

洪力同学:

收阅来信,甚为高兴。作为教师,最希望看到的,一是自己的学生成人成才,再就是教学上能对其有长远的正面影响。偶尔能来信说说近况,这是最理想的。看到我在教学上的努力和创新能够给你在多方面带来助益,心中更是欢喜,这也是我们教师教学的终极目标。

说到在连载上的探索,确实花费了我不少心力,你们在最初受用时,确实或多或少有各种状况出现,作为教师,只能"因地制宜"地去改进,并且精益求精地做好。第一次尝试时,可以说有一大半是不符合我预期的,那时候也在自省——是哪一步做得不够好?怎样改进?如何实施?最终推翻重来也是下了一番决心的,毕竟事不过三,如果第二次还是不行的话,这次教学尝试很有可能就先搁置了。有幸的是,第二次改进的方向是正确的,且得到了同学们的配合,最终的效果也就不言而喻了。

谈及方向,我又要老生常谈一句了——"努力很重要,但是如果方向反了,可能所有的努力就都白费了。"

看到来信中，写到我对自己人生经历的分享。确实，我很喜欢把自己的人生阅历分享给学生，一来是可以拓宽你们的视野，多做思考，少走弯路。二来就是希望由此你们能细心观察生活发现其中的美，进而激发对语文学习的兴趣。比如名字的由来，家乡的特产，以及人生感悟等等。当时我让你们一天写日记，一天写连载，就是希望你们既能够发挥想象力，又能不忘贴近生活。

真诚，着实重要，是亘古不变的沟通法宝。古时有程门立雪、负荆请罪，其结局圆满皆真诚使然尔。学生是教学的主体，作为教师，唯有真诚，才能得到同样真诚的回应。这样教学工作才能更加顺利愉快。无论年龄大小，师生缘分一场，都在共同成长嘛。

以上是对你来信中提到一些感想。除此以外，还有两句话想和你分享一下。

第一句话是"把脾气拿出来，那叫本能。把脾气压下去，那叫本事。"不知道你还记不记得，在上课时我提到过心态的问题，当时我点到的几个心态好的人现在过得应该都不错。从小学到高中，从智商的一较高下渐渐就变成了心理素质的比拼。一定要一直保有良好的心态。

第二句话是"简单的事情重复做，你就是专家；复杂的事情简单做，你就是赢家。"和这句话相对应的就是"读过的书越来越厚，终极目标是把书读薄"。这几句话，我在之前上课的时候应该都讲过。但是多了几年的阅历，再看这两句话，应该更有体会。到了大学以后，选择更多，诱惑更多，学会删繁就简，一定能少走弯路，节省时间。

最后再说两句，就算以后再忙，也要笔耕不辍，既不荒废自己的文笔，也可以做到常常自省。当然了，也期待以后还能多多来信交流，互相学习，共同进步！

祝

学习进步，一切顺利！

杨天成

2016 - 12 - 28

（洪力同学现在南京师范大学就读）

52. 与顾欣学生的通信

尊敬的杨老师：

您好！好久不见，近来可好？细算算，和您认识已有两年六个月之久，这段日子您对我的帮助是任何人都无法替代的。我一直都想感谢您对我的帮助，但是我是一个不善言辞的人，因此，想通过一封信的方式表达我内心的感激之情。

回想一下我和您的正式相识，是在 2014 年 6 月 12 号送我们新疆内高班学生回家的火车上，当时我也不知怎地，心里极其想和您搭腔，一种莫名的亲切感促使我上前跟您交流。简单的三言两语让我看到了您的幽默，那时的我只知道您是教务处的主任并且带预科班的语文。奇怪的是，您偏偏没有教过我们那一届预科班，但是您同样给我留下了很深刻的印象，穿着正统、教学认真和幽默风趣等。每次当我们高年级下课之后都会经过预科班的教室门口，只要您的课在上午或者下午的最后一节，我们走过总能听到您从教室里传来的爽朗笑声，您那浑厚嗓音伴着慷慨激昂的讲课，总能吸引我的眼球。遗憾的是，我在高中的时候并没能正式听您讲课，倘若我要是大胆一点，走进教室，那么我们的正式相识会更早。

我们认识是通过电话、短信等比较老套的通讯方式，而且一直是。交流的内容比较偏向朋友之间聊天。起初您劝我多看名著等书籍。而我呢，从小到大都不怎么看书，以前也根本不愿意看字多的东西，但在您的耐心教导之下，我开始阅读您推荐的名著等相关书籍。这个阅读的好习惯一直坚持到现在，而且我会一直保持下去。读书，确实可以让我学到很多的东西。尽管书本的内容是固定的，但是加以灵活的思考就能得出属于自己全新的东西，如果能将这些宝贵的经验用于生活之中，不仅能少走弯路，还能形成自己独特的一套思维逻辑，思考问题的面也会有所不同。

还有一件令我印象深刻而颇有感触的事是得知高考录取结果的时候。高考成绩会在录取结果前大约半个月公布，出乎意料的是，我的高考成绩和平时模拟考试相比都比较好,我当时心里也没想太多,心想自己一定能够得到令人满意的录取结果。开开心心的玩了半个月,查到高考录取结果的时候,我的心都要碎了。我还是和自己的梦想失之交臂了,被南京信息工程大学录取,我的南方医科大学就这样把我拒之门外。我告诉爸妈录取结果之后就下楼去了,给您打电话告诉您结果。说实话,跟我们班上的其他同学比起来,我还是很受打击的。您耐心的听完了我打算复读的想法,您立刻就理智的阻止我。您给我分析了这种做法的利弊,并最终让我安心地接受现在的结果。同年九月,我带着内心的遗憾踏上了大学的路,我仍旧和您保持着联系,并且遇到拿捏不定的事先听您的意见,征求您的建议。比如大一是否要从民族班转到普通班,是否要报考英语四六级,是否要报考全国计算机等级考试等。您给我的结果都是肯定的,并且一直鼓励我不断地向前进,从我得到的收获来看,我甚至认为您说的话都是对的。

　　感谢您一直以来对我无私的各种帮助,从来都是以一个好朋友的角色出现在我的生命中。我的好多心里话也可以同您说。真的,我从来没有感觉到年龄的代沟,而且这种交流甚至超越了父母。有的时候我遇事会比较急躁从而导致情绪不好,但是您每次都是在包容我,劝导我,我认为我生活中这样的人还真的是不多。现在我在不断长进,您一定会很高兴。这里随信传送几个感悟性的"豆腐块",请杨老师您笑纳指点(见附页)。最后,真心的祝愿您身体健健康康,工作顺顺利利,生活和和美美。

学生:顾　欣

2016 年 12 月 29 日

顾欣同学:

　　来信收阅,甚为欣喜。真是想不到,我们素不相识,只因送你们回家,临下火车时,你却认识了我,临分别时,我们却结下了缘分。后来,我便知道了你是学霸,高考成绩一揭晓,便知道你考了我校新疆内高班的理科第一名。当时,你给我的印象就是聪明伶俐,有潜力和可塑性。

想起当时，由于志愿填报的失误，你对录取的结果不满意，很想复读来年再考。出于信任，你联系我征求意见，我帮你权衡再三并鼓励你到大学努力进取，你便接受了。接下来，你遇到了诸多困惑：高考之后的轻松，上了大学的松懈；专业学习不感兴趣，基础考级缺乏意识；从小到大只读课本，成品著作几乎没读；网络虚拟差点上瘾，视频追随耗时不少；大学学习较多虚空，将来从业实际难为……。还是出于信任，你对此及时反馈于我。我也及时给予疏导，激发你攻关专业，积极考级，大量读书，武装自己。事实也证明你的优秀：普通话、计算机和英语级，你都拿到了基础又升级的双证书；借书买书，你已读了百余本经典著作；各科成绩都名列前茅，每年都是三好学生，奖学金一次没少拿。我很欣慰，我给你的鼓劲没白费，我给你的书单没白开，你给自己的努力没白化。现在听说，你正专攻英语考八级，你在准备考教师资格证，你还参加社会实践和公益活动。可见，你已充满了正能量，你在不断进取。对此，这让我一个没教过你一天书的老师，唯见一面的"局外人"由衷地感到高兴和自豪。

顾欣同学，好习惯的养成就是高品质的坚持。面对物欲横流的现实，面对浮躁难安的世界，你一定要坚持做到：用爱不释卷养仁义礼智信，并多与他人交流，更多地听取别人意见，加强辩证思维能力训练，进一步提高主客观结合分析的水准，坚持把控自己，坚持奋发图强。如此，你就一定会出类拔萃，你就一定会大有作为。我有理由相信，你是大浪淘沙出来的金子，你定会成为新时代的弄潮儿，你保准是盐城内高班新疆人的骄傲！我会一直支持你！

祝

元旦快乐，前程锦绣！

杨天成
2016 年 12 月 31 日

附顾欣同学的几段感悟语：

爱他人·爱自己·爱生活

看完《欢乐颂》，其实总的来说结局是美好的，安迪有包奕凡，曲筱绡有赵医生，邱莹莹有应勤，关雎尔有谢滨，樊胜美有王柏川。五个女孩各自有各自的特点：（1）安迪高冷智慧却不乏追求者，说明一个人层次的高低决定 Ta 将接触什么样的人，和什么样的人交往。（2）曲筱绡聪明伶俐，虽然平时经常得罪人，但关键时候的挺身而出也值得学习。说明人心本善，我们要包容别人的不足，欣赏他人的优点。（3）邱莹莹天真活泼，一系列的沉重打击之后仍然积极乐观面对生活，说明困难挫折都只是眼前的，抗过去就有新天地。（4）关雎尔温柔善良勤勤恳恳，虽不是名牌大学毕业，但通过自己的努力在公司站稳了脚跟。说明起点是一种考量，但后天的努力更为重要。（5）樊胜美拜金虚荣，但最终还是撕下了虚伪的面具，选择了王柏川。说明人要有追求美好的心，但也不能眼高手低，一定要符合实际。我们每个人在生活中都会遇到各种各样的困难，只要有敢于战胜困难的决心，就一定可以雨过天晴。同时，每个人都是独一无二的，《欢乐颂》的五个女孩彼此羡慕着，可谁又能代替他人过他人的生活。就像一句诗里说的好"你站在桥上看风景，看风景的人在楼上看你"，我们是别人眼里的风景，为何不把焦点聚集在自己身上，好好欣赏一下自己，好好珍惜一下身边的人。爱他人，爱自己，爱生活！

挑战不可能·创造真奇迹

看了《最强大脑》第三季的脑王争霸赛，中国 16 岁超级新星陈智强夺冠。他在如此短的时间精确地记忆大量的信息，并将其几近完美地呈现出来，战胜了来自世界的顶级选手，将脑王奖杯留在了中国。当然，其光鲜亮丽的背后一定有不为人知的付出。但话说回来，谁又不想在安逸之中过活呢？但是他毅然选择挑战 3 cm * 3 cm，成功之后又挑战 1 cm * 1 cm，可喜的是他成功了。他的成功让所有人惊叹，他的勇气让所有人敬佩，但在惊叹敬佩的背后，你是否有过反思？很多时候，机会和困难就在我们眼前。只有你选择面对困难，你才有成功的可能，可当我们真正面对困难的时候，又有多少人选择迎面而上呢？挑战不可能，突破极限不单是一句口号，是你真正要为之行动，付出代价的一次创造新记录的过程。要突破自己，改变自己，就要迎难而上，挑战不可能，生活处处有奇迹，也许下一个创造奇迹的就是你！平凡，生活，挑战，不可能，人生处处是风景。

学习，不怕犯错误

今天上全英文授课的运营管理课，外国教授问了一个问题：当产品设计你有了一个想法之后，你应该做什么？我当时想的是有想法就要生产产品，我准备说原材料，结果我把材料"material"的发音给弄错了，当时我重复两遍，外教都没听懂。还好专职给我们上运营管理课的老师给我解了围，当时我那个尴尬得恨不能有个地缝钻下去……可是外教懂了我的意思之后，说"Don't be afraid of making mistakes.（别怕犯错）"我当时心里暖暖的，其实换个角度想想也对，我尴尬是因为我太把面子当回事儿，很多时候因为犯错，不敢表达自己的观点，因为怕出糗，就不愿开口说英语，这样自然而然失去锻炼的机会。外国人学中文不也是一个道理嘛，他们读汉语有些不也是怪怪的。这次犯的错误，让我这辈子都忘不了材料的英文发音。语言类的东西就要多听多说，不要总是停留在多写，要不然你就只会做卷子而已……其实很多时候都不应该过分的在乎面子，无论是学习也还是生活，犯错没什么大不了。金无足赤，人无完人。犯错其实也是一个不断完善自己不足的过程，如果因为怕犯错而失去锻炼自己的机会，那就十分可惜了。

坚持选择·初心不悔

这学期结束，我在外求学的第六个年头就结束了。有的时候问自己，当初自己是怎么做的选择，居然如此坚定义无反顾。从新疆到盐城再到南京，一路上遇到的重要的人真的很多。他们对我的帮助不是只言片语就能叙述的,不仅是知识的长进,更是心性的修养。人的一生有很多选择,每一个选择都可能影响着你的生活。所以,我们要为自己的选择负责。有句话说道:自己选的路,跪着也要走完。可我想说的是我是昂首挺胸地精彩地走完。想起初中我的老大教育我说:"不要做语言上的巨人和行动上的矮子。"是啊,有的时候我们即使有雄心壮志,也会被各种因素干扰,只要坚定不移地坚持下去,现在你所有的苦都会在未来以幸福来回报你。加油,绝不退缩!

(顾欣同学原为新疆内高班学生,现于某大学就读)

53. 致信八五届学生

一

同学们：

你们好！想不到爱生暄涛召集了几位初中同窗叙旧，竟掀起如此大的聚会热望，我作为曾经的班主任老师为你们的精神深深感动。

不知为什么，我对涵中第一届、八五届和八九届的学生记忆特深刻，见了面或提到名字，我就能立马想起你们当年各自的模样，而且倍感亲切，如亲人般。现在看到你们成长成熟成功，并且交流畅达快活，淋漓尽致，我无比欣慰，甚为喜悦。早该这样了，五年一聚，十年一会，甚至可以如"有情Ａ有意"所想的一年至少集中一两次，都不为过。三十年了，没有好好聚一回，大家都亏待自己了。三十年了，信息不通，无多交流，好可惜呀。三十年了，上有老下有小，都四十五六岁了，怎就忘了这"聚"的事呢？为师我也有责任，没有提醒，也担心提出会打扰了你们。其实大可不必多虑，现在看来，你们没有不迫不及待要急着聚起来的。是啊，岁月不饶人。人来世上，走一次过一回，是个经过，是个过程，如梦似幻，如酒似醋，要奋斗，更要快乐，才是最好的活法。我亲爱的学生们，赶紧聚起来，赶快会起来，成立个班子，推荐牵头人，井然有序地组织，积极热情地参加，精彩纷呈地展示。别忘了，汇总通讯录，传上美丽照，出示真姓名；别忘了，相互转告，地址单位，误漏那位；别忘了，天涯海角，没有贵微，大家一样。我亲爱的学生们，我年轻时，严格有加，一定有愧对你们的地方；现在人老了，努力不懈，一定会致谢你们的谅解。我人老心红，热忱盼望，师生同聚。

此致，祝大家新年快乐，男生潇洒常在，女生美丽永驻，孩子前程锦绣，家庭幸福美满，天成大家天成！

杨天成

2015.12.28

二

同学们,衷心感谢陈校长用心的采集、精心的制作和倾心的奉献!衷心感谢同学们积极的组织、热情的参与和真挚的付出!三十年前的相聚是缘分,三十年后的相会是情谊。缘分让师生相知相识相爱,相会使大家相亲相敬相好。忆往昔,恰师生风华,峥嵘岁月愁;看今朝,数风流人物,锦绣前程美。衷心祝愿诸位师生安康每天,快乐永远!衷心祝福所有家庭生活幸福,和谐美满!

三

同学们:

晚上好!刚下坐班,打开手机,阅悉公告,深感不幸和欣慰。不幸的是陈丽同学生病,欣慰的是倡议行善献爱。我十分支持开展有关倡议活动,希望大家通过诸多形式表示爱心,以唤上苍赐恩,保佑陈丽同学早日康复。同时衷心希望陈丽同学意志坚强,挺过此劫,享度幸福。现在活动正在进行,大家热情很高。届时,请项玉带领同学看望时也通知我。

这真是:意重如山,情深似海。一生有难,同学援助。爱心感天,温暖动地。陈丽加油,早日康复!

杨天成

54. 致信儿子

儿子：

热烈祝贺创业办公司，及时说几句重要的话：

创业办公司，既然取照定点了，那就要积极稳妥营业。

首先是既要有年度规划方案，又要有短期计划安排；既要有法律法规条文，又要有严格规章制度；既要有人员结构组成，又要有明确分工职责。

其次是理顺股东关系，正常磋商研究，团结合作人员，规范公关行为，礼待客户对象。

再则是勤奋读书学习，刻苦钻研业务，增强创新意识，注重节源理财，提高诸多能力。

最后是谦虚谨慎做人，努力勤恳做事；讲究生活规律，努力呵护自己。

记住：不放弃该抓住的难得机会，才掌握住立足的主动权。耐心听得下我们的忠言劝告并坚定踏实地努力，就一定能多多地取得收获。

记住：不要认为读书无用，不要因为读书苦而怕吃苦。没真正尝到读书有用的甜头，就看不到读书有用的光鲜，甚至还排斥读书有用者的榜样。人无正确目标取向，这是最可怕的。

记住：有人不聪明，就任其随之；有人不聪明，想聪明难聪明；有人聪明着，还努力着更聪明成了智慧；有人聪明着，却坚守不住而丢了聪明误了自己。这最后一种最可惜。

记住：仁义礼智信，百善孝为先，弘扬真善美，摒弃假丑恶。每日必读书，每事必思故。生活有规律，事业求发展，和气能生财。

祝开张大吉，考试成功！

父字

55. 钟爱"新华箴言"

我钟情而深爱《新华日报》曾数次刊有的"新华箴言",每次见着,我总是赏析之,剪辑之,给夫人儿子阅读之。可不知何故,现已停刊,很是遗憾,我便于家中翻出剪辑,重温"旧爱",随即一股油然而生的"新恋"之情袭上心头。新华箴言,似《论语》,如经典,文字简明扼要,形式不拘一格,列举别开生面,寓意蕴含深邃。值此不妨择要编辑,用心回读,以惠及同仁,共享大雅。

人 生 的 启 示

青春短语:最智慧的人生是,用最少的悔恨面对过去,用最少的浪费面对现实,用最多的自信面对未来。

原来这样的简单:人生很简单,只要懂得"珍惜、知足、感恩",你就拥有了生命的光彩。

换一个角度看人生:如果把坎坷看成一种调味品,你就会感到坎坷的生活有滋有味;如果把艰难看成一笔宝贵的财富,你就会感到,它会丰富我们的阅历,丰富我们人生的底蕴。

永争第一:在漫长的人生中,人们一定要有永争第一的精神状态,才会不断进步,达到事业的高峰。无论做什么事情,你的态度决定你的高度。

飞翔的蜘蛛:蜘蛛不会飞翔,但它照样把网结在空中;奇迹,是执着者造成的。

龟兔的第三次赛跑:一个困难,两个人分担,各担半个困难;一种幸福,两个人分享,各得一份幸福,这也是一种双赢的结果。

阿里解说"不可能":"不可能"只是别人的观点,是挑战,绝非永远。

让失败改道:换一种思维和智慧,设法让失败改道,变大失败为小失败,在失败中找成功。

学会低头：要想抬头，必须懂得先要低头。

学会放弃不"心苦"：放弃，是让我们正确地审视自己。放弃，是我们人生旅程的一种超越。放弃，也是一种胸怀，更是一种升华。

如果：如果看到自己追求的美好破灭为一摊零碎的瓦砾，也不说放弃。如果你辛苦劳作，已是功成名就，为了新目标你依旧冒险一搏，哪怕功名成乌有。

享受成功的过程：其实，成功很简单，只要你肯付出努力，就一定会成功。

人生需要欣赏：欣赏是一种互补，是一种冶炼，是自身修养不断提升的捷径。人生如果不会欣赏，你就无法拥有一个完美的人生。

做人的真谛

与人相处四原则：你要成为和蔼可亲的人，不要让和你在一起的人感到拘束；切不可成为炫耀自己的人，要避免给人以你自己什么都懂的印象；要努力从行动上喜欢别人，直到真正做到与人为善；要及时祝贺成功者，不失时机地安慰悲伤者和失望者；有了错误，就要认错，如果是你不好，就不要掩盖。认错是真诚、坦荡的表现。……

为人贵诚实：假的就是假的，谎言迟早要被揭穿，生活中只有诚实做人才能受人尊重，只有诚实工作才能赢得别人的信任，也才能取得更大的成功。

真实的高贵：悔恨自己的错误，而且力求不再重蹈覆辙，这才是真正的悔悟。优于别人，并不高贵，真正的高贵应该是优于过去的自己。

人生杂感：如果你尝过被人玩弄戏耍的滋味，并且因此而备感屈辱的话，那么我来告诉你消灭这种屈辱感的方法：千万不要去玩弄戏耍别人。

宽容为上：假若我们既不能宽容他人，又不能宽容自我，那么幸福和快乐就会远离我们的生活。相反，给我们的心灵留点缝隙，宽容为上，或许我们会更快乐些，世界会更美好一些。

心灵的共鸣

先吃哪只苹果：人生总是在不停地选择，有选择就有得失。得到你所希望得到的东西，你就失去了你所未曾希望得到的东西。

两个天地，两种追求：物质追求，勿贪其多；精神追求，应忧其少。

发现自己的优势：一个人拥有优势的种类和数量并不重要，重要的是，是否知道自己的优势是什么。

不要尽往坏处胡思乱想：不要由着你自己的性子尽往坏处胡思乱想，让这些想法限制你的目标、扼杀你的创意。

别太把自己当回事：无论自己多么出色，都别太把自己当回事。

记住那个甜甜的微笑：在与别人的交往过程中，让我们把友善的微笑变成沟通的语言。

赶快孝顺：天下最不能等待的是孝顺，因为，等到你认为你有足够的财力和能力来孝顺的时候，老人已经来日不多或者已经不在了，你有了能力却没有机会了。

……

新华箴言，一洞一天，一事一议，短小精悍，形式多样，内涵丰富，或让人懂事，或叫人明理。我再次赏读，再次咀嚼，仍觉脍炙人口，回味无穷。然而最近却不见了"新华箴言"。我一想二伤，因此编辑回读之时，欲唤之继刊，以赐吾等鲜活的教诲。但愿我这不大不小的请求能如愿以偿，让这份钟爱与人生的启迪、做人的真谛和心灵的共鸣同在。

二〇〇五年八月八日

56. 苦并快乐着

——竞聘演说之一

尊敬的专家评委、各位领导、我的同仁朋友们：

你们好！很不好意思，抽了最后一签，让大家久坐久等了。但最后一个能站在这个平台上与大家共度有缘相会的美好时光，我十分荣幸，万分高兴。请允许我冒昧地代表参加竞聘的 40 位同志向大家深深地鞠上一躬。

本人杨天成，高级教师，原任教务处正职副主任，现仍竞聘教务处正职副主任。本人 16 岁从事教育事业，一路风雨，一路艰辛，一路奉献，迄今已 30 多年。30 多年，本人扎在农村工作 25 年，调至田中工作 8 年，其中带队到滨海大套中学支教 1 年。30 多年，本人历经旅程太多，先在射阳做过教师、班主任、教研组长、团委书记、政教主任、教务主任、县视导员、镇教办主任、副校长、校长，后在田中任过班主任、年级主任、支部书记、教务处副主任，支教期间任大套中学校长助理。30 多年，本人坚守教书育人之天职，坚守管理服务之己任，坚守教师学生之最爱，尽心尽力尽职干好份内份外工作。30 多年，本人受市局、县委县政府综合表彰 4 次，荣立三等功 1 次、嘉奖 4 次，获县"教学能手"、校"骨干教师"、大套中学"首席教师"等称号和国家、省、市、县级业务奖项 30 多次，主持或参加课题研究 5 项，独立发表论文多篇、合作发表论著 4 部，就语文教学，最近国家最顶尖的教育核心期刊《人民教育》将发表本人论文。30 多年来，尤其是创"四星"、校庆、教务和支教等突出工作上所取得的成绩，大家有目共睹。这让我"苦并快乐着。"

同仁朋友们，我不是智慧超越的人，但我勤奋刻苦；我不是能力非凡的人，但我潜心钻研。本人忠诚党和人民的教育事业，热爱田家炳中学，懂得感恩知晓回报，有志继续做好教务每一项工作，坚决做到全力抓好教务管理，全心服务教育教学，全程陪伴老师学生，下定决心与在座的同仁一道，为创建"精品学校"奋斗不息、奉献不止而作出应有的贡献！我会"苦并快乐着"继续践行。

谢谢！谢谢你们无微不至的关怀关爱，使我不断成长，十分积极地生活！

谢谢！谢谢大家真诚温馨的鼎力支持，让我倍感欣慰，更加努力地前行！

最后敬祝大家前程似锦，全家幸福美满！

谢谢！

二〇〇九年七月十五日

57. 讲述我自己

——竞聘演说之二

各位同仁：

你们好！我教了三十八年的书，育了三十八年的人，说不苦是假的，不过我能尝到"苦并快乐着"的个中滋味，这就是：上完一堂课，批改一次作业，进行一次家访，转变一个学生，作一次演讲，做一场讲座，评一堂好课，读一篇文章，写一些东西等等，我都有又苦又乐、苦中有乐、苦尽乐来的感觉。如此说来，也不是什么境界，只能讲我活着我做着我诠释着生命的意义、生存的价值、生活的方式。

把苦写成快乐，这苦不是痛苦，而是努力。这里，我没有引经用典加以佐证，只是把我的一路实践、一路经历、一路感悟变成一行行文字，这文字无论是总结解剖，还是心得体会；无论是见解观点，还是只言片语，我都要再检验、再修正、再提升。为此，我很想得到阅读我这"杂烩"的贵宾提出宝贵的意见，则不胜感激之至。

上述话语是我准备为自己努力出版的一本小书写的部分序言，题目叫《苦并快乐着》，今天我把它拿来作为讲述我自己故事的开始。

一、支教那一年，唱响支教前线的奉献歌

为加强城乡互动交流、促进教育均衡发展，我有幸于06年被市局首批选派到支教的最前线—滨海县大套中学工作一年，担任校长助理，负责学校教学教研、课程改革、毕业年级等主要工作。支教一年，我克服诸多困难，不断积极进取，在滨海的一个县、乡、校，组织开展了40多次有改革意义有积极影响的活动，面向学校领导、教师和学生开设各种讲座16次，近20万字，听众数万人次，组织师生座谈15次，调研听课评课近300节，开示范观摩课10多次，走进班级演讲近30场，书赠近500张"语录"卡片，捐给学生书籍130本，捐给特困生衣服100余

件,发表和获奖的论文 3 篇,指导教师发表论文十多篇。可是那一年,我住在几平方米的小平房里,仅有一床、一桌、一椅而已,夏天热得不好睡,冬天冷得睡不了。条件是苦,但我能坚持不觉得怎么苦,苦的倒是我来回乘车晕得够呛。我计算过,我一年里乘了近两万五千里的车,好一个"长征",可"长征"途中我晕车呕吐的次数却不知有多少回。可以说,我把自己卖给了大套中学。面对这些,或被该校视为校本教材和宝贵财富,或被人们作为精神补品和物质享受。当年我为该校中考取得前所未有的辉煌业绩立下了汗马功劳,为该校赢得国家、市县多次表彰付出了无数心血。我被该校评为"首席教师",被师生称为精神支柱和形象大使,为支教队伍树起了一面鲜艳的旗帜,被市表彰为"先进个人"。我的先进事迹在报纸上发表宣传,对全市支教和课改工作起到了积极的推动作用。面对这些,我向学习和生活受到严重影响的儿子说过"我不是称职的父亲",我向任教高三双班英语而累倒过的妻子说过"我不是合格的丈夫",我向居住乡下年迈多病住进了医院而没有照顾上的父母说过"我是不孝顺的儿子",我向无私奉献、积劳成疾却随身携带救心丸等药品而不顾晕车等困难、奔波县里校里、几乎天天熬夜撰稿的自己说过"我是感到很充实、很快乐,又是对自己很不负责的男人"。支教结束话别大套中学时,不少师生眼含热泪,校长陈跃一段深情的总结使人心动而至今让我难以忘怀:"一年来,我校教育教学质量和新课改工作受到市、县表彰,并多次作经验介绍,学校被中央教科所命名为"新课程改革实验基地",这与杨天成同志的帮助关系很大,他是课改的帮助者、推动者。从他身上我们能获得最前线最全新的信息,教师能在他的推动下积极投身课改,扎实开展校本教研,取得的效果十分显著……"

那一年,我尽情奉献,创过记录,赢来赞誉,现在想来,回味无穷,收获颇丰。这些虽都过去了,说不苦那是假的,不过我真觉得苦中有乐。

二、教育新疆学生这两年,奏起教育前沿的进行曲

两年前,我一直担任中层干部,一直在初中部任教双班语文。这两年来,我服从分工,一边努力做好教务处分管工作,一边任教新疆部预科班的语文。

要么不做,要做就要做好。这是我工作的信条。两年来,我全心全意完成新疆部分派的任务,尽心尽力做好新疆学生的教育教学工作。思想教育上,我相信只有深入了解,才能有效开展教育工作;我坚信只有彻底教育,才能收获有效教育结果。于是,我开座谈会,跟每一个学生谈过多次话,了解他们特有的实际情况,有的放矢地解开他们的思想纠结;我深入食堂宿舍,问寒问暖,了解学生的吃穿住行等状况,实事求是地解决个别的生活问题;我一旦发现异常现象,总是想方设法给以坚决指止,并总是教给他们很多道理,做到教育彻底化。语文教学上,我相信只有从说话和解字开始,才能学好语文基础;我坚信只有抓好阅读与写作这一重中之重,才能收获有效教学的累累硕果。因此,我面向全体,与他们对话,跟他们解读,教他们阅读的方法,练他们写作的功夫。两年两届,新疆预科的学生从不会说话到说话流利,从满本错别字到错别字不多见,从不会阅读到能阅读几本名著,从不会笔记到积累很多佳句美文,从不会写作到都能写出近 6 万字的小说连载,有的还用汉语翻译维语一本书。这就是我任教新疆预科两年语文的心血所在和成效体现。回想起来,我在新疆部教育教学两年,哪怕是生病或是有事,我从没请过一天假,从没缺过学生一节课。关于教育教学的具体而动人的个案,我这里就不一一列举了。可以说,教育新疆学生这两年,我很自信地奏起了教育前沿的进行曲。

三、从事教育事业工作近四十年,写好扬帆前行的奋斗史

我 16 岁那年就参加了教育工作,迄今已从教 38 个春秋,加入党组织 25 个年头,担任学校中层干部近 30 年。38 年来,我坚决拥护党的各项方针政策,模范遵守党纪国法,爱岗敬业,为人师表;38 年来,我一直奋斗在教育教学工作第一线上,无限关爱学生,精心教书育人,不断探究,不断创新;38 年来,我努力把工作做细、做实、做活、做出成效来,我不畏艰苦,忘我工作,任劳任怨,顽强奋斗每一天,为教育发展作出了突出的贡献。

我想:读书和学习是我的爱好和追求;课堂和活动是我的阵地和品牌;听课和评课是我的兴趣和绝活;研究和引领是我的最爱和快乐。我想:近 40 年的奋

斗,一路风雨,一路坎坷,一路凯歌,一路历史。我用实践不断践行,我用心血不断谱写扬帆前行的奋斗史。

1. 在我的精心指导下,有 300 篇学生作文获得国家、省市一、二等奖,我本人主持或参与的国家级课题有两个、省市级课题有四个,先后获得国家、省、市级不同业务奖项近 30 次,主编出版《素质教育教案》一书,主编校本教材两本,参写并出版《语文活动课程实践研究》和《市中考说明》,在国家、省、市有关刊物和会上公开发表和交流的论文 10 多篇,

2. 在我的不懈努力下,我总结撰写出 20 万多字的教育教学教研讲稿,讲稿所涉及的方面多、系列性强。我还把我的感言写成 200 多条语录,值此摘录几句以求共勉:教育是金钥匙,但不是万能钥匙,教育是多能的金钥匙。/把学生放在眼里和心里,要关注每一个学生。/教师的最大难处在于挖掘学生个性化的潜能,教师最大的本领在于培养学生的个性向健康方向发展,并使其充分地得以张扬。/要相信自已能教,更要相信学生能学。/适合自已的学习方法是最好的方法。/把掌声、笑声、歌声、读书声汇成心声奉献出来,你会幸福的。

3. 在我的辛勤培养下,我的学生对我都有较好的评价,就此不妨请你看几条:老师的作业布置得很好,例如随笔、连载、积累等,以前我们没有这样的作业,别的学校一般也没有。我认为这是老师您布置的个性化作业。/老师,你很会创新,其他老师想不出的好方法,您都能想出来,并且都很有用。/杨老师最大的优点是让我们对于生活,以热爱去看待;对于做事,以执着去对等。您常常告诉我们做人的道理,让我们明白学习是为了做人。/杨老师这个人善于从小事做起,在他的眼中,做好小事情方能有大成就。他从来不放过任何小事情,当他为小事批评教育你时,他的眼中充满了对你的爱。

4. 在我的顽强奋斗下,我赢得了同仁的肯定和领导的赞许。不完全的统计如下:本人曾获得县政府综合表彰三次,荣立三等功一次,荣获市"先进个人"一次,多次受到市、县嘉奖,被评为市"中学语文学科带头人",被校评为"班主任十佳"、"骨干教师"、"首席教师"、"青蓝结对指导奖",被中国教育学会表彰为全国校园文化建设先进个人、课题优秀实验教师、课题优秀学术指导,先后获得现场作文指导、中考语文模拟试卷征集评比、论文评比、优质课比赛等 20 多次全国、

省市县级的一、二等奖。我的论文《扎下阅读与写作的根》还在《人民教育》上公开发表。去年我的论文在省"教陶杯"评比中获得二等奖。2010年,我被省表彰为"基础教育课程改革先进个人"。在学校薪级评比中,我积分最高。

面对这些,如今已是知天命年纪的我,作为一名语文教师已经迈入第38个年头,岁月赋予我最多的就是情感的丰富,作为儿子、丈夫、父亲、老师、朋友的我,正一边体味着人世间的暖人情怀,一边不断反思着前行,努力回报社会。可是我要说,我助人为乐,我帮过无数次无数个人的忙,但我帮不了我母亲现在重病缠身的忙,坚持到新疆预科的课一结束,等到高考准备工作一结束,我迫不及待地将母亲从乡镇医院转到盐城附医,再转到上海医院,现在情况不妙,还得把她老人家接回来。因为我母亲从来就不让我影响工作,对此我只能对她老人家说声对不起。

各位同仁,我是站在这台上年龄最大的一个讲述自己故事的人,我感到诚惶诚恐;我又是第一次向在座各位讲述自己故事的人,我感到纠结不安。但我认为这不仅仅是在讲我自己,更是代表教师向大家讲述我们自己的平常平凡而鲜为人知的故事。说实在的,我很真实,可能不被所有人喜欢,但我对工作对学生对教育事业负最高责任;我很老丑,也可能不被所有人喜欢,但我乐于助人心地善良内在很美好。希望大家见谅,我会感到自在坦荡。谢谢大家!

（二〇一三年）

58. 支教那一年……

——市支教先进个人事迹报道

2005 年,市里吹响"加强城乡互动交流,促进教育均衡发展"的进军号。那时,我有幸赶上了第一班车,被市教育局首批选派到支教最前线的滨海县大套中学工作了一年。在那里,我担任校长助理,负责学校教学教研、课程改革、毕业年级等主要工作。那一年,我尽情奉献,创过记录,赢来赞誉,现在想来,回味无穷,收获颇丰,"足以为外人道也"。

那一年,我创过不少记录,感到很充实

记得当时新课改在城里已叫得很响而在农村还不怎么热。我想支教就应从课改支教起吧。我不保守也很慷慨,注重辐射效应,不但在大套中学开设公开课、作课改报告,还受邀到该县的滨淮、天场等中学作教育调查、听课评课、上观摩研讨课、作新理念指导下教育教学有效操作的讲座。一年里,我跑遍大套乡及其周边乡镇的中学,深入到老师、学生和家庭中去,针对农村教育、地方人文进行座谈交流,努力寻求城乡教育的结合点,紧跟新课改的步伐,形成符合大套中学实际的教育教学方案。我在大套中学组织开展了 40 多次的教学教研活动,如通过文学社团,分别把学生的成品和半成品作文打印成集,发放给学生进行阅读和修改,取得了较好的实际效果。我常常想起"天成文学社"那些青涩面庞,走上中考或高考的战场,书写他们风姿的情景,就常常感到很欣慰。

改变学生的学习方式是课程改革的一个重点。我于是从语文学科做起,组织大套中学的语文教师就如何培养学生主动学习和养成良好学习习惯进行研讨,形成了一套简便而易行的方法。同时我向学生推荐了我坚持了多年的"四簿":笔记整理簿、文海集锦簿、阅读训练簿、习作训练簿。特别值得一提的是,我让学生运用习作训练簿写长篇连载写小说,那知道学生写起来一发不可收。从

反馈的情况看,学生对此是非常认可的,成效是显著的。这让我感到学习方式的改变、学习习惯的培养是严谨学风养成的关键。

课程改革的又一重点是建立新型的师生关系。乡村的孩子单纯质朴却怯于表达和沟通。我便思考着帮助改变这一现状,我的方法是:把工作多年的心得整理成近300条语录,然后自制近千张名片大小的卡片随身带着,必要时取一张写上一句语录视为我对某个学生说的话,并签上我的名字送给学生,学生如获至宝一般将其夹在书中当着书签用,时时默读勉励自己。因此当时大套中学形成一股索要我卡片积累我语录的热潮。想不到的是去年我重返大套中学时,校长在学校的灯箱前驻足告诉我,灯箱上的标语用的是我的语录,这些语录伴随着大套中学的年轻教师和莘莘学子一步步成长。是啊,一个小小的创意竟能发挥如此大的作用,我真感到像创下一项记录似的很高兴。这里我不妨给出几条与大家共勉:热爱学生,就要把学生放在眼里和心里,要关注每一个学生。/无个性即无人才,教师最大的难处在于挖掘学生个性化的潜能,教师最大的本领在于培养学生的个性向健康方向发展,并充分地得以张扬。/把歌声、笑声、掌声、读书声和研讨声汇成心声,融进课堂,让学生做快乐学习和生活的主人。/你一帆风顺,你就不会是勇士;你一蹶不振,你就不会是好汉;你一往直前,你就不会是吃后悔药的人。/世上没有绝对的完美,但如果放弃了对完美的追求,那就更增加了缺憾。/养成"三心"境界,你就是好样的,这"三心"就是:心情愉悦地生活,心平气和地交流,心静如水地学习。/无穷尽=无穷大。/苦功+巧功=成功。/同先进比,你就先进;向落后看,你必落后。

支教一年,在滨海的一个县、乡、校,我面向学校领导、教师和学生开设各种讲座16次,近20万字,听众近万人次,组织师生座谈15次,调研听课评课近300节,开示范观摩课10多次,走进班级演讲近30场,捐给学生书籍130本,捐给特困生衣服100余件,发表和获奖的论文3篇,指导教师发表论文十多篇。目前,我的讲稿都被大套中学打印并发给师生,作为学校校本教材使用。那一年,我真的感到很充实。

那一年，我吃了不少辛苦，觉得很快乐

我出生于黄海之滨一个贫困家庭，16岁参加工作，从教30余年，在教育战线上留下了属于自己的足迹。支教那一年，我付出更多。我与师生同吃同住在一起，跟他们真心地打成一片。记得每晚下了晚自修，我总是手提电筒护送走读生到街头巷尾，总是看着他们的背影在夜幕中消失才返回学校，总是回校后再查住宿生就寝情况，也总是午夜我还在灯下作总结写报告。学校的领导同事笑称我是"拼命三郎"。我常犯心脏早博等毛病，但我从不吭声，只是随身携带着救心丸等药品，还经常接到妻子提醒我要注意休息的电话。不知为什么，跟大套中学的师生在一起，看着他们一张张渴求知识和信息的笑脸，我就会觉得再累也值得。

支教那一年，我被人们说成是不称职的父亲、不合格的丈夫、不孝顺的儿子。记得刚开始的几十天，妻子出国学习，13岁的儿子没人照顾，我本可以请假的，但考虑到开头工作不能耽搁，便将儿子托付给邻居，仅用电话"指挥"着儿子的吃、穿、住、行和学习，知情人笑说我儿子过了半个月的"留守"生活。记得妻子学习回来，任教高中三个班的英语，累倒了我却顾不上关心，只是在电话里向妻子表示歉意。记得年逾古稀的父母住在乡下，常年体弱多病，行动不便，我却无暇顾及，期间母亲住进医院，我也没能陪护，只是春节才回老家一趟向二老陪了不是。现在回想起来，我真感到对不起儿子、妻子和父母，但我对得起我深爱着的大套中学。

历史上有"天场和大套，日本鬼子都不到"的说法，意思是说那儿太穷了。其实支教那一年，我住在几平方米的小平房里，仅有一床、一桌、一椅而已，夏天热得不好睡，冬天冷得睡不了。条件是苦，但我都能坚持着不觉得怎么苦，苦的倒是我来回乘车晕得够呛。我计算过，我一年里乘了近两万五千里的车，好一个"长征"，可"长征"途中我晕车呕吐的次数却不知有多少回。这些虽都过去了，说不苦那是假的，不过我还真觉得苦中有乐。

那一年，我圆了不少梦想，感觉很值得

一年的支教生活很快就结束了，记得我话别大套中学时，不少学生眼含热泪，班长李洁流着泪说"杨校长，您比我们的亲人还亲啊！"大套中学的老师见到我就讲："杨校长，您是咱的精神支柱啊！"这让我既激动又心生愧疚，激动的是我作为得有成就感，愧疚的是我停留得太短暂。现在总结总结，我那一年圆了不少梦，感觉很值得。

那一年，在我的指导下，大套中学辛达松老师的语文课在中央教科所举办的优质课评比中荣获全国一等奖。

那一年，我在阅读与写作的关系这个命题上寻求突破，积累了丰厚的素材，为我 2007 年主持的《中学阅读与写作教学的结合和创新》中语会课题研究和参与的《课改背景下教师培养模式的研究》课题研究打下了一定的基础。

那一年，大套中学的中考取得了前所未有的辉煌成绩，学校受到市、县有关部门的表彰，乡里为此破例办了庆功宴。

那一年，大套中学的新课改等工作多次在市、县有关会上做经验介绍，学校被中央教科所命名为"新课程改革实验基地"。

那一年，我被该校评为"首席教师"，被师生称为精神支柱和形象大使，被市表彰为支教先进个人，对口学校也都被评为市先进集体。

那一年，市、县有关媒体报道了我的支教事迹。

......

带着一股子热情，2006 年支教一结束，我就没有停止过演奏我支教的战歌。我随后接受邀请到部分县城和乡镇调查研究、听课评课、作专题报告。前年，省政府为制定教育发展纲要，派出调研组来我市进行深入调研，我作为市直唯一的教师代表参加了座谈会，提出了十条主要源于支教最前沿的有效建议，受到调研

组领导的一致好评。我主持的《中学阅读与写作教学的结合和创新》研究课题于
2009 年 12 月成功结题,成效显著。我的论文《扎下阅读与写作的根》还在《人民
教育》2009 年第 20 期上公开发表。去年,我被省表彰为"基础教育课程改革先进
个人"。

　　面对这些与支教分不开的成绩,如今已是知天命年纪的我,作为一名语文教
师已经迈入第 36 个年头,岁月赋予我最多的就是情感的丰富,作为儿子、丈夫、
父亲、老师、朋友,我正一边体味着人世间的暖人情怀,一边不断反思着前行,努
力回报社会。面对当前教育均衡发展的态势,我凭曾在农村工作二十多年的体
会和一年支教得来的启示,呼吁教育界要尽快尽好地将最前沿的教育信息传送
到乡村学校和薄弱学校,促进城乡教育的交流与互惠;呼吁教师们要积极投身于
课程改革,扎实开展校本教研,努力挖掘学生个性化的潜能,并培养其向健康方
向发展而充分地得以张扬;呼吁家长们不要盲目地挤走"独木桥",追求所谓的精
品教育;呼吁决策部门尽快遏止不切实际的英语教学所导致的厌学现象的"蓬
勃"蔓延;呼吁全社会重视教育持续发展,并健康地接轨世界教育;呼吁支教人吃
苦耐劳,乐于奉献,不作秀不造假,支在实处显真情。

　　支教那一年,我收获了成功,积累了经验,也吸取了教训,给我以深刻的启
迪,诠释着我的教育人生。

　　(此文先以《支教前线奉献歌》发表于《盐阜大众报》,后以此发表于《盐海
风电》)

59. 争当课改战线的急先锋
——省课程改革工作先进个人事迹报告

我16岁那年就参加了教育工作,迄今已从教33个春秋,加入党组织20个年头,担任学校中层干部20多年。33年来,我坚决拥护党的各项方针政策,模范遵守党纪国法,爱岗敬业,为人师表;33年来,我一直奋斗在教育教学工作第一线上,无限关爱学生,精心教书育人,不断探究,不断创新;尤其是课程改革以来,作为课改领导小组的主要成员,我不但努力调控和监督课改工作的整体运作,而且积极投身实践活动,充分发挥示范引领作用,取得了显著成绩,为师生的共同发展,为学校的课改工作,为全市的教育发展作出了突出的贡献。

一、奏起课改前沿的进行曲

基础教育课程改革是一项全面而系统、艰巨而持久的工程。为把课改工作做细、做实、做活、做出成效来,我不畏艰苦,忘我工作,任劳任怨,顽强奋斗每一天。

——读书和学习是我的爱好和追求。我省基础教育课程改革一铺开,我便主动要求参加省市多种课程改革培训。2003年我参加了40多天的骨干教师省级培训,进行课程改革通识培训和学科教材教法培训,从2005年起阶段性地参加教育学会系统的国家、省市级科研课题主持人培训和无锡、山东、北京、内蒙古等地的各级课改教学观摩研讨活动,学习他们的课改经验。为洞察最新的教改动态,关注教学改革实践和研究成果,我坚持阅读了《新课程》、《人民教育》、《中国教育报》、《江苏教育》、《中学语文教学参考》、《作文导报》等大量的报刊和市局推荐阅读的十本书籍,从中吸取营养,并做了近二尺厚的剪辑,收获很大。我能如痴如醉地坐在电脑前,看教学片子、听专题讲座、写业务笔记、作探讨交流,从专家和同行的优秀经验中深深体会基础教育课程改革的意义和真经,使我快速转变观念、转变角色、转变教学方式,不断提高自身的综合素养。与此同时,我积极引领教师深入学习并透彻领悟《基础教育改革纲要》和学科课程标准,学习课改的前沿理念和可资借鉴的教学策略,努力提高全校教师的课改水平。

——**课堂和活动是我的阵地和品牌**。我十分注重理论联系实践,积极参与教育教学教改教研工作;十分注重教法与学法的探讨,不断尝试教学新办法,不断吸取和辐射先进经验,初步成形了语文开放教学和自主学习二重唱、听说读写四结合以及重步教学法。我经常面向校县市,面向领导、教师和家长公开课堂教学,做到在坚守中改进,在改进中提高,在提高中示范。与此同时,我打造开展活动的品牌。在班上,我组织演讲比赛、诗歌朗诵、知识抢答、问题争辩、特长展示、编辑作文、命题训练、读书交流会等形式多样、内容丰富、气氛活跃的课内课外相结合的活动,学生情绪得到激发,选用多种方法高效学习、快乐学习。在全校,我坚持定期开展专题讲座、课改论坛等学术活动,为教师们切实开展好课改实验工作搭建平台。

——**听课和评课是我的兴趣和绝活**。我总是挤出时间听各类课,取长补短,互通有无,共同提高,又督查促进,全面提高。每学期,我听课节数不少于 80 节,总是创下全校之最。不仅如此,我还做到听课必评课,而且从校内评到校外,评出水平,评出名堂,有效地指导青年教师和后进教师,使他们旧貌换新颜,出类拔萃。我同样创下了评课之最,有人说评课成了我的绝活。

——**研究和引领是我的最爱和快乐**。我十分喜欢反思研究,研究全方面的、专题性的,研究大的问题、小的看法,诸如教育学与心理学的有效结合、思维的发散与聚合、教师与学生的关系、教情和学情的自觉调查、教法与学法的互通,新老课程的聚焦与课堂教学的效益、学习习惯的养成、做人与学习、对话平台的搭建、激发学生发言的技巧、语文阅读与写作教学的结合和创新、生活与作文、课本与校本、督导与评估等等。为研究走向深入,我主持或参与了多项国家、省市级课题研究,例如《初中语文活动课程实践研究》、《初中语文课堂教学中学生创新精神培养》、《课改背景下教师培养模式的研究》、《中学阅读与写作教学的结合和创新》等等。注重理论与实践的联系,注重实践与反思的作用,研究才能显示效应。我于是多开课研究、多座谈研究、多领引研究,使研究开花结果。我曾为一篇课文连续在 10 个班上过 10 节课,曾为指导学生作文选材连续 3 周开了系列课,曾为所有教师放了上一堂公开示范课、出一份中考模试卷、开一次作文指导讲座的"三个一"的好样子,曾为校内外教师学生开设多场讲座,字数达 20 多万字。因此,学校教师的专业在不断发展,学生的身心在健康成长,我自己的认识和能力更是得到了提高。我在《让教育回归生活,让生活见证教育》一文中阐述了三个关系,即:家庭、社会和学校的关系,素质、课程和活动的关系,关系、方式和研究的关系。我在《坚守·优化·有效》一文中介绍了三点,即:坚守一个理念——管理出效益,优化两个结构——师生共同成长,开展诸多活动——保证有效教学可持续发展。我在《规范行为,夯实基础,达成双赢》一文中提出了四点,即:加强目标管理,努力使教学管理向精细化方向发展;加强教学督查,努力使教学行为向规范化方向发展;加强基础训练,努力使学生学习向主动化方向发展;加强教学研究,努力使师生教学向科学化方向发展。

二、唱响支教前线的奉献歌

基础教育课程改革又是一项广泛而深入、普及而惠民的工程。为加强城乡互动交流、促进教育均衡发展,我有幸于 2006 年被市局首批选派到支教的最前线—滨海县大套中学工作一年,担任校长助理,负责学校教学教研、课程改革、毕业年级等主要工作。我曾在农村工作过 24 年,我又在城里工作近 10 年,我有城乡工作的双重经验,我于是在支教前线大显身手,充分展示出精湛的理论水平、丰富的实践素养、较强的创新能力和崇高的精神风范。一年中,我克服诸多困难,不断积极进取,组织开展了 40 多次有改革意义有积极影响的活动,面向校内外师生们作了近 20 万字的教育教学课改讲座,面向全县公开 10 多节示范课,赠送 1 000 余本书籍,书赠近 500 张"语录"卡片,捐献 100 件衣服。可以说,我把自己卖给了大套中学。面对这些,或被该校视为校本教材和宝贵财富,或被人们作为精神补品和物质享受。我为推动教研和新课改进程作出了突出的贡献,为当年该校中考取得前所未有的辉煌业绩立下了汗马功劳,为该校赢得国家、市县多次表彰付出了无数心血。我被该校评为"首席教师",被师生称为精神支柱和形象大使,其人格魅力不断升华,为支教队伍树起了一面鲜艳的旗帜,被市表彰为"先进个人"。我的先进事迹在报纸上发表宣传,对全市支教和课改工作起到了积极的推动作用。面对这些,我向学习和生活受到严重影响的儿子说"我不是称职的父亲",我向任教高三双班英语而累倒过的妻子说"我不是合格的丈夫",我向居住乡下又年迈多病的父母说"我是不孝顺的儿子",我向无私奉献、积劳成疾却随身携带救心丸等药品而不顾晕车等困难、奔波县里校里、几年天天熬夜撰稿的自己说"我是感到很充实、很快乐,又是对自己很不负责的男人"。支教结束话别大套中学时,不少师生眼含热泪,校长陈跃一段深情的总结更让人心动而至今让我难以忘怀:"一年来,我校教育教学质量和新课改工作受到市、县表彰,并多次作经验介绍,学校被中央教科所命名为"新课程改革实验基地",这与杨天成同志的帮助关系很大,他是课改的帮助者、推动者。从他身上我们能获得最前线最全新的信息,教师能在他的推动下积极投身课改,扎实开展校本教研,取得的效果十分显著……"

2006年支教一结束,我不懈努力,想方设法地发挥积累的课改经验和成绩的最大化作用。我十分注重辐射效应,严谨而不保守,谦虚而又慷慨地在我市的滨海、射阳、亭湖等县区调查研究、听课评课、放公开课现场、作精彩报告。我的《新理念指导下教学研究工作的有效操作和理性思考》和《新背景下教育管理的有效操作和理性思考》的讲座,反应非常强烈。可以说,我所到之处,领导、老师和学生都热烈欢迎,都大有收获。现在,不断有学校约我作报告讲座。我坚信为此作出不懈的努力,做出更大的贡献,一定会把支教前线的奉献歌唱得更响。

三、写好扬帆前行的奋斗史

基础教育课程改革更是一项复杂而漫长、重大而宏伟的工程。33年的奋斗,一路风雨,一路坎坷,一路凯歌,一路历史。我用实践不断践行,我用心血不断谱写。请看来自不同方面的一组总结和表白:

1. 在我的精心指导下,校内外四名教师的公开课荣获国家、省一、二等奖,有300篇学生作文获得国家、省市一、二等奖(其中有100余篇发表),我本人主持或参与的国家级课题有两个、省市级课题有四个,先后获得国家、省、市级不同业务奖项近 30 次,主编出版《素质教育教案》一书,主编校本教材两本,参写并出版《语文活动课程实践研究》和《市中考说明》,在国家、省、市有关刊物和会上公开发表和交流的论文 10 多篇,这里引载网上一篇报道:"有效教学的推行'一石激起千层浪',它对教师的教育教学工作提出了严峻的挑战。我校未雨绸缪,及时提出了'以研促教、以研导教'的策略,确立教科研在教学中的先导地位。同时采取多种措施推动教师的专业化发展。我校教师积极投身到教科研活动之中去,管理干部更是身体力行。今天,我校教科研方面又传来捷报。我校语文高级教师、教务处杨天成主任的论文《扎下阅读与写作的根》公开发表在《人民教育》2009 年第 20 期上。众所周知,《人民教育》为教育部直属的国家级的核心期刊,是教育方面级别较高的具有权威性的杂志。该文的发表说明杨天成同志在中学作文与阅读方面的思考比较成熟,得到了教育权威刊物专家们的认可,必将对中学生的阅读与写作产生积极的指导作用,同时也会有力地推动我校的语文教学,促进学生的人文素养和写作能力的提高。我们有理由相信,我校的教科研会取得更为丰硕的成果。值此,学校向杨天成同志表示祝贺,希望全体同志能向杨天成同志学习,积极探索在新规范背景下如何实现课堂教学的有效操作,为全面提升我校教育教学质量再立新功。"今年 6 月,省政府调研团为国家教育中长期规划发展问题来我市座谈,我作为唯一的教师代表出席了会议,会上我的发言震撼着省、市重量级领导。

2. 在我的不懈努力下,我总结撰写出 20 万多字的教育教学教研讲稿,讲稿所涉及的方面多、系列性强。我还把我的感言写成 200 多余语录,值此摘录几句以求共勉:教育是金钥匙,但不是万能钥匙,教育是多能的金钥匙。/把学生放在眼里和心里,要关注每一个学生。/教师的最大难处在于挖掘学生个性化的潜能,教师最大的本领在于培养学生的个性向健康方向发展,并使其充分地得以张扬。/要相信自已能教,更要相信学生能学。/适合自己的学习方法是最好的方法。/把掌声、笑声、歌声、读书声汇成心声奉献出来,你会幸福的。

3. 在我的辛勤培养下,我的学生对我都有较好的评价,就此不妨请你看几条:老师的作业布置得很好,例如随笔、连载、积累等,以前我们没有这样的作业,别的学校一般也没有。我认为这是老师您布置的个性化作业。/老师,你很会创新,其他老师想不出的好方法,您都能想出来,并且都很有用。/杨老师最大的优点是让我们对于生活,以热爱去看待;对于做事,以执着去对等。您常常告诉我们做人的道理,让我们明白学习是为了做人。/杨老师这个人善于从小事做起,在他的眼中,做好小事情方能有大成就。他从来不放过任何小事情,当他为小事批评教育你时,他的眼中充满了对你的爱。

4. 在我的顽强奋斗下,我赢得了同仁的肯定和领导的赞许,因此我和我的学校都荣获了不少荣誉,不完全的统计如下:本人曾获得县政府综合表彰三次,荣立三等功一次,荣获市"先进个人"一次,多次受到市、县嘉奖,被评为县"中学语文学科教学能手",被校评为"班主任十佳"、"骨干教师"、"首席教师"、"青蓝结对指导奖",被中国教育学会表彰为全国校园文化建设先进个人、课题优秀实验教师、课题优秀学术指导,先后获得现场作文指导、中考语文模拟试卷征集评比、论文评比、优质课比赛等20多次全国、省市县级的一、二等奖。

乘风破浪会有时,直挂云帆济苍海。新形势,新背景,新挑战,一切正在进行中,一切需要我们付出更大的担价。为基础教育课程改革花开满园到处香,我的努力还不够,我愿乘风破浪,继续扬帆前行,勇做课改战线的急先锋。

二〇〇九年十二月二十八日

学生评价

60. 我崇拜的偶像

在娱乐界中,我崇拜周杰伦、花儿乐队;在写作界中,我崇拜鲁迅、老舍;而在学习生活中,我崇拜我的语文老师——杨老师。

杨老师的写字。杨老师上课时写的字,行云流水,潇洒自然,总令我赏心悦目赏,我的眼球总被吸引着,像着了魔似的,常常产生哈里波特的神奇感。这是我崇拜杨老师的理由之一。

杨老师的道理。我们特别爱听杨老师讲道理。杨老师很慷慨,必要时他会花半小时甚至一堂课时间给我们讲做人做学问的道理,而且常常有名言诞生。不知他那肚里哪来的道理,总是倒不完,又很动听,要是我们也能像他那样,充满学问,充满道理,估计一辈子不愁吃穿了。不过,他讲道理总是先征求我们意见。我觉得,作为一个老师,以教育学生为本,不应该只顾传授知识,完成任务,而应该像杨老师那样,不仅传授知识,更要讲道理。听杨老师讲道理,是一种享受。这是我崇拜杨老师的理由之二。

杨老师的关爱。班上有学生犯了错误,杨老师会很着急,很关心,就像父亲关心自己的孩子一样,课上专门提出,课后又找他们交流。他常说我们都是他的孩子。为了我们这些"儿女",他总是苦口婆心,语重心长,不惜牺牲休息时间,不肯放弃任何机会,真正走进我们心灵,疏导开通堵塞的思想。这是我崇拜杨老师的理由之三。

杨老师的教学。杨老师教语文,他常说生活就是语文。为了丰富课堂内容、活跃课堂气氛,杨老师经常讲生活的事,有时还逗大家乐,像是我们的朋友一样,跟我们无话不谈,他跟我们谈他自己的经历,跟我们谈校内外的大事,跟我们谈同学间的趣闻,跟我们谈魏书生这个人。这是我崇拜杨老师的理由之四。

我崇拜杨老师,理由很多很多。总之,他像我们四十二个人的父亲一样,教导我们;跟朋友一样关心我们,伴着我们成长。杨老师是我的偶像,我因此崇拜杨老师,热爱杨老师。

初二(2)班　林丹

61. 来自班级学生的简评(部分)

　　杨老师善于从生活中发现生活,从生活中感悟生活,从生活中懂得生活。他的教育方法与众不同,注重自学,坚决反对死记硬背,讲究活学活用,并且能耐心地讲阅读与作文的方法,还有就是会讲做人的道理。　　　　　——朱喻慎微

　　像其他许多老师一样,你对待自己的工作总是细致认真,但你无论上课还是课后,总能将做人放在第一位;你不唯重分数,要我们成人成才双丰收。学生在你的课堂,总能领略到别样的"风景",这不是简单的执教者与学生的对话,而是心与心的交流。从您这里,我学会了成长,学会了理解,学会了宽容。谢谢老师!　　　　　　　　　　　　　　　　　　　　　　　　　——倪珊珊

　　我觉得老师很细心,对每个人都关心得无微不至,让我感动的事太多太多。那次做眼保健操时,看到我桌上有些凌乱,他轻轻地帮我拿起书,然后整齐地放在我桌角,用笔被聚到了一起。那温柔的动作,让人感动得想要落泪。我想遇到这样的老师,我应该珍惜,珍惜我们师生之间的缘分情。　　——张鑫鑫

　　杨老师这个人善于从小事做起,在他的眼中,做好小事情方能有大成就。他从来不放过任何小事情,当他为小事批评教育你时,他的眼中充满了对你的爱。
　　　　　　　　　　　　　　　　　　　　　　　　　　　　　——武　威

　　杨老师最大的优点就是喜欢用道理来教育我们,让我们向往生活,学会生活,成为生活的主人,面对困难,只要拥有一颗粒待生活的心,就万夫莫敌,做坚强的自我,做生活的主人。　　　　　　　　　　　　　　　　　——李　琦

　　我认为老师的文采很棒;你曾说每时每刻都有东西写,可没有足够的时间来写;还有,你要求规矩整齐划一,从根本上解决问题,总是用道理和耐心来教育学生。　　　　　　　　　　　　　　　　　　　　　　　　　——洪玉杰

　　有时候,我认为你是在显摆,总是与我们"高谈阔淡",仔细想想,才发觉你是

与我们交谈，将我们当作你亲生儿女一样，再仔细想想，你是在用你的精神激励我们，让我们振奋起来。

——赵晶晶

从上次武威反嘴的那次事件中，我看出你具有一种常人所不具有的品质——忍耐性。在怒发冲冠之时能控制自己的人，往往是那些品质高尚、有修养的人。

——乔潜磊

您总是关心我们，对我们一视同仁。你总有与众不同的方法，例如通过随笔、连载来提高我们学习语文的能力。我认为这是老师布置作业具有个性化。

——赵永涛

杨老师很可爱，有时像小孩子，心态很年轻，而且把我们看成是你的朋友，经常与我们说你的生活、工作。

——陆嘉琦

我觉得老师是一个很节约的人，每一次来我们班级时，老师总是把灯关掉，然后说生活就要节约，节约才好生活。我很感谢老师的这种好品质。

——陈　锐

整齐是您的喜爱，您总是要求我们穿校服，因为这是学校的荣誉，也是班级的荣誉，何况还如此美丽整齐。你说一个人外表穿得多么漂亮并不能代表这个人内心就怎样，穿着整齐的美丽动人，让人心情愉快。

——袁　晨

你讲课不仅是让我知道关于这篇课文的如何理解正确，而更多的是让我们知道如何学习，从不开门见山把题目的答案告诉我们，因为您说这样没有意思。您上课还喜欢讲道理，这个我很喜欢，每次都能让我受益匪浅。

——陈允超

无论是有同学提出问题，无论是同学们犯下什么错，无论是……都会体现出杨老师的个性——究根问底，总而言之，杨老师的不同之处，似乎就是那种气质。每当问问题，讲道理，都离不开"为什么"，这就是杨老师的个性。

——徐　耀

杨老师有个性，长话短说，率直、坦荡、幽默、公平对待每一个学生，一视同仁，决不偏袒那一个人。

——王　倩

有责任感，耐心教书，口才较好，有说服力，乐于与学生沟通，把我们当作自己的孩子,有什么话就直说。该表扬的表扬,该批评的批评。上课时会给我们讲一些生活中的趣事。

　　　　　　　　　　　　　　　　　　　　　　　　　　　　——黄　龙

　　您上课时语言幽默风趣,时常逗得我们哈哈大笑;您常教给我们一些做人的道理,先成人再成材;您很严格,但严格中又不失细心。您有着常人少有的耐心,循循善诱地教导着我们。

　　　　　　　　　　　　　　　　　　　　　　　　　　　　——李兰欣

　　杨老师是一位让人觉得很亲切的人,他下课时,不是拿起书就走人,而会留下来问同学的生活情况、学习情况,会从很细微的地方去关心同学,他像同学们的家长一样,让同学们与他心贴心。杨老师能够设身处地为他人着想,同学们从来都不会觉得他不近人情,反而让同学们更加喜欢他。

　　　　　　　　　　　　　　　　　　　　　　　　　　　　——钱　靓

　　对于生活,以热爱去看待;对于做事,以执着去对等待。常常告诉我们做人的道理,让我们明白,学习是为了做人。

　　　　　　　　　　　　　　　　　　　　　　　　　　　　——赵晨雯

自我语录

62. 教育教学语录（部分）

（一）

1. 我是形象大使，我要让我的精神为自己说话。

2. 积德蕴才作师表，教书育人为生范。

3. 循循善诱教书，孜孜不倦育人。

4. 做人是第一的，教好书更要育好人。

5. 既教书更育人，会育人教好书。

6. 教育是金钥匙，但不是万能钥匙，教育是多能的金钥匙。

7. 教育的最高境界是学生的自我教育。

8. 教育学生勤奋刻苦，自己就得勤于理政，做到眼勤观察，耳勤听取，腿勤家访，手勤记载，脑勤思考，口勤对话。

9. "知、情、意、行"存现于学生个思想品德的外表与内在。因此，对学生的教育和管理，尤其是对行为差和学习差的后进生，我们应注重对他们的外表和内在多进行统一性较强的正面教育，使其在"知、情、意、行"上都得以感化，要把他们的正气升华到一定的程度，努力不让歪风邪气插足。

10. 把教育学与心理学结合起来，并统一到点、线、面上，做到"软""硬"兼施，动静相间，张弛结合，多育并举，让学生的思想生发生出灿烂的火花。

11. 注重形象塑造，让精神说话；注重正面教育，让正气升华；注重方法改进，让科学作证；注重身心关爱，让思想生花。

12. 一次得当的鼓励，胜过十次不得法的批评；同样一次得法的批评，也胜过十次不得当的鼓励。

13. 创造性的工作，不是靠想当然，为标新立异而标新立异，而要合乎规律，植根于科学，这样的创新，才是有效的，有价值的。

14. 无个性即无人才，教师最大的难处在于挖掘学生个性化的潜能，教师最大的本领在于培养学生的个性向健康方向发展,并充分地得以张扬。

15. 所有教师必须重点研究这么几个问题:教育与教学的结合,教育学与心理学的结合,教与学的结合;思维的发散与聚合的关系,有意注意与无意注意的关系,智力因素与非智力因素的关系。

16. 教师要做到三个重视:一要重视学生学科素养的培养,二要重视学生学习习惯的养成,三要重视学生学习能力的提高。

17. 反思即回顾,反思即矫正,反思即领悟,反思即提升。

18. 好习惯的培养就是高品质的坚持。

(二)

1. 教师的教是为了学生的学,教学生学好要从学生好学做起。

2. 学生不能成为"死读书、读死书、读书死"的人,教师就不能是"死教书、教死书、教书死"的人。

3. 学生为解决为什么而学,教师为帮助学生解决为什么而教。

4. 教师要设法让学生说出自己要说的话,甚至让学生说出老师说不出的话。

5. 从学会到会学,这靠的是方法;从学好到好学,这靠的是兴趣。

6. 创造是人类发展的灵魂,学生创造得越多,教师的贡献就越大。

7. 面对成绩,要站在数据上分析,又要跳出数据外反思。

8. 课内课外,都要把学生放在心里,要关注每一个学生。

9. 课堂是平台,是师生一起活动、共同解决问题的平台,是师生一起组织、共同对话交流的平台。

10. 把歌声、笑声、掌声、读书声和研讨声汇成心声,融进课堂,让学生做快乐学习和生活的主人。

11. 在展示的平台上,学生表现得越好,教师的能力就越强。

12. 没有过程就没有结果,重结果更要重过程,评估应从过程走向结果。

13. 管理出效益,不让有效时间浪费,不使付出的劳动无效,保证出高效益。

14. 重点问题突出解决,普遍问题共同解决,个别问题分别解决。

15. 语文教学必须把培养学生语文素养放在首位,必须把阅读和写作相结合的教学放在突出位置。

16. 中学语文教学要注重整体感知与突出重点相结合，要注重揣摩与表述相结合，要注重思维的发散与聚合相结合。

17. 生活即语文，生活之丰，语文之大，必须树立"大语文观"。

18. 生活是多维、多元、多样、多彩的，语文教师要教育学生体验生活，阅读生活，表达生活，要教学生学会在体验时积累，在阅读时思考，在表达时写作。

19. 真情实感源于对生活的真切体验。

20. 升格阅读，才能提升品味。

21. 展示自我，不断创造。

22. 教学没有公式，但是有方法，好的方法就好像是公式，好的方法就是遵循规律加切合实际。同样，学习没有公式，但是有方法，好的方法就好像是公式，好的方法就是遵循规律加切合实际。

23. 既教知识又教方法，他（她）会自己学；光教知识不教方法，他（她）依赖别人学。

24. 态度是最好的方法，认真是最好的能力。

25. 反复是最好的记忆方法。反复，非重复。

26. 读书，不仅提高人的阅读水平，而且提升人的精神境界。读人更是如此。读书，读书中人；读人，读人之书。

27. 读书和写作一定能够培养出人的好心态，读书使人变得冷静，写作使人变得成熟。读、说、写，其实都是一个表达，表达和健康是人生质量最重要的东西。

28. 写作文，就是写生活；生活多彩，作文就多样。

29. 作文素材源于生活，作文表达高于生活。

30. 从不同的角度观察，从不同的方面思考，从不同的层次表达。

31. 作文没有公式，但是有方法。

32. 一篇作文，就是一次创造，就是一项发明。

33. 关注生活，放大细节。

34. 有意义＋有意思＝有价值

35. 作文的切入角度要小，要能在小小的切入口通道上铺陈事件，刻画人物，抒发情感，揭示主旨，使之处处结合，点点闪光，就像把玩万花筒，让人透视到五彩缤纷的世界，享受到生活的精彩美妙，快乐无比。

36. 作文时，片断的叙述如放电影一样，一幕一幕，一个镜头一个镜头的展现；词汇的运用如数家珍一般，一点一点，一个组合一个组合的呈现；情感的抒发如掀海涛一样，一个波澜一个波澜的涌现，让人感到痛快淋漓，快乐无比。

37. 作文的过程是完整的美好的享受过程，其间有无数片断描述，更有突出而又放大了的细节描写，错落有致，就像观赏一片天空，其中有无数星星闪烁，更有一轮明月朗照，相映生辉，让人感到美妙绝伦，快乐无比。

63. 学生管理语录（部分）

（一）

1. 珍惜过去和缘分，把握现在和机遇，享受未来和成功。

2. 学生要做到"四要"：一要爱国爱家，爱校爱我；二要孝道孝德，感恩感激；三要学会学习，学会思考；四要追求目标，实现价值。

3. 把握住了机遇，就把握住了命运，机遇在你身边，命运在你手中。

4. 养成"三心"境界，你就是好样的，这"三心"就是：心情愉悦地生活，心平气和地交流，心静如水地学习。

5. 学生要做到三个合作：一是与老师合作，二是与同学合作，三是与自己合作。

6. 你一帆风顺，你就不会是勇士；你一蹶不振，你就不会是好汉；你一往直前，你就不会是吃后悔药的人。

7. 世上没有绝对的完美，但如果放弃了对完美的追求，那就更增加了缺憾。

8. 奋斗即成功，成功即快乐，快乐即享受，享受即美丽。

9. 有意义的人生是一道亮丽的风景线。

10. 我们要过美妙而有意义的生活。

11. 只要有一份执著，成功一定属于你。

12. 愿你们在集体的棋盘中找到属于自己的位置，并为集体的棋局的胜利贡献自己的力量。

13. 命运将我们聚在一起，愿我们珍惜这缘分，珍惜我们共度的时光，虽然这在人生的旅途中仅仅是瞬间的相遇，但希望我们相遇结下的友谊地久天长，回味无穷。

（二）

1. 一个人没有目标，就没了理想，就没了前进的动力。

2. 相信自己，每个人都会创造奇迹。

3. 比，向先进看齐；学，向困难挑战；赶，向目标迈进；帮，向师生请教；超，向自己要成绩。

4. 一定要对帮助过自己的人多多地感恩。

5. 未来是美好的，要懂得享受未来。

6. 成功是快乐的，享受成功，就是享受快乐。

7. 低头思过，抬头做人。

8. 改正错误，是非常痛苦的事；改正了错误，又是非常了不起的事。

9. 忍耐会避免犯错误。

10. 我不要伤害自己，我要实现自我价值。

11. 行动是最好的见证，时间最能考验人。

12. 胜利的赢家，是关键时候最能把握自己的人。

13. 态度决定一切，行动证明一切。

14. 送出你的掌声，你会幸福的。

15. 不要歪着头脑思考问题，要行得正。

16. 要珍惜缘分，说家长辛苦，说老师好，说自己能行，成功就在眼前。

17. 我不要表现无知，我要提高全面素质。

18. 仁义不可缺，礼智不能少。

19. 立志成才，开拓未来。

20. 不要嫉妒别人，而要努力超过别人。

21. 太注意形象，就没了内涵，没了内涵，也就没了修养；不注意形象，就没有内涵，没有内涵，也就没有修养。

22. 一个人若不懂得孝敬父母，那这个人对工作就不可能负责，对事业对同志就不可能忠诚。

23. 从爱自己做起，爱国爱家爱校，这就是学生的做人。

24. 伤害自己，也伤害他人；伤害他人，必伤害自己。

25. 一切素养都可以从书中来。

26. 正气从跑步树起。

27. 不要做语言的巨人和行动的矮子。

28. 没有理想，就没有希望。

29. 不是环境（社会）适应你，而是你要适应环境（社会）。

30. 该沉默时沉默是金，该显露时显露更显得有金的价值。

31. 助人，于人方便，亦于己方便；自私，害人，更害己。

32. 诚信是你交友的首要良方。

33. 懒惰是你进取的最大敌人。

34. 嫉妒是你前行的绊脚石。

35. 该宽容时宽容，大家都会觉得世界是美好的，生活是幸福的。

36. 学会容，学会忍，这是崇高的。

37. 你是红花，我愿做绿叶；你是绿叶，我做好红花。

38. 不要为别人塑造自我，而要努力创造自我。

39. 允许你犯错误，但要看你犯的是什么错误，是怎样犯的错误，更要尽快改正错误，不再犯类似的错误。

40. 不要太在乎别人怎么说，要在乎自己做得怎么样。

41. 人必须有理想，有目标，有追求，否则你就没有前行的动力，但是理想不能唯利是图，目标不能好高骛远，追求不能腾云驾雾。

42. 学习是苦的，说不苦是骗人的，但是苦是为了甜，先苦后甜，苦尽甜来，这是肯定的，正如天上不会掉馅饼，这是肯定的。

（三）

1. 无穷尽＝无穷大。

2. 苦功＋巧功＝成功。习惯＋能力＝成功。智慧＋勤奋＝成功。

3. 同先进比，你就先进；向落后看，你必落后。

4. 我是最优秀的，我又不是最优秀的。

5. 追求目标，实现价值。

6. 我要追求目标，我要实现价值！

7. 明确目标，就要追求；追求目标，压力变为动力；形成动力，活力产生；活力一产生，就什么都好办。

8. 我能行！成功就在眼前！

9. 我很优秀！我很棒！

10. 不以勤奋，何以收获。

11. 因勤奋而美丽，因刻苦而潇洒。

12. 你皮，你聪明；你不笨，只是你没学。

13. 地球上有你一点坐标，你勤奋，你就能找到与这点坐标相对应的 X 和 Y。

14. 你付出，你就有收获。

15. 投入慢，效率低，也是罪过。

16. 你放了时间，就是放弃了生命；你丢了知识，就是丢掉了财富。

17. 不要父母留下来的财富，要把自己变为财富。

18. 财富不会从天上掉下来，要付出劳动和汗水。

19. 有一身正气，两袖清风也何妨。

20. 少说客观现象，多找主观问题。

21. 做人要诚实，做学问要踏实。

22. 追求目标，总能获得成功。

23. 兴趣是最好的老师。

24. 多问为什么，就多长知识。

25. 一个脑子可以装下一个地球。

26. 失败乃成功之母，成功更是成功之母。

27. 用知识装扮起来的美是最美丽的财富。

28. 你越是向困难低头，你就越远离成功。

29. 迎着困难上，说我能行！站在胜利的顶峰，说我成功了！

31. 时间就是生命，知识就是财富。

32. 我思我得，我得我在。

33. 学会投入，学会调节，学会合作。

34. 你来到世上，首先不是享受，而是奋斗。

35. 书是天下第一宝，知识则是宝中宝。

36. 耐得住寂寞，经得起磨练，战得了自己，造就了自己，才能获得成功。

37. 要有责任心,用好脑子做好每一件事。

38. 学会感恩要做到:心存感激,口生感谢,行为感动。

39. 教学生读书,更要教学生读人。

40. 每个人都在放风筝,而且是一生在放。少儿时放风筝,图的是兴趣爱好和享受快乐;年轻时放风筝,放的是心灵自由和青春活力;成人后放风筝,为的是责任担当和过好日子。要放好风筝,首先要做好风筝和备好线绳,保证线绳足够长和不能断;其次要掌握技能,保证高飞又精彩。

64. 家庭教育语录(部分)

1. 父母所做的事情,同样是老师所做的事情,就是"传道、授业、解惑",传做人之道、授生活之业、解知识之惑;就是教孩子做好人,就是教孩子做聪明人,就是教孩子提高生活质量。

2. 父亲是山,山要青;母亲是水,水要秀;孩子要集父母于一身的自然的山青水秀的美。父亲有刚强,母亲有温柔,孩子才能有集父母于一身的刚柔并济的好。这一美一好,就告诉我们:父亲最重要,母亲最伟大。

3. 好习惯,好孩子;好孩子,好学生;好学生,好公民;好公民,好社会;好社会,好习惯。

4. 为人父,子不孝,父之过;为人母,子不顺,母之错。

5. 我们家长一定要树立起这样的思想:不读书的人,是可怜的人。唯有好好读书,才能让人聪明起来,才能过上富裕美好的生活。

6. 能力强,本领大;本领大,贡献多;贡献多,薪酬丰;薪酬丰,生活好;生活好,能力强。

7. 我们常说人有"三生",生命、生存和生活,生存有保障、生活很美好,生命有价值。

8. 表扬,要不断;批评,要加入。哄和宠不等于鼓励,凶和狠不就是批评。训导不能少,如何训和导,方法有讲究。我们欣赏鼓励性教育,我们更要善于欣赏学生的闪光点,但是我们不能一味地鼓励和表扬,不要忘了没有批评和惩戒的教育是不完整的教育。我们要学会表扬和批评,做到表扬不刻意,批评不随意。可以说,一次得当的鼓励,胜过十次不得法的批评;同样一次得法的批评,也胜过十次不得当的鼓励。

9. 玩物丧志,玩人伤心,玩心丧气。

10. 教育要及时,教育要彻底。

11. 每个人,都有特点,特点是好的,就是优点,特点是坏的,就是缺点。同样，一件事，是好事，坚持做，就养成好习惯，是坏事，坚持做，就养成坏习惯。

12. 见贤思齐，最聪明的孩子（学生）会向周围的人学习他们每个人身上的优点。

13. 遇见逆耳忠言的人，要感谢；听到热忱批评的话，是幸福。

14. 教育没有公式，但是有方法，好的方法就好像是公式，好的方法就是遵循规律加切合实际。

15. 表扬与批评的方法有很多，但不可复制，原则是不用死盯法，少用对比法，用好比较法，巧好老方法，尝试新方法。

16. 家庭教育与学校教育一样，要科学化，也要灵魂化，不要过于艺术化，也不要过于技术化。

17. 只有教育，才能宗代之好，德才兼备；只有教育，才能习惯成德，能力生才；只有教育，才能人丁兴旺，家庭发达。

18. 请家长们记住，孩子学习受阻而自愿或需要辅导时，辅导才能见效。

19. 家长一定要教育孩子喜欢老师，喜欢老师，才喜欢学习，喜欢学习，才提高成绩。

20. 方法不可以复制，一个家庭一个样儿，一个孩子也是一个样儿，世界上没有完全雷同的家庭和孩子，也绝对不可以把那个大师说的或者那本书上写的直接拿来而不切实际地运用。

21. 衣服要量身定制，穿在身上才合体。自己的方法是最好的方法。自学能力是可以培养的，自主学习能力是让孩子终生受益的。

22. 有成功，有失败；没有失败，便没有成功。但不是说有失败，必能成功；有成功，必得失败。但没经历失败的成功，不算是真正的成功，不算令人感奋的成功，不算称得上有成就的成功。一切真正的成功绝非偶然，机会一定是留给有准备的人的。但是为有可能成就成功，我们首先要鼓励孩子做个幸福的普通人。

23. 千万要告诉孩子有钱不就是值钱，值钱一定有钱，吃了苦就值钱了。千万不要告诉孩子你有钱，也千万不要告诉孩子你的钱是孩子的。钱是万恶之源。

24. 干好自己愿意干的事，但是也要干好自己不愿意干而又是自己必须干的工作。

25. 不要抱怨，一切靠自己。

26. 家长和孩子的合作坚持和共同成长就是家长和孩子的共同成功。

27. 学生的健康而美好的成长，才能称为教师的业绩。同样孩子的健康而美好的成长，才能称为家长的业绩。

28. 你付出，你就有收获。孩子的成功，就是我们家长的成功。家长是最能帮着孩子成长而走向成功的人。

29. 家庭环境造人，言教不如身教，身教不如境教。夫妻关系永远第一重要，给孩子最好的礼物是家庭环境中父母的榜样。

30. 一切在规范与自由中行进，怎么进行都可以，但要想取得成功甚至创造奇迹，就必须遵循规律，实事求是，因势利导，恰到好处。

31. 不要与他人比，而要向他人学习长处；要自己与自己比，不断求得进步。

32. 自由自主自然自在自趣，经受忍受好受接受享受。

33. 教育是金钥匙，但不是万能钥匙，教育是多能的金钥匙。我们家长要拿起我们自己手中的金钥匙，自信地去打开教育孩子智慧的大门，并去迎接骄傲和自豪的到来。

紫花感杂

65．妈呀，娘亲

——谨以此文纪念母亲逝世三周年

娘过世三年多，今天是母亲节，我油然而生对妈的敬爱之情，并要一吐为快。

我妈于 1934 年生，病故时差一岁八十。我忘不了，妈断气的那天夜里的凌晨，是我握着她的手摸着她的脉搏送走的。当时，我就听着她清楚地不停地叫胸口火烧得难过，我就不停地按摩她的胸口。一定是难过到了极致，不然她不会叫出来的，因为她是个很坚强的人；当时，我就看着她欲生又失望地看着我，最后叫出一声"没气了"，随即脑门上冒着豆大汗珠，整个人奋力挺起，睁大眼睛，然后突然落下，喉咙里似乎回着一口痰，又一会儿，就全部结束了。

妈呀，娘亲，当时您就是这样溘逝的，就那么一会儿工夫，我们就阴阳两隔了，那是诀别啊。可我还是拼命地叫唤，奢想叫醒您，惊来大家，还是痴想着大家能见证我叫醒您，可您不理我，怎么也不理我。不知为什么，后来我就一直很后悔，后悔我没能叫醒您，救活您。

后悔的时间很久，我开始恣情地回忆，回忆妈无数往事。妈，终身不识字，不，一生只识两个字，就是"一"和"人"，但一辈子比知识人还知书达理。娘，对我们儿女五个要求严格，但常说的话就有两句，就是"小时候要读好书，将来要有出息；长大了不要影响工作，不要得罪人"。不错的，她一心一意经营着祖孙 23 口人的家庭，精心培养子女做人；她一丝不苟光大祖传秘方，医治无数跌打损伤的病人。是啊，妈识大体顾大局，存大同求小异，勤俭节约持家，积劳成疾无悔。妈，是她和爸送走了爷爷奶奶，生育养育教育我们一姐四兄弟长大成人；父亲年轻时力伤生病过，后来做缝纫，生意很忙，针线活儿全是妈一个人做，还要种十多亩地；妈，她还是我们杨家的功臣，记得在"文革""破四旧立四新"期间，她把杨家家谱藏于泥墙洞里，完好地保存了下来……

回忆至此，潸然泪下，我得停一下。可泪眼前尽是妈与我之间的影视呈现：我 14 岁时，因哥高中毕业当了兵，我被推荐上高中的可能性小了，爸妈便通人情弄到了去县城学电工的名额，我踏上了求工作的路；可路不好走，妈为我送行李，扛着包，徒步跋涉了近百里路，或许是妈的精神感动了上苍，我学成电工，又念上了高中的书。我家是祖传骨科医学史家，妈为门下真传，为光大祖传秘方，妈医治了无数跌打损伤的病人。尤其是晚年病重期间，妈呼吸有困难，我托人买了制氧机，以供氧维持她呼吸，我实在不忍心她行医的痛苦，让她歇着，可她怎么也不肯，她上气不接下气地告诉我"能治好一个人，就是帮人一个忙"。我妈病情恶化，最后检查结果很不好，她从检查室一出来，妻子给了肩膀让妈支撑了一下，她就不停地念道媳妇孝顺，我这才真正读懂妈是个只图付出而不要回报的人。记得妈常说，她生我的时候是当年最热的农历六月大伏分心的时候，热得整天都睡在铺在地上的席子上，也没啥吃的，尽喝稀粥和白水；记得我给妈买的一件羽绒衣，她穿了近二十年都不肯换；记得我给妈买的便方药和食补，她舍不得多吃；记得一次我和妈从老家乘车来城里我这儿，转坐三轮车却颠簸得厉害，我让妈坐在我腿上，她背靠我胸前，头枕我肩上，那幸福的样儿让我好心酸。记得我只给妈洗过一次头，是她在世上过的最后一个除夕的那天；记得妈知道自己的时间不多了，她便召集家人通过抓阄的方法分了我从没见她戴过的戒指；还记得妈悄悄地拿出她不知何时保存的她和爸的一寸照片，让我会画画的儿子给放大；可我更记得三年前，我数日泡在学校为准备高考考场忙昏了头，坚持到高考的那一天才把妈接送去上海抢救，才能陪伴在妈身边，可一切都晚了，真是对不起……

我已泪如泉涌。我愈是回忆愈是悲痛，愈是悲痛愈是觉得愧疚，愈觉愧疚愈是感到母恩伟大而我无法偿还。

追思，感恩，我唯有尽情赞颂我妈。我从心底里觉得我母亲是以认真的态度走完人生的一生的，并且是以顽强的精神走完人生最后的旅程的。我还觉得每个平凡公民的母亲总是伟大的。平凡须缅怀，伟大当赞颂。此时此刻，我要高调地敬献娘亲一副对联，以示儿赞颂之情愫："赞母恩含辛茹苦功昭天地，颂亲爱施行善德示人间。"

妈呀，娘亲，敬请放心，您的态度，您的精神，一直会伴我到老。三年前，您享年79岁，今天，母亲节，我敬祝您在无二的天堂万寿无疆，永远幸福。

66. 母爱的进退

——从阅读《真正的母爱是一场得体的退出》说开去

母爱始于本心本能。自原始社会之远古母系氏族立先以来，母爱便广施于人类且从未断续过，即使父系氏族立权至暴至等也罢。时至今日，于国于家，母爱越发显现其伟大。

然母爱之伟大，更表现在母爱的进与退之虚怀若谷。进，则引领带动全家努力前行，勇于持家又不辞劳苦，满腔热忱又不甘寂寞，全心全意又不计名利；退，则立于别侧静观动静端睨，放手少管而心里拿捏，若有问题而鼓励解决，发生不快而装着糊涂。总之，生为人母，甘献无私，母爱至上，此为本色顺应。

母爱之进退，还在于方略得当。即：母为母时，言传身教，示范孝顺；若已所不为，难为子敬。母为妻时，相敬如宾，温柔体贴；若已所不为，拆台损财。母为婆时，视媳如女，多加关怀；若已所不为，相互猜忌，无事生端。母为女时，顾全大局，姑嫂亲和；若已所不为，矛盾易生，危机四伏。母为媳时，公婆父母，一视同仁；若已所不为，不和不谐，家庭不睦。母为丈母，视婿如子，关怀有加，若多言儿女，排外纳亲，堪为下策。总之，家中异姓，多亲多爱，少殷同宗，如是角色换成。

另外，母爱之伟大，多为传统家教修养历练有关，与识字多寡文化高低关系不大。

阅悉《真正的母爱是一场得体的退出》，有感而发，别无他意，共勉而已。

67. 菊花赞歌

——献给洋马首届菊花节（献辞）

男　　领：各位领导，

女　　领：各位来宾，

合　　　：你们好！

男　　领：秋高气爽，

女　　领：果实累累，

男　　领：丹桂飘香，

女　　领：金菊怒放，

合　　　：我们欢聚一堂，

迎来了洋马人民的节日——菊花节。

男　　领：看——

女　　合：花的海洋，

花的世界，

世界涌起千万层浪花；

女　　领：听——

男　　合：锣的蓝天，

鼓的大地，

天地敲出万千篇乐章。

男女合领：啊——

三万洋马人，

女　　合：身披花衣，

脚踏浪花，

欢声笑语，

男　　合：笑语欢声，

　　　　　　迎来四方宾客，

　　　　　　同庆欢乐节日。

女　　领：忆往昔，

　　　　　　溯远流源，

　　　　　　岁月峥嵘。

男　　领：曾记否？

女　　领：为打开改革开放的门，

合　　　：我们走村串户，作动员，几经反复；

男　　领：为走出开放的路，

合　　　：我们上南下北，闯东西，历经艰难；

女　　领：为攻克科技的关，

合　　　：我们探小求大，破难题，多经挫折；

男　　领：为攀登致富的山，

合　　　：我们战天斗地，抗寒暑，已经磨砺。

女　　领：我们也曾有过失败，

男　　领：但我们终于走向了胜利。

女　　领：所有这些，

　　　　　　一切的一切，

男　　领：时间作证，

　　　　　　历史记载——

合　　　：洋马人几经磨难，探索追求，迎来了腾飞。

男　　领：看今朝，

　　　　　　洋马大地，

　　　　　　欣欣向荣，

　　　　　　人物风流。

合　　　：我们洋马人在洋马港的黄土地上，

　　　　　创造出一个又一个的奇迹。

女　　领：华东药材研究中心成立了，

男　　领：中药材大专班开办了，

合　　　：一批又一批的科技人才走出来啦！

男　　合：率先致富的药场村，提前达小康；

女　　合：中外合资的饮品公司，连连创新品；

合　　　：金光灿灿的大奖杯，捧回一只又一只。

女　　领：清心菊花茶，

　　　　　清凉润肺，醒脑怡神；

男　　领：上品开胃酒，

　　　　　味浓香醇，强身健体。

男女合领：谁喝了，

　　　　　不说好！

女　　领：朋友，你知道吗？

男　　领：今天的洋马，

合　　　：是苏北平原最大的药材基地的洋马，

女　　领：今天的洋马人，

合　　　：是闻名遐迩的洋马人。

男女合领：今天，在成绩面前，

合　　　：我们骄傲，

　　　　　我们自豪。

女　　领：我们思索，

　　　　　困惑过后的振奋，力量无比；

男　　领：我们开拓，

　　　　　贫穷过后的抖擞，精神倍增；

合　　　：我们终于发家致富大变样。

男女合领：时间作证，

历史记载——

合　　：洋马经济在腾飞，

　　　　全凭菊花龙头牵。

男　　领：亲爱的朋友，

　　　　您想过未来吗？

男女合领：展望未来，

　　　　前程似锦，

　　　　后步宽宏。

合　　：我们意气更昂，斗志更坚。

男女合领：我们——

合　　：手捧奖杯，激情满怀，

男女合领：我们——

合　　：要夺取一颗又一颗璀璨的明珠。

男女合领：我们——

合　　：敢叫日月再换新天，

男女合领：我们——

合　　：能让面貌再换新颜，

男女合领：我们——

合　　：还要跨出国门，走向世界！

男女合领：因为我们有——

合　　：大江南北的友人，

　　　　五湖四海的宾朋！

男女合领：因为我们更有——

合　　：洋马人的勤劳，

　　　　洋马人的智慧。

男女合领：朋友，

　　　　花开好时节，

今催育人忙。

女　　领：让我们飞舞巧手，

合　　　：去采摘遍地的黄金！

男　　领：让我们再创辉煌，

合　　　：去彩画洋马的明天！

男女合领：让我们迈出划时代的步伐，

合　　　：去迎接二十一世纪的到来！

男　　领：听吧，

男女合领：号角齐鸣，

合　　　：明天呼唤我们！

女　　领：看吧，

男女合领：彩旗飞舞，

合　　　：洋马更加美好！

男　　领：各位来宾，

女　　领：各位领导。

合　　　：待到明年重阳日，
　　　　　再来洋马赏菊花！

一九九九年十一月二日

68. 一个美字了得

花在悄悄地开，
　　好美；
人在静静地看，
　　更美；
开在心里的花，
　　最美。
一个美字了得。

69. 黑与白

黑的更黑，

那是因为有白；

白的更白，

那是因为有黑。

黑白一起，

非为敌出你我，

然是同台媲美。

雪白与乌黑，

更多喜欢雪的白，

那是因为，

雪为白使，

化作舞者，

如花飘然，

装扮天宇，

点缀人间大地。

啊，

此时正黑，

此时正白，

此时正美，

明天定会更好。

70. 雪（一）

一雪美京都，
一景美神州，
一人美歌舞，
一情美心窝。

71. 雪（二）

瑞雪如此舒，
美景这般多，
佳人相思悦，
雅情绵远抒。

附咏雪梅对联一副：

梅飞冬日雪添景，
雪舞寒时梅生情。

72. 致八五届学生（一）

缘分来自天意，
情谊来自诚意，
美好来自爱意，
祝福来自心意。

73. 致八五届学生（二）

心胸豁达装天苍，
口齿无谓生地荒。
立即成佛不言否，
和谐共处是曙光。

附颂母校对联一副：

韵溢二中传承辉煌唯诚朴彰显特色，
馨满田园孕育峥嵘以勤毅谱写华章。

74. 如果……希望……

如果，我说是如果，

希望，我只是希望。

如果有一天我受伤了，

希望你是第一个为我疗养的人。

如果有一天你跌倒了，

希望我是第一个为你扶起的人。

如果有一天我传呼了，

希望你是第一个会应答我的人。

如果有一天你走丢了，

希望我是第一个能找到你的人。

如果有一天我失明了，

希望你是第一个为我引路的人。

如果有一天你聋哑了，

希望我是第一个为你代言的人。

如果有一天我富有了，

希望你是第一个为我喝彩的人。

如果有一天你贫穷了，

希望我是第一个为你担当的人。

如果有一天我释怀了，

希望你是第一个为我歌唱的人。

如果有一天你心动了，

希望我是第一个为你跳舞的人。

……

如果，我说是如果，

希望，我只是希望。

75. 念

往日的馈赠，
承载着无穷的情感。
曾经的舍弃，
包涵了无限的失落。
今天的思念，
表达着无比的眷恋。
往后的珍惜，
印证了无尽的真爱。

76. 一个人，一本书

每个人都是一本书，

你人怎样，

你书就怎样。

每个人都在不断成长，

你怎样成长，

你就是怎样的人。

每个人都是一本书，

每本书都记载着每个人成长的过程。

你成长的过程怎样，

你的人就怎样，

你的书就是怎样的。

每个人都是一本书，

你的书自己写，

你做好自己的人，

你写好自己的书，

你还要读好自己写的书和人。